Reiner Neumann

Schlagfertig reagieren im Job

Reiner Neumann

Schlagfertig reagieren im Job

Sicher auftreten, gekonnt argumentieren,
sich erfolgreich zur Wehr setzen

Die Deutsche Bibliothek – CIP-Einheitsaufnahme

Neumann, Reiner:
Schlagfertig reagieren im Job : sicher auftreten, gekonnt argumentieren, sich erfolgreich zur Wehr setzen / Reiner Neumann. – Landsberg/Lech : Verl. Moderne Industrie, 2001
ISBN 3-478-38680-2

© 2001 verlag moderne industrie, 86895 Landsberg/Lech
http://www.mi-verlag.de
Alle Rechte, insbesondere das Recht der Vervielfältigung und Verbreitung sowie der Übersetzung, vorbehalten. Kein Teil des Werkes darf in irgendeiner Form (durch Fotokopie, Mikrofilm oder ein anderes Verfahren) ohne schriftliche Genehmigung des Verlages reproduziert oder unter Verwendung elektronischer Systeme gespeichert, verarbeitet, vervielfältigt oder verbreitet werden.
Umschlaggestaltung: Vierthaler & Braun, München
Satz: mi, M. Zech
Druck: Himmer, Augsburg
Bindearbeiten: Thomas, Augsburg
Printed in Germany 38680/030101
ISBN 3-478-38680-2

Inhaltsverzeichnis

Einleitung 9

Grundlagen – Die richtigen Dinge tun 11

Das WAS der Botschaft – die Sachaussage 14
Das WIE – die emotionale Seite der Nachricht 20
    Selbstoffenbarung 21
    Appell 23
    Beziehungsaussage 25
Körpersprache 30
    Face to Face – Mimik 33
    Handgreiflichkeiten – Gestik 34
    Ihr Standpunkt ist gefragt – Positionierung 37
    Sprache und Stimme 38
    Was Du nicht siehst – Feedback und Image Shaping 39
    Mir war doch gleich so – der erste Eindruck 42
Wunderwaffe NLP? 44

Standards – Für schwierige Situationen 47

Wirkung erzielen 47
Fragen – richtig gestellt 49
Immer die richtige Antwort – Reagieren auf Fragen 53
Schlagfertig und schnell 56

Killerphrasen abwehren 60
Zwischenrufe 63
Fehlerfrei? 64
Kritik 67
Die richtigen Worte finden 69
Konflikte und Verhandlungen 71
Belästigung und Diskriminierung 78

Typische Situationen 81

... mit Mitarbeitern 81
... mit Chefs 87
... mit Gruppen 92
    Präsentation 101
    Moderation 107
    Projektmanagement 112
    Besprechungen 118
    Die Sache mit den sechs Hüten 120
    Konferenzen 122
    Ideen entwickeln – Kreativität 124
    Typenlehre 143
... am Telefon 146
... mit Kunden 148
    Reklamationen und Beschwerden 156
... auf der Suche 158
    Bewerbungsgespräche 158
    Einstellungsgespräche 179
... mit der Presse 196
    Öffentlichkeitsarbeit 196
    Kontakt in Krisen 200

Repertoire für Fortgeschrittene 203

Rhetorische Figuren 203
Argumentationstechniken 208
Betonung 212
Ignoranz 213
Angriffe 214

Imponieren 215
Grenzverletzungen 216
Manipulation durch Werte und Regeln 217
Implizite Voraussetzungen 219
Suggestion 219
Ironie 220
Zahlen, Daten, Fakten 221
Blackouts 228
Brechen Sie die Regeln! 229

Zu guter Letzt 235

Bibliographie 237

Stichwortverzeichnis 241

Einleitung

Immer wenn zwei oder mehr Menschen zusammen sind, geschieht etwas Faszinierendes: Fremde Welten begegnen sich und verschmelzen – sie kommunizieren! Die Kommunikation zwischen Menschen hat mythische Qualitäten. Gedanken und Pläne, die nur in unserem Kopf existieren, materialisieren sich über die Sprache und werden so zum gemeinsamen Gut!

Der Alltag allerdings ist für die meisten von uns etwas banaler. Wir sollen Rede und Antwort stehen, andere von unseren Plänen überzeugen, Unwillige zu notwendigen Aktionen bewegen oder uns gegen ungerechtfertigte Vorwürfe verteidigen. Angriffe ruhig und professionell abwehren, verbalen Attacken witzig und locker begegnen, bei Konfrontationen fair und sachlich bleiben – dieses Buch hilft Ihnen[1], schnell und sicher zu reagieren.

Vor der Abwehr steht die Strategie, uns möglichst sicher und unangreifbar zu machen. Das bedeutet, die richtigen Dinge zu tun. Je professioneller Sie Ihr Anliegen vortragen, je sicherer und souveräner Sie wirken, desto schwerer wird es anderen Menschen fallen, Sie in Verlegenheit zu bringen oder anzugreifen. Bevor sie sich mit einem starken Gegner messen, suchen sich viele ein anderes ‚Opfer' aus.

---

[1] Sie werden feststellen, dass ich in diesem Buch bevorzugt *eine* Form der personenbezogenen Wörter wähle (der Bewerber, der Gesprächspartner ...). Dies geschieht aus rein sprachkosmetischen Motiven. Selbstverständlich können in allen Lebenssituationen Frauen und Männer gleich gut – oder gleich schlecht – sein. Individuelle Unterschiede sind meist größer und wichtiger als das Geschlecht der Person.

Einleitung

Die nächsten Seiten zeigen Ihnen, wie Sie effektiv kommunizieren, sicher auftreten und Ihr Anliegen professionell präsentieren. Je klarer Ihre Botschaft ist und je bestimmter Sie auftreten, desto weniger werden Sie kleinen Nadelstichen oder großen Gemeinheiten ausgesetzt sein.

Sie erfahren Wichtiges über das geeignete Verhalten in prekären Situationen, die erfolgreiche Abwehr von Angriffen, die schlagkräftige Antwort oder die richtige Argumentation in einer ‚verfahrenen' Situation.

Sie lernen, sich in Standardsituationen richtig zu verhalten – während einer Präsentation, bei einer Besprechung oder in einem Gespräch mit dem Chef.

Sie werden schwierige Situationen meistern lernen, die erfolgreiche Kommunikation und richtige Interaktion erfordern – vom ‚Business as usual' bis zur frontalen Attacke.

Grundlagen –
Die richtigen Dinge tun

„Also, ich möchte gern mal etwas zum Thema sagen: ..." – Es folgt der Beitrag, die Mehrzahl der Besprechungsteilnehmer aber hört schon nach der Einleitung gar nicht mehr hin.

„Ich hatte das bereits eingangs gesagt, wiederhole es aber gern noch einmal. Ich wollte Ihnen ein paar Infos geben zu einem Thema, das ich für wichtig halte ..." Das Publikum ist desinteressiert oder verärgert, je nach Stimmung.

Der Kandidat rutscht während des gesamten Vorstellungsgesprächs auf der Kante seines Stuhls herum und traut sich kaum, seinem Interviewpartner ins Gesicht zu schauen. Er antwortet leise, in langen, komplizierten Sätzen. Dass er dann trotz seiner guten Qualifikation wieder kein Angebot bekommt, überrascht ihn – trotzdem.

„Ihr Projektvorschlag gefällt mir sehr gut, Herr Süverkrüp – ich weiß es zu schätzen, wenn ich ein Vorhaben auf den ersten Blick als unbrauchbar erkennen kann."

„Schatz, wie sehe ich aus?" – „Toll, keinen Tag älter als 40!" Maria, 34, die sich lange für den gemeinsamen Abend schön gemacht hat, ist stocksauer auf ihren Partner. Der versteht gar nicht, warum sein lockerer Scherz so schlecht aufgenommen wurde.

Grundlagen – Die richtigen Dinge tun

Sie wollen sicher und erfolgreich kommunizieren, sich in kritischen Situationen behaupten, bei verbalen Attacken leicht und locker zurückgeben ... gute Kommunikation ist nicht leicht. Und wir kommunizieren immer – ob wir intensiv mit anderen reden oder ob wir unser Gegenüber ignorieren, indem wir uns abwenden. Wir nehmen Signale von anderen wahr und reagieren darauf, oft unbewusst und trotzdem nachhaltig.

Kommunikation findet immer statt und beinhaltet vieles: „Das Ei ist hart!" – „Ich habe es gehört." – „Wie lange hat das Ei denn gekocht?" – „Zu viele Eier sind gar nicht gesund ..." (aus Loriot „Das Ei").

Was gesagt wird, ist oft weniger als das, was der Partner hört. Das, was er hört, ist oft etwas anderes, als das, was ich gesagt habe. Kommunikation ist zielorientiert und will sich sachlich zu einem Thema äußern. Gleichzeitig jedoch sollen auch persönliche Bedürfnisse befriedigt werden: Recht bekommen, Unbehagen ausdrücken, die eigene Überlegenheit beweisen. In der zwischenmenschlichen Verständigung sind vier Grundvorgänge vereint: Diese Aspekte sind der Sachinhalt (Das WAS) und die emotionalen Themen (Das WIE): Appell, Beziehung und Selbstoffenbarung. Alle vier Seiten sind immer gleichzeitig im Spiel, je nach Thema und Befindlichkeit setzen wir aber unterschiedliche Schwerpunkte im Sagen und Verstehen! Je besser Sie diese Aspekte kennen und in Ihrem Verhalten steuern können, desto erfolgreicher werden Sie kommunizieren, desto weniger Angriffsfläche bieten Sie!

Wie viele Quadrate sehen Sie in dieser Abbildung?

Sechzehn – siebzehn – oder gar einundzwanzig? Jeder von uns sieht eine unterschiedliche Anzahl von Quadraten – vielleicht sind Sie schnell, kalkulieren vier mal vier gleich sechzehn und voilà! Oder Sie sehen etwas genauer hin und finden das große Quadrat um die kleinen herum – sechzehn plus eins ist gleich siebzehn! Oder Sie gehen solche Dinge analytischer an und finden weitere in der großen Figur verborgene Strukturen – und schon sehen Sie weit mehr als sechzehn Quadrate!

Auflösung: Quadrate

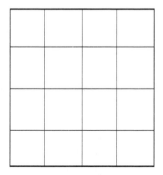

Sechzehn kleine Quadrate und ein großes = 17

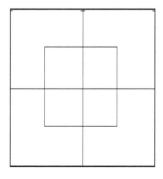

Siebzehn Quadrate und fünf weitere = 22

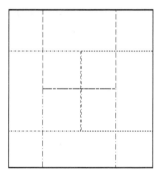

Zweiundzwanzig Quadrate und vier weitere = 26

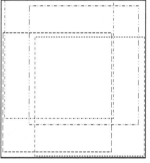

Sechsundzwanzig Quadrate und vier große = 30

Wahrnehmung ist in hohem Maße subjektiv – abhängig von der persönlichen Einstellung, der Lernerfahrung, der momentanen Stimmung und anderen Faktoren. Dementsprechend werden Sie die Dinge um Sie herum immer anders wahrnehmen als die übrigen Personen – und es ist Ihre Aufgabe, Ihre Sicht der Dinge zu vermitteln. Sie übernehmen die 100%ige Verantwortung für die Formulierung und den Erfolg Ihrer Botschaft.

Die Grundfrage lautet immer: Warum ist es mir nicht gelungen, mich dem Partner verständlich zu machen? Falsch ist die Frage: Warum ist er zu wenig aufmerksam, zu dumm, zu langsam, um meine Botschaft zu begreifen?

Kommunikation umfasst Sender und Empfänger, ist Nachricht und Rückantwort (Feedback) und setzt sich in diesem Rhythmus fort. Bei mehreren beteiligten Personen wird das Geflecht komplizierter, die Prinzipien jedoch bleiben gleich.

Die Sachinformation gibt eine Information über eine Sache – das sagt uns bereits der Begriff – aus der Perspektive des Senders. („Das Ei ist hart!" – „Das Projekt ‚Markteintritt' hat folgende Ziele: ..." – „Zur Vorbereitung auf das Gespräch mit dem Kunden Meyerhöfer benötigen Sie folgende Informationen: ..."). Die Selbstoffenbarung informiert über den Sender („Ich mag keine harten Eier." – „Ich fühle mich für das Projekt ‚Markteintritt' verantwortlich." ...) und die Beziehungsaussage macht einen Vorschlag zur Definition der gegenseitigen Beziehung – wie steht der Sender zum Empfänger („Du weißt doch, dass Du mir die Eier weichgekocht servieren sollst." – „Für den Erfolg des Gesprächs mit dem Kunden übernehmen Sie die Verantwortung!")? Der Appell schließlich enthält eine Aufforderung zum Handeln („Halten Sie sich aus meinem Projekt heraus!" – „Erreichen Sie beim Kunden Meyerhöfer Ergebnisse!"). Neben dem Gesagten – und oft bedeutsamer als der Inhalt – vermitteln die nonverbalen Signale wichtige Botschaften. Der Tonfall relativiert oder verstärkt die Aussage, die Körperhaltung unterstreicht die Intensität des Engagements.

Das WAS der Botschaft – die Sachaussage

„Die extracurricularen Aktivitäten, und ich möchte an dieser Stelle anmerken, dass es davon eine erhebliche Menge gab, haben einer erfolgreichen Realisierung unseres Projekts, eines für das Gesamtunternehmen relevanten Vorhabens, das gleichwohl nicht mit der erforderlichen Priorität, die für eine bevorzugte Allokation von Mitteln erforderlich gewesen wäre, versehen wurde, ..." Häh? Haben Sie das verstanden? Was will uns der Sprecher damit sagen? Oder will er uns nur zeigen, dass er viele Fremdwörter kennt und komplizierte Sätze bauen kann?

In der Sachaussage kämpfen wir um die Klarheit der Botschaft und um die Verständlichkeit unseres Anliegens. Ihre Botschaft wird klar und verständlich, wenn Sie sie einfach formulieren: kurze knappe Sätze, Vermeidung von Fremdwörtern oder Fachausdrücken, anschauliche Formulierungen. Setzen Sie Verben ein, das vermittelt Handlungsorientierung und Tatkraft. Kurze Sätze ermöglichen dem Zuhörer das Mitdenken und erleichtern das Verstehen. Adjektive stellen wichtige Aspekte Ihrer Aussage bildhaft dar und wirken auf das Gefühl. Vorsicht bei Floskeln („Ich will mal sagen ..." – „Ich danke für Ihre Frage.") oder Sprachmarotten („gell" – „Geht nicht, gibt's bei uns nicht!" – schwer verständliche Dialektausdrücke).

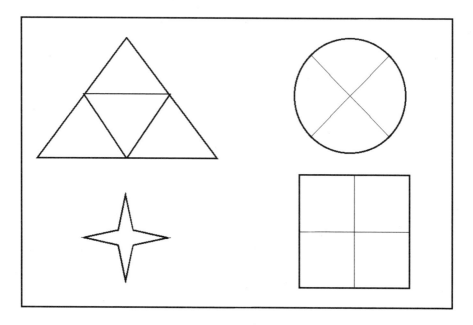

Übung:
Klare Sachaussage – verständliche Darstellung
Setzen Sie sich so, dass Sie Ihren Partner nicht sehen können. Ihr Partner hat einen Block nebst Stift. Beschreiben Sie die oben stehende Abbildung so, dass Ihr Partner eine möglichst genaue Kopie zeichnen kann. Am Erfolg erkennen Sie, wie gut es Ihnen gelingt, Sachverhalte verständlich zu kommunizieren.

Eine klare Gliederung – der berühmte rote Faden – hilft dem Zuhörer, unserer Argumentation zu folgen. Der Inhalt wird übersichtlich, die Gliederung hilft, sich zurechtzufinden. Bewährte Gliederungsstrategien sind folgende:

- zeitliche Organisation (past to present): Zunächst haben wir ... getan, dann kam der Entwicklungsschritt ... und jetzt wollen wir ...;
- logische Organisation (Prioritäten): Um unser Ziel zu erreichen, müssen wir zunächst ..., daraus ergibt sich ... und dann ...;
- Weg vom Problem zur Lösung (pain to pleasure): Wir kämpfen gegenwärtig mit folgenden Schwierigkeiten, das bedeutet für uns ... Um die Situation zu ändern, müssen wir ...;
- Plus-minus-Vergleich: Welche Vorteile/Nachteile haben verschiedene Lösungen?
- Ideal versus Realität: Wir wollen Kundenbegeisterung durch perfekten Service. Davon jedoch sind wir noch weit entfernt: (kritische Beispiele). Um unser Ziel zu erreichen, müssen wir ... umsetzen.

Die Beschränkung auf das Wesentliche unterstützt die Konzentration des Partners. Überflüssige Inhalte lenken vom Kern der Aussage ab. Sagen Sie nicht alles, was Sie wissen, sondern nur das, was Ihre Zuhörer interessiert, und das, was wichtig ist. Sie wollen verstanden werden. Nur Langweiler oder Wichtigtuer versuchen, ihr gesamtes Wissen unterzubringen. Um es Ihrem Zuhörer leicht zu machen, bauen Sie Ihren Beitrag um die Kernaussage herum auf. Was ist besonders wichtig, was muss sich Ihr Zuhörer unbedingt merken? Wiederholen Sie die Kernaussage, das unterstützt die Erinnerung.

Die Regeln der Nachricht

- Klare Gliederung – roter Faden
- Kurze, präzise Formulierungen
  - Herausstellen der Kernbotschaft(en) – maximal drei!
  - Wiederholen der Kernbotschaft
- Zum Schluss Zusammenfassungen nach wichtigen Punkten
- Bilder und Beispiele einsetzen
- Sachliche und emotionale Aspekte abbilden

Durch Bilder, Beispiele oder Zusammenfassungen nach wichtigen Zwischenergebnissen unterstützen Sie die Verständlichkeit erheblich. Wiederholungen – sparsam eingesetzt – unterstreichen die Bedeutung der Aussage. Zitate wichtiger Personen (relevant für Ihre Zuhörer!) dienen als Beleg für Ihren Beitrag. Ein Bild sagt mehr als tausend Worte und die Bilder im Kopf werden Ihren Zuhörern länger in Erinnerung bleiben als Worte: „Er is einer von denen, die in den Fluss pinkeln und meinen, jetzt müsse es Hochwasser geben." Beispiele und Bilder sind jeder langatmigen Darstellung überlegen. Durch griffige Analogien ziehen Sie Ihre Zuhörer auf Ihre Seite. Bei unsicheren Gesprächspartnern kann man Zweifel durch schlagende Beispiele abbauen oder nachhaltig verstärken.

Übung:

Prägnanz und Kürze – Keep it sweet and simple!

Formulieren Sie in – maximal drei – kurzen Sätzen die Antwort auf kritische Fragen:

„Warum wollen Sie für uns arbeiten?"

Beispiel: „Ihr Unternehmen gefällt mir sehr gut: Sie verfolgen einen innovativen Ansatz und Ihr technisches Konzept hat Zukunft. Die angebotene Aufgabe bietet gute Gestaltungsmöglichkeiten."

„Warum sind Sie die beste Kandidatin/der beste Kandidat für den ausgeschriebenen Job?"

Ihre Antwort: ....
....
....

„Warum sollten wir ausgerechnet mit Ihrem Unternehmen zusammenarbeiten?"

Ihre Antwort: ....
....
....
....

„Welche Vorteile hat das Produkt ... für mich?"

Ihre Antwort: ....

....

....

„Warum ist es gut/wichtig für die Projektgruppe ..., dass gerade Sie mitarbeiten?"

Ihre Antwort: ....

....

....

Bildhafte Sprache – Kino im Kopf

Schildern Sie plastisch – lassen Sie in den Köpfen Ihrer Zuhörer Bilder entstehen. Üben Sie Ihre sprachliche Breite und Tiefe, indem Sie Bilder sammeln. Im Gespräch wird Ihnen dann schnell das Passende einfallen.

Bilder aus dem Bereich Verkehr:

Für Ihr Projekt ist der Zug schon lange abgefahren. – Man will uns doch nur aufs Abstellgleis schieben. – Er hat nicht mehr rechtzeitig die Kurve bekommen. – Eine Warteschleife fliegen. – Das Boot ist voll!

Ihre Beispiele: ....

....

....

Das WAS der Botschaft – die Sachaussage

....

....

Bilder aus dem Bereich Sport:

5:0 für uns! – Ein Volltreffer – direkt ins gegnerische Tor. – Wir haben den Pokal gewonnen. – Er hat die Latte gerissen. – Die Hürden auf dem Weg zum Sieg nehmen. – Den Wettbewerber auf der Zielgeraden besiegen.

Ihre Beispiele: ....

....

....

....

Bilder aus dem Bereich Jagd:

Blattschuss! – Auf uns wird eine Treibjagd veranstaltet. – Das Halali blasen. – Viele Hunde sind des Hasen Tod. – Wir nehmen das Ziel aufs Korn! – Schauen Sie nicht wie ein waidwundes Reh!

Ihre Beispiele: ....

....

....

....

Gespräche können Sie bei Bedarf schnell beenden: Hören Sie Ihrem Gesprächspartner einfach nicht mehr zu. Schauen Sie gelangweilt an die Decke, spielen Sie mit einem Gegenstand, konzentrieren Sie sich bereits nach den ersten Worten auf Ihre Antwort und sprechen Sie diese dann aus, unabhängig von dem, was Ihr Gesprächspartner tatsächlich noch gesagt hat.

> **Aktives Zuhören!**
>
> **Aufmerksamkeit zeigen!**
> - Ruhiger, offener Blickkontakt
> - Offene, zugewandte, entspannte Körperhaltung
> - Ruhige Stimme
>
> **Ermutigen!**
> - Freundliche Gesten (Kopfnicken o.ä.)
> - Bestätigung („hmm", „ja", „aha", „interessant")
> - Pausen zulassen
> - gegebenenfalls nachfragen
>
> **Wichtige Sachverhalte und Gefühle erkennen!**
> - Konzentriert sein
> - Schlüsselbegriffe suchen
> - Nonverbale Äußerungen beachten
> - Verstehen wollen heißt nicht billigen
>
> **Wichtige Sachverhalte und Gefühle erinnern!**
> - Hauptgedanken in eigenen Worten wiederholen
> - Kernpunkte strukturiert zusammenfassen

Im Ernst: Zuhören ist Arbeit. Zuhören verlangt Konzentration, Aufmerksamkeit und das echte Bemühen um ein Gespräch mit dem Gegenüber. Der Fachausdruck für diese Gesprächshaltung ist ‚Aktives Zuhören'. Aktives Zuhören bedeutet, dass Sie Ihren Gesprächspartner ausreden lassen, nicht unterbrechen, wichtige Aussagen zusammenfassen und Fragen stellen. Machen Sie sich Notizen – auch relevante Informationen kann man besonders bei langen Gesprächen vergessen. Zeigen Sie Ihr Interesse durch Zustimmung – ‚Ja, hmm, genau, interessant, aha' und durch Ihre Körpersprache Nicken, Blickkontakt und aufmerksame Körperhaltung.

Das WIE – die emotionale Seite der Nachricht

Auch wenn es uns schwer fällt zu glauben – mehr als zwei Drittel der Wirkung eines Menschen sind auf die emotionalen Komponenten der Nachricht zurückzuführen. Wir achten stärker auf das WIE der Botschaft, mit anderen Worten: „Der Ton macht die Musik." Die Kommunikation auf der Beziehungsebene und die Körpersprache beeinflussen den Erfolg unserer Wirkung auf andere zu circa 80 Prozent. Der Rest entfällt auf den Inhalt, die sachliche Logik und Ihre intellektuelle Brillanz.

Asiatische Philosophien und Körpertechniken sehen traditionell im ‚Hara' – der Bauchregion – die eigentliche Mitte des Körpers. Unsere Entscheidungen treffen wir ‚aus dem Bauch heraus'. Wenn wir glücklich sind, haben wir ‚Schmetterlinge im Bauch'. Amerikaner und Engländer kennen das ‚good feeling'. Gestützt werden diese Wahrnehmungen durch neueste Befunde der Biowissenschaften: In unserem Bauch befinden sich mehr Nervenzellen als im Gehirn, sie produzieren Botenstoffe (welche die Übermittlung von Signalen zwischen den Nervenzellen ermöglichen, aber auch massiven Einfluss auf unser Wohlbefinden nehmen) und arbeiten autonom vom Großhirn. Von diesem Teil unseres Nervensystems gehen mehr Signale in Richtung Großhirn als von dort empfangen werden.

Das Bewusstsein, sachliches Verständnis und die aktive Steuerung von Entscheidungen ist somit weniger wichtig, als viele von uns glauben (mögen). Wenden Sie sich zukünftig vielleicht aufmerksamer als bisher den ungesagten und doch so wichtigen Anteilen der Botschaft zu.

Selbstoffenbarung

„Das Bier ist alle! = *Ich habe Durst!*" „Der Kunde besteht darauf, dass ich ihn persönlich betreue! = *Ich habe Angst, dass Sie Fehler machen.*" – „Das Projekt erfordert im Vorfeld eine genaue Analyse der Parameter. = *Dafür kann ich meine Juniorberater einsetzen, die verdienen gute Tagessätze und können bei der Befragung der Mitarbeiter kaum etwas verkehrt machen.*" Oder „*Ich muss mich auch erst orientieren, worum es sich handelt.*"

Die Botschaft vermittelt mehr Informationen über den Sprecher, als dieser vielleicht möchte. Das ist nicht ohne Brisanz. Schließlich haben wir früh gelernt, dass unsere Mitmenschen nicht alles an uns lieben und dass es besser ist, manches nicht zu tun und einiges ungesagt zu lassen. „Wenn ich immer ehrlich wäre, hätte ich keine Freunde mehr." In der Selbstaussage neigen wir zur Darstellung unseres vorherrschenden Selbstbilds. Die beiden Pole dieses Bildes sind ‚Imponiergehabe' und ‚Angstabwehr'. ‚Imponiergehabe' meint die Tendenz, eine möglichst gute Figur abzugeben. Eindruck schinden durch Fremdwörter, name dropping, komplizierte Darstellungen oder Schilderungen von Errungenschaften („Mein Haus, mein Auto, mein Boot!"). ‚Angstabwehr' beschreibt den Versuch, einer Verurteilung oder schlechten Bewertung zu entgehen. Das ist das Bemühen, Schwächen, Fehler und Unzulänglichkeiten zu verbergen und zu entschuldigen. Wir tappen gern in diese selbst gestellten Fallen. Wir tragen zu dick auf und weisen damit auf unseren Drang zum Imponieren hin. Oder durch defensive Darstellung und unnötige Erklärungen entschuldigen wir uns bereits im Voraus für einen Fehler. Natürlich merken das unsere Gesprächspartner, sie schalten ab, machen sich lustig oder sie nutzen die Gelegenheit, das Problem – jetzt erst recht – zum Mittelpunkt der Aufmerksamkeit zu machen.

Wie können Sie dieses Phänomen beeinflussen? Vermeiden Sie übertriebene Darstellungen, positiv und negativ. Rücken Sie sich nicht immer in den Mittelpunkt – das kann ins Auge gehen. Und für alle Fälle: Solange Sie nicht ausdrücklich dazu aufgefordert werden, erklären oder entschuldigen Sie nichts, stellen Sie einfach den Sachverhalt dar. Den vorgeschobenen Grund für Ihr Zuspätkommen wird man Ihnen umso weniger glauben, je mehr Sie ihn offensiv vortragen und womöglich noch mit zahlreichen Details ausschmücken.

Übung:
Selbstoffenbarung – Was wirklich gemeint ist
Entdecken und formulieren Sie die verborgene Selbstaussage: „Bringen Sie uns eine gute Flasche Rotwein, Geld spielt keine Rolle." Beispiel: „Ich habe Geld und gebe es aus – ich bin wichtig für Euch." „Sonst hat Dir mein Eintopf auch immer geschmeckt!" .... „Wir wollen, dass Sie sich bei uns wohl fühlen!" .... „Gut, der Urlaub war sehr teuer, aber man gönnt sich ja sonst nichts!" ....

Das WIE – die emotionale Seite

> „Andere Kunden haben sich darüber noch nicht beschwert!"
>
> ....
>
> „Puh, ist das warm hier!"
>
> ....
>
> „Das ist ja noch mal gut gegangen. Wenn ich den Kunden nicht rechtzeitig angerufen hätte ..."
>
> ....

Appell

„Wie kann ich erreichen, dass meine Mitarbeiter die Aufgabe selbstständig erledigen?" – „Wie lässt sich verhindern, dass mein Chef jemand anderen mit der interessanten Projektaufgabe betraut?" – „Wie bekomme ich mehr Gehalt?"

Mit jeder Kommunikation versuchen wir, Einfluss zu nehmen. Wir fordern andere zum Handeln auf. Unsere Gesprächspartner sind nicht für alle Appelle empfänglich, manche werden Sie überhören und anderen widersprechen. Menschen neigen immer dann dazu, auf Appelle nicht zu reagieren, wenn diese im Widerspruch zu ihrem Wertesystem stehen. Werthaltungen erwerben wir uns langsam im Lauf vieler Jahre, sie sind damit auch recht stabil gegenüber Veränderungen. Immer dann, wenn Sie die Werte anderer Menschen infrage stellen, sollten Sie mit Gleichgültigkeit, Abneigung oder Widerstand rechnen. Immer dann, wenn es Ihnen gelingt, den Nutzen Ihres Appells zu vermitteln, werden Ihre Erfolgsaussichten steigen. Das Prinzip des „Cui bono? – Wem nützt es?" wenden wir gern auf uns an. Und nur dann, wenn es mir nützt, werde ich mich engagieren und Ihrem Appell folgen. Erarbeiten Sie den Nutzen für Ihren Gesprächspartner und verwenden Sie Zeit darauf, diesen zu erklären. Wenn der Nutzen nicht unmittelbar zu erkennen ist – formulieren Sie ihn griffig und leicht verständlich.

Übung:
Den Appell am Nutzen des Partners orientieren

Formulieren Sie die folgenden Sätze so um, dass der Nutzen Ihres Partners im Vordergrund steht!

„Wir verkaufen nur Produkte aus biologischem Anbau!"

„Sie können unsere Lebensmittel unbesorgt kaufen. Ihre Gesundheit wird nicht durch Chemikalien oder BSE gefährdet."

„Bleiben Sie bitte im Projektteam. Ich brauche Ihre Kompetenz."

....

....

„Sie müssen mir das unbedingt heute noch programmieren. Ich habe es unserem Kunden versprochen."

....

....

„Ich brauche dringend diese Zahlen von Ihnen. Ich kann sonst nicht weiterarbeiten."

....

....

„Sie müssen das einfach schaffen – sonst kriege ich wieder Ärger mit unserem Chef."

....

....

> „Sie müssen mir ... verkaufen. Genau das Exemplar fehlt noch in meiner Sammlung."
>
> ....
>
> ....
>
> „Ich will, dass unsere Geschäftsstelle die vereinbarten Ziele erreicht."
>
> ....
>
> ....

Beziehungsaussage

„Antrag auf die Erteilung einer Genehmigung zur Ausübung des Berufs ..." – „Jeder bei uns weiß doch, dass man ..." – „Herr Süverkrüp, ich erkläre das noch einmal ganz langsam für Sie: ..." – „Wie redet der bloß mit mir?" – „Was glauben Sie denn eigentlich, wen Sie hier vor sich haben?"

In dem Beziehungsaspekt der Kommunikation drücke ich aus, welches Verhältnis ich zum Empfänger der Nachricht habe – oder gern hätte, wie ich zu dem anderen stehe. Wertschätzung oder Geringschätzung werden durch dieses Verhalten vermittelt. Die Definition der Beziehung durch Kommunikation wird von Lewis Carroll in dem Buch „Alice im Wunderland" treffend beschrieben:

> *„Ich verstehe nicht, was Sie mit ‚Glocke' meinen." sagte Alice. Goggelmoggel lächelte verächtlich. „Wie solltest Du auch, ich muss es Dir doch zuerst sagen. Ich meinte: „Wenn das kein einmalig schlagender Beweis ist!" „Aber ‚Glocke' heißt doch gar nicht „einmalig schlagender Beweis", wandte Alice ein. „Wenn ich ein Wort gebrauche", sagte Goggelmoggel in recht hochmütigem Ton, „dann heißt das genau, was ich für richtig halte – nicht mehr und nicht weniger." „Es fragt sich nur", sagte Alice, „ob man Wörter einfach etwas anderes heißen lassen kann." „Es fragt sich nur", sagte Goggelmoggel, „wer der Stärkere ist, weiter nichts." (aus: Lewis Carroll „Alice im Wunderland", S. 163)*

Grundlagen – Die richtigen Dinge tun

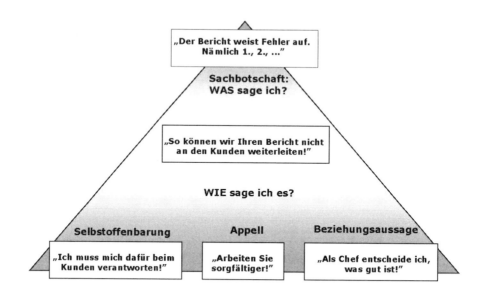

Modell: Das WIE und das WAS in der Kommunikation

Erkennen Sie Gespräche wieder, an denen Sie beteiligt waren? Wichtig ist also die Haltung meinem Gesprächspartner gegenüber. Für ein gutes – sprich partnerschaftliches – Gespräch ist es hilfreich, wenn ich mich bemühe, den Partner nicht zu dominieren, sondern ihn als gleichberechtigt ernst zu nehmen. Das beinhaltet die Rücksicht auf Eigenarten meiner Partner, die Akzeptanz für ihren Weg, Dinge zu tun. Wenn ich meinen Gesprächspartner in Grund und Boden rede oder wenn ich von Anfang an weiß, dass ich Recht habe – und behalten werde, vermittle ich diese Botschaft auch auf der Beziehungsebene. Ein Beispiel dafür ist der ‚Meinungsaustausch' mit dem Chef: Ich gehe mit *meiner* Meinung in sein Büro und komme mit *seiner* wieder heraus!

Die Gestaltung von Beziehungsaussage, Appell und Selbstoffenbarung

Wenn ein Kunde zum Verkäufer sagt: „Das ist aber teuer!", dann kann das je nach dem vorherrschenden Element des WIE Verschiedenes bedeuten:

In der Dimension ‚Beziehung' heißt es: „Sie haben mir meinen Nutzen noch nicht hinreichend deutlich vermittelt!" Die passende Reaktion ist das klassische Schema der Einwandbehandlung: „Sie haben Recht, DM ... ist ein stattlicher Betrag. Sie wollen ein Produkt, das ... leistet?" Kunde: „Ja!" Verkäufer: „Unser Produkt kann ... indem ..." – es folgt die kurze Wiederholung der drei wichtigsten Produktmerkmale als Nutzen für den Kunden – „Der Preis für ... ist DM ...." Kunde (der jetzt seinen Nutzen klarer erkennt): „Gut, gekauft!"

In der Dimension ‚Appell' hingegen heißt es: „Verkäufer, Sie müssen etwas am Preis tun, ich will einen Verhandlungserfolg für mich erkennen." Die passende Reaktion ist dann das Angebot, im Preis etwas nachzulassen, ein Extra dazuzugeben oder Ähnliches.

In der Dimension ‚Selbstoffenbarung' heißt es: „Verkäufer, ich kann diesen Preis nicht bezahlen! Zeig mir, wie wir uns trotzdem einigen können!" Die passende Reaktion ist dann ein Angebot zur Finanzierung, z.B. Raten, Leasing oder ein gebrauchtes Modell.

Übung:
Finden Sie passende Reaktionen für alle drei Dimensionen:
Chef zum Mitarbeiter: „Diese Aufgabe erfordert mehr Aufwand als vorgesehen? Das machen Sie doch mit links, Herr Süverkrüp."
Beziehung: ....
Appell: ....
Selbstoffenbarung: ....
Mitarbeiter zum Chef: „Wie soll ich das schaffen? Durch die anderen zwei Projekte steht mir terminlich das Wasser schon bis zum Hals."
Beziehung: ....

Grundlagen – Die richtigen Dinge tun

> Appell: ....
>
> Selbstoffenbarung: ....
>
> Kollege zum Kollegen: „Sie sind noch nicht lange im Unternehmen. Sonst wüssten Sie, wie das hier läuft!"
>
> Beziehung: ....
>
> Appell: ....
>
> Selbstoffenbarung: ....

„Vorsicht, die Ampel ist rot!" – „Wer fährt hier eigentlich – DU oder ich?"

„Ist doch wahr – nie passt Du auf!" Sie können sich den weiteren Ablauf gut vorstellen, haben ähnliche Situationen und die Eskalation vermutlich schon häufiger selbst erlebt?

In vielen Fällen reagieren wir schnell und oft abrupt auf den Beziehungsteil der Botschaft. Wir stellen unsere Position dar beziehungsweise die Verantwortung oder die Rangreihe klar. Verblüffende Wirkungen können Sie erzielen, wenn Sie das erwartete Muster durchbrechen. Anders reagieren kann hier bedeuten, nicht vorzugsweise auf die Beziehungsaussage in der Botschaft zu reagieren. Möglich sind ebenso Antworten, die auf den enthaltenen Appell oder die Selbstoffenbarung eingehen. „Vorsicht, die Ampel ist rot!" – „Keine Angst, das habe ich gesehen." Oder: „Vorsicht, die Ampel ist rot!" – „Genau, ich werde rechtzeitig anhalten."

Übung:
Erfrischend anders ... Beziehungsaussage, Appell und Selbstoffenbarung
Reaktionsmuster durchbrechen – alternative Antworten zu der potenziell konfliktträchtigen Botschaft ‚Beziehung': Kunde: „Was für einen Schund haben Sie mir da bloß verkauft. Ich werde mich bei der Direktion beschweren!"

Ihre Antwort als Verkäufer:

Appell: ....

Selbstoffenbarung: ....

Chef: „Das Ergebnis Ihrer Recherchen gefällt mir nicht! Sie müssen besser arbeiten!"

Ihre Antwort als Mitarbeiter:

Appell: ....

Selbstoffenbarung: ....

Mitarbeiter: „Das Ergebnis konnte nicht besser ausfallen. Wir haben getan, was wir konnten. Und genügend unterstützt haben Sie uns auch nicht!"

Ihre Antwort als Chef:

Appell: ....

Selbstoffenbarung: ....

Checkliste zur Gesprächsführung	
Situation	<ul><li>Ort – ruhig und ungestört</li><li>Zeit – ausreichend einplanen; Zeitrahmen mitteilen</li><li>Störungen während des Gesprächs vermeiden</li></ul>
Vorbereitung	<ul><li>Unterlagen</li><li>Ziele</li><li>Verlauf planen</li><li>Einstellen auf den Gesprächspartner</li><li>Atmosphäre – Getränke, Sitzordnung</li></ul>

Verhalten	- Sach- und Beziehungsebene beachten
- Konstruktive Gesprächshaltung
- Gesprächstechniken:
- sachlich
- verständlich
- Aktives zuhören
- Fragen stellen
- Feedback geben
Abschluss	- Ergebnisse schriftlich festhalten
Nachbearbeitung	- Ergebnis mit den Zielen vergleichen
- Konkrete Maßnahmen veranlassen
- Verbesserungsmöglichkeiten

Körpersprache

Die Arme vor der Brust verschränkt – ein Typ der zumacht und meine Argumente nicht hören will! Die Fingerspitzen zusammengelegt – ein aufmerksamer Gesprächspartner! Der Blick schweift oft ab, geht zur Decke oder zur Seite – er lügt, kann mir ja nicht einmal in die Augen sehen!

Nein! Falsch! Körpersprache lässt sich nicht eindeutig interpretieren. Wenn Ihr Gesprächspartner Ihnen mit gekreuzten Armen gegenübersitzt, will er damit nicht zwangsläufig eine Barriere aufbauen – und wer an die Decke schaut, will sich vielleicht nur konzentrieren. So einfach geht es leider nicht.

Gleichwohl: Körpersprache können Sie lesen und – noch wichtiger – Sie können Ihre Körpersprache gestalten und damit Situationen nachhaltig beeinflussen. Wir inszenieren tagtäglich unsere Gestik, Mimik und Körperhaltung – wir wollen damit einen bestimmten Eindruck erzeugen. Wir wollen Kompetenz demonstrieren, uns unbeeindruckt zeigen von einer schlechten Nachricht oder durch eine zurückhaltende Körpersprache unserer Bitte um Hilfe Nachdruck verleihen. Unser ‚Impression Management' funktioniert in vielen Fällen. Am besten dann, wenn wir selbst an die Botschaft glauben –

oder an den Nutzen, beziehungsweise die Notwendigkeit der Täuschung. Auch das tägliche Lügen, ohne dabei ‚rot' zu werden, gehört zu unserem Repertoire.

Körpersprache ist lange vor der gesprochenen Sprache entstanden. Diese ursprünglichere Form der Verständigung zeigen alle Tiere – sie hat auch einen viel größeren Stellenwert als die Laute. Auch wir achten – häufig unbewusst – auf vieles, das nicht durch die Wörter der Sprache ausgedrückt wird: Gestik, Mimik, Blickkontakt, Körperhaltung, Lautstärke, Tonfall und Modulation der Stimme – kurz: auf die Körpersprache. Zur Körpersprache gehören auch ‚künstliche' und damit bewusst gestaltete Elemente wie Kleidung, Frisur, Kosmetik und Schmuck. Gerade diese Signale werden häufig eingesetzt, um Rollenverständnis (‚Banker', ‚Kreativer') oder Mitteilungen über die Persönlichkeit (‚cool', ‚wichtig') zu machen. Auch in ritualisiertem oder symbolischem Handeln werden diese Aussagen erkennbar.

Einige von uns tragen ihre Gefühle offen zur Schau, andere sind eher schlechte ‚Sender'. Zusätzlich gelten kulturelle Normen, die es uns erlauben, unsere Gefühle auszudrücken – oder eben nicht. Auch berufliche Situationen verlangen von uns häufig bewusste Kontrolle: Verhandlungen sind nicht immer der geeignete Rahmen, um Gefühle zur Schau zu tragen. Frauen dürfen in unserer Kultur emotionaler sein als Männer, aber auch dafür gibt es – relativ enge – Grenzen. Häufig können Frauen ihre Emotionen besser ausdrücken als Männer und sind vielleicht gerade deswegen besser im Erkennen von Gefühlen anderer. Wir haben dann Probleme, wenn Emotionen zu hemmungslos gezeigt werden; ein Zuviel an Ärger über Kleinigkeiten gilt als kindisch oder übertrieben. Und was zu viel ist oder eine Kleinigkeit, bestimmen wir gern für andere – oder die anderen für uns.

Ein Großteil der Einschätzung anderer anhand der Körpersprache findet unbewusst statt.

Körpersprache können wir nicht eins zu eins interpretieren. Es gibt allerdings einige grundsätzliche Regeln: Jede Übersetzung von Körpersprache ist eine Interpretation, die Signale sind immer im Zusammenhang mit anderen Faktoren wie beispielsweise dem kulturellen Hintergrund oder der konkreten Situation zu sehen. Zu Fehlern in der Auslegung führt häufig die Konzentration auf einzelne Elemente, zum Beispiel nur auf den Gesichtsausdruck. Wenn Sie aber plötzliche Veränderungen in der Körpersprache wahrnehmen, können Sie auf Veränderungen in der Befindlichkeit Ihrer Partner schließen.

Verstärkung der Botschaft durch körpersprachliche Signale	
Signal	**Botschaft**
• Nicken mit dem Kopf	• Ich bin derselben Meinung, ich stimme zu (nicht in allen Kulturen)
• Kopfschütteln	• Ich lehne ab, ich bin dagegen (nicht in allen Kulturen)
• aufrechte Haltung, Blickkontakt	• Ich bin aufmerksam, ich höre zu!
• gerader Sitz auf der Stuhlfläche, aufrechte Haltung, offener Blick, leichtes Lächeln	• Ich fühle mich wohl, ich bin gerne hier, ich habe etwas zu sagen!
• Gehen in der Mitte des Ganges	• Ich bin selbstsicher!
• fester Stand, Füße leicht gespreizt (etwa Schulterbreite)	• Ich bin selbstbewusst, ich fühle mich sicher!
• Blickkontakt, Lächeln, geöffnete Arme	• Schön, Sie zu sehen, herzlich willkommen!
• leicht angewinkelte oder ausgestreckte Arme, Handinnenflächen zum Partner/ zur Gruppe	• Bis hierher und nicht weiter! Stopp!

Grundsätzlich gilt: Körpersprache ist unmittelbarer und schwieriger zu manipulieren als die gesprochene Sprache. Manche von uns können diese Signale sehr geschickt und bewusst einsetzen. Sind Sie dieser Manipulation hilflos ausgeliefert? Nein! Zumindest Hinweise auf bewusst eingesetzte Täuschungen gibt es. Anzeichen sind Brüche im Verhaltensmuster (wenn zum Beispiel die Körperhaltung und die Mimik nicht zusammenpassen oder wenn die Versicherung ungeteilter Wertschätzung mit einer leichten Vergrößerung der Distanz verbunden ist); schlechtes Timing (wenn sich die ‚Begeisterung' erst nach einer kurzen Wartezeit tatsächlich in der Mimik widerspiegelt) und Brüche in den Mikroemotionen (die Körpersprache wird um Sekundenbruchteile zu spät kontrolliert). Um diese Täuschungen erkennen zu können, müssen Sie sich auf Ihren Gesprächspartner konzentrieren. Je mehr Aufmerksamkeit Sie anderen widmen, umso besser können Sie die Signale der Körpersprache erkennen – und desto besser werden Sie mit Ihrem Gesprächspartner kommunizieren. Alles in allem also eine lohnende Übung.

> **Erkennen und prüfen Sie Ihre Wahrnehmungsmuster**
>
> Beobachten Sie andere Menschen – notieren Sie körpersprachliche Signale und deren Veränderung über die Zeit. Versuchen Sie Zusammenhänge zu erkennen zwischen diesen Mustern und dem Inhalt der Kommunikation. Vergleichen Sie mit Ihrem ersten Eindruck und inwieweit sich dieser über die Zeit bestätigt oder verändert hat.

Auch Sie können Ihre Körpersprache natürlich gezielt einsetzen. Sie vermitteln damit Botschaften, unterstreichen Ihre Aussagen und schützen sich gegebenenfalls vor Missverständnissen.

Körpersprache kann – in einem gewissen Rahmen – eingeübt und kontrolliert werden, Training kann für die Kommunikation sensibilisieren und die Kommunikation deutlich erleichtern. Ihr Sozialverhalten verbessert sich, wenn Sie für Körpersprache sensibilisiert sind. Es wird Ihnen bewusster sein, warum Sie Situationen auf bestimmte Art und Weise bewerten. Wohlgefühl oder Unbehagen in der Gesellschaft anderer hat immer Ursachen, je besser Sie diese kennen, desto besser können Sie auch mit der Situation umgehen. Nur wenn Sie wissen, was Sie stört, können Sie Ihre Partner darauf ansprechen und eine Änderung bewirken.

Face to face – Mimik

Das Gesicht ist die beste Quelle, um die Emotionen anderer Menschen zu erkennen. Grundlegende Emotionen wie Glück, Angst, Trauer, Ekel, Überraschung und Ärger werden durch einen jeweils unterschiedlichen Gesichtsausdruck repräsentiert. Alle anderen Formen der Mimik setzen sich aus diesen Grundmustern zusammen.

Besonders wichtig am Gesicht sind die Augen. Im Kontakt mit anderen Menschen verwenden wir viel Zeit und Energie auf den Blickkontakt. Wichtig sind für uns die Häufigkeit (je mehr, desto besser) und die Dauer – je länger uns jemand ansieht, desto mehr Aufmerksamkeit und Akzeptanz setzen wir voraus. Zu wenig Augenkontakt interpretieren wir häufig als mangelndes Interesse, Ablehnung oder sogar als Schuldgefühl. Allgemein gilt, dass Sie eine gute Wirkung erzielen, wenn es Ihnen gelingt, wiederkehrenden, aber immer wieder kurz unterbrochenen Blickkontakt mit Ihrem Gegenüber aufzubauen. Sie wirken auf andere angenehm und freundlich, wenn Sie Blickkontakt aufnehmen und ihn längere Zeit aufrechterhalten. Ein Fehler ist es allerdings, andere anzustarren. Ununterbrochener Blickkontakt führt dazu, dass wir uns bedroht fühlen. Gegenseitiges Anstarren ist häufig der Auftakt zu einem Kräftemessen.

Das Wichtigste an der Mimik: Lächeln Sie! Wer lächelt, wirkt positiv!

Ein Lächeln ist der beste Weg, andere freundlich zu stimmen. Lächeln ist ein wichtiger Puffer gegen Missstimmung und Aggression, Lächeln löst freundliche Antworten aus. Lächeln stimmt Sie selber froh! Selbst eine Unverschämtheit, lächelnd vorgetragen, wirkt gleich weniger aggressiv.

Obwohl wir das wissen, lächeln wir wenig – besonders wichtige Themen werden bevorzugt ernst vorgetragen. Gerade so, als ob sich inhaltliche Tiefe und Freude miteinander nicht vereinbaren ließen. Nehmen Sie sich bewusst vor, Ihre Mitmenschen anzulächeln, und Sie werden es erleben: Ihre eigene Stimmung steigt und man begegnet Ihnen gleich viel freundlicher.

Handgreiflichkeiten – Gestik

Mit den Händen reden – Gestik ist ein anderer wichtiger Teil der Körpersprache.

Eine Aussageebene ist die der *Quantität*: Viele Körperbewegungen deuten Unwohlsein, ein hohes Maß an nervöser Erregtheit an. Die andere Ebene ist die *Qualität* – Körperhaltung und Gestik. Die körperliche Orientierung ist generell ein Ausdruck der Aufmerksamkeit und der Sympathie: Personen, die von uns leicht abgewandt stehen oder die zurückgelehnt sitzen, signalisieren uns mangelnde Aufmerksamkeit oder Ablehnung.

Die Bewegung auf uns zu (Verringerung der Distanz, Vorlehnen im Sitzen) zeigt eine positive Orientierung und wird in der Regel instinktiv als solche bewertet.

Personen, die sich in Einklang miteinander befinden, zeigen oft ein hohes Maß an *kongruenten* Bewegungen und häufigere gegenseitige Berührungen.

Ersatzhandlungen oder Übersprunghandlungen sind Ausdruck für innere Konflikte, beispielsweise den – unentschiedenen – Widerspruch zwischen Angriff und Verteidigung. In Wartesituationen (zum Beispiel vor wichtigen Verhandlungen) zeigen viele Menschen solche Ersatzhandlungen, um ihre innere Spannung abzubauen. Anhaltspunkte dafür sind das Ordnen der Kleidung oder von Gegenständen, Rauchen, Gähnen, das Kauen auf Füllern oder Fingernägeln.

Aussagen der Gestik

- Aneinander gelegte Fingerspitzen und Daumen signalisieren Selbstvertrauen oder Überlegenheit.
- Beide Hände hinter dem Kopf verschränkt deuten Selbstbewusstsein oder Überlegenheit an.
- Kratzen oder Reiben am Kopf lassen auf Zweifel an der Darstellung oder auf Unsicherheit schließen.
- Den Kopf in eine Hand oder auf einige Finger gestützt vermittelt aufmerksames Zuhören, Analyse und Reflexion.
- Der Griff mit einer Hand in den Nacken zeigt häufig Ärger an.
- Geballte Hände sind Ausdruck von Dominanz und Aggressivität oder von Schwierigkeiten.

Ansätze zur Optimierung der Gestik:

- Starten Sie Ihre Gestik ein klein wenig eher als die Worte.
- Die Geste sollte der Aussage angemessen sein und nicht unmäßig übertreiben oder um ihrer selbst willen künstlich verlängert werden.
- Gesten sollten kraftvoll und dynamisch sein und nicht mitten in der Bewegung abgebrochen werden.
- Gesten mit beiden Händen wirken sehr viel stärker als Gesten mit einer Hand.
- Vermeiden Sie nach Möglichkeit Gesten mit negativem Gehalt, zum Beispiel erhobener Zeigefinger, Zeigen auf Personen, Verschränken der Arme vor der Brust, Hände in den Hosentaschen.
- Wechseln Sie die Hände ab, gestikulieren Sie nicht immer nur mit rechts oder links.
- Kritischen Botschaften nehmen Sie mit einem Lächeln und vielleicht mit leicht schräg gehaltenem Kopf die Schärfe.

Übung:
Entspannung
▼ Setzen Sie sich locker auf einen Stuhl, die Beine etwa schulterbreit auseinander. ▼ Stellen Sie die Füße flach auf den Boden, parallel zueinander. ▼ Lehnen Sie den Oberkörper so weit nach vorn, dass Ihre Ellbogen auf den Knien ruhen. ▼ Falten Sie die Hände. ▼ Lassen Sie den Oberkörper in einer leichten Spannung – den Bauch nicht durchhängen lassen. ▼ Schließen Sie die Augen und versuchen Sie, an nichts zu denken. ▼ Atmen Sie ruhig ein (langsam bis vier zählen) und aus (bis zehn zählen) – circa zwanzig Mal. Die ‚Bierkutscherhaltung' wird Ihnen helfen, sich zu entspannen und Ihre Gedanken zu fokussieren.

Um positiv und sicher auftreten zu können, müssen Sie entspannt sein. Ein Zuviel an Spannung oder Stress wird immer in Körperhaltung und Verhalten sichtbar. Entspannung lässt sich auf vielen Wegen erreichen – durch autogenes Training, Yoga oder Techniken der Progressiven Muskelentspannung, um nur einige Beispiele zu nennen.

Kurze Übungen, wie die oben beschriebene, helfen Ihnen, die richtige Konzentration auf wichtige Aufgaben zu gewinnen.

Mit Ihrem Händedruck können Sie Selbstbewusstsein und Zutrauen vermitteln. Die besten Chancen haben Sie mit einem kurzen festen Händedruck, kein langes Festhalten und keinen ‚Knochenbrecher' bitte. Der kurze körperliche Kontakt entspannt und wirkt positiv. Der Händedruck sollte mit einer Anrede verbunden werden, zum Beispiel: „Schön, Sie kennen zu lernen!" oder „Guten Tag, Herr Süverkrüp!" Sehr persönlich und überschwänglich, allerdings manchmal auch leicht dominant, ist die beidhändige Begrüßung. Dabei legen Sie die zweite Hand *auf* die Hand des Begrüßten oder auf den Unterarm. Diese Begrüßung drückt fast immer eine besondere Beziehung zur anwesenden Person aus. Es kann sich um einen guten Freund handeln, große Freude oder um ein besonderes Ereignis.

> **Betonung durch Mimik und Gestik**
>
> Pantomimische Übungen sind sehr nützlich, um die eigene Mimik und Gestik zu schulen. Üben Sie zu Hause vor dem Spiegel oder mit guten Freunden.
> Suchen Sie sich einen Beruf aus – je typischer desto besser. Geeignete Beispiele sind ein Auktionator, Reporter, Pfarrer, Marktverkäufer oder Friseur.
> Denken Sie sich in ‚Ihren' Beruf hinein und führen Sie dann für circa drei bis fünf Minuten typische Aktivitäten des Berufs vor, ohne dabei zu sprechen!
> Alternativ können Sie sich eine Aufgabe ausdenken – jemanden begrüßen, in die Jacke helfen, die Speisekarte reichen, eine Bestellung diskutieren und aufnehmen – und diese Aufgabe nur mit Gestik und Mimik umsetzen.
> Sie werden in Ihrem professionellen Alltag Gestik und Mimik weniger ausgeprägt einsetzen – eine gute Vorbereitung ist diese Übung in jedem Fall. Sie wird Ihnen auch dabei helfen, sich weniger ‚peinlich' zu fühlen, wenn Sie diese rhetorischen Mittel nutzen.

Ihr Standpunkt ist gefragt – Positionierung

Ich stehe dicht hinter Ihnen und schaue über die Schulter auf Ihre Arbeit. – Ihr Gesprächspartner tritt so dicht an Sie heran, dass Sie das ‚Weiße im Auge' sehen. – Sie drängen Ihren Partner in eine Ecke und reden auf ihn ein.

Die Positionierung – in Relation zu anderen Personen und im Raum – enthält eine Reihe von Informationen. Besonders Individualabstände sind aber immer vor dem jeweiligen kulturellen Hintergrund zu beurteilen. So halten Nordeuropäer gern einen etwas größeren Abstand zu ihrem Gesprächspartner als Südeuropäer. Der intime Nahbereich des Menschen reicht ungefähr bis 45 Zentimeter. Überschreitungen dieser Grenze durch Fremde führen zu – meistens leichten – Stresssymptomen und erhöhter Aufmerksamkeit. Die übliche Entfernung mit weniger vertrauten Personen reicht von circa 45 Zentimeter bis zu circa 150 Zentimeter. Der Aufenthalt in diesem Bereich schafft Nähe, ermöglicht uns aber, entspannt miteinander umzugehen. Berührungen sind möglich, werden uns aber nicht aufgezwungen. Wenn ich mich unbehaglich fühle, kann ich die Distanz in diesem Bereich leicht vergrößern.

Generell gilt, dass Personen, die dicht beieinander stehen oder sitzen, vertraut miteinander sind – oder dass der Partner, der den geringeren Abstand wählt, diese Vertrautheit herstellen möchte. Vertrautheit wird auch in kurzen wechselseitigen Berührungen sichtbar. Gehen die Berührungen nur von einer Person aus, wird es sich um den hierarchisch Höherstehenden der beiden handeln.

Zwei, die sich im Gespräch genau gegenüberstehen, möchten nicht gestört werden.

Zwei Personen, die bei einem Gespräch im rechten Winkel zueinander stehen, sind bereit, weitere Partner in ihre Runde aufzunehmen.

Personen, die sich gegenübersitzen, haben entweder auch einen größeren persönlichen Abstand oder sie befinden sich in einem Konflikt. Gern wird ein Tisch dazwischen auch von Vorgesetzten als zusätzliche Barriere gewählt, besonders bei schwierigen Gesprächen. Personen am Kopfende eines Tisches sind meistens die Leiter der Sitzung oder der Arbeitseinheit beziehungsweise die Gastgeber der Veranstaltung.

Sprache und Stimme

Auch Ihre Stimme kann den positiven Eindruck verstärken. Es geht nicht darum, Pavarotti oder Céline Dion Konkurrenz zu machen – Sie können aber daran arbeiten, dass Tonfall, Lautstärke, Modulation oder Stimmhöhe Ihren Gesprächspartnern und dem Raum angemessen sind. Sie können sich darauf einstellen, mit wem Sie sprechen, worüber, und was Sie mit Ihrer Art zu sprechen unterstreichen wollen. Soll die Stimme schmeicheln, bitten oder Kritik ausdrücken?

Wichtige Aspekte zum richtigen Stimmeinsatz sind die richtige Atmung, die Ausnutzung der stimmlichen Modulationsfähigkeit und die Entwicklung der Artikulation. Konzentrieren Sie sich auch auf das Sprechen – nicht nur auf den Inhalt. Entscheidend für die Wirkung des Gesprochenen sind:

- Sprechtempo: Sprechen Sie kurze Sätze langsamer, lange Sätze etwas schneller.
- Betonung: Betonen Sie ein, maximal zwei Wörter in Sätzen oder Satzteilen.
- Modulation: Die Stimme sollte sich am Satzende („beim Punkt") senken. Sprechen Sie mal etwas höher, mal etwas tiefer, die Stimme klingt dann melodischer. Dynamik vermitteln Sie durch einen dosierten Wechsel der Lautstärke, mal etwas leiser, mal etwas lauter.
- Wechseln Sie zwischen leichten und schwierigen Textpassagen.
- Unterstützen Sie das Gesagte nonverbal.

Tipps zur Sprechtechnik

- Atmung: Bewusste Zwerchfellatmung – beim Ausatmen den Bauch einziehen und beim Einatmen nach außen drücken.
- Pausen: Kurze Sprechpausen geben Ihren Zuhörern Gelegenheit zum Nachdenken und Ihnen die Möglichkeit zum Luft holen.
- Sprechweise: Verschlucken Sie keine Silben, sprechen Sie deutlich akzentuiert.
- Lautstärke: Sprechen Sie laut genug für alle Zuhörer, variieren Sie die Lautstärke.
- Modulation: Veränderungen in Tempo und Betonung wirken positiv und bauen Spannung auf.
- Tempo: Zu schnelles Sprechen erschwert das Verständnis, zu langsames Sprechen ermüdet.

Was Du nicht siehst – Feedback und Image Shaping

Jeder von uns hat eine bestimmte Wirkung auf andere Menschen – positiv oder nicht, das ist individuell sehr unterschiedlich. Welche Wirkung haben Sie auf andere? Wollen Sie Ihre Wirkung verbessern?

Unser Selbstbild wird immer davon abweichen, wie andere uns sehen. Sie haben im Lauf der Jahre ein – hoffentlich positives – Bild von sich entwickelt. Sie kennen Ihre Handlungsmotive.

Grundlagen – Die richtigen Dinge tun

Nur begrenzt zugänglich ist uns allerdings ein wesentlicher Teil unserer Wirkung auf andere. Das Johari-Fenster (benannt nach den Erfindern Joe Luft und Harry Ingham) beschreibt dieses Phänomen. Es ist ein Modell zur Darstellung von Selbst- und Fremdwahrnehmung und deren Veränderung im Verlauf sozialer Prozesse.

	mir selbst bekannt	mir selbst unbekannt
anderen bekannt	allen bekannt (öffentlich)	Blinder Fleck in der Selbstwahrnehmung
anderen unbekannt	für andere verborgen (privat)	unbekannt, unbewusst

Das Johari-Fenster

Die soziale Rückmeldung über das Feedback ist unsere einzige qualifizierte Möglichkeit zu erfahren, wie andere uns sehen. Wir können aus solchen Informationen lernen, uns in bestimmten Situationen geschickter zu verhalten. Wir lernen etwas über die Wahrnehmungen und die Gefühle anderer Menschen. Damit erst wird soziales Lernen möglich.

Solche Rückmeldungen erleben wir bei vielen Gelegenheiten, nicht immer positiv und nicht immer willkommen. Lob und Kritik sind Feedback wie die Körpersprache unserer Gesprächsteilnehmer, Einladungen zu Gesprächsrunden oder das Ausbleiben eines erbetenen Rückrufs.

Eine gute Rückmeldung ist konstruktiv. Das heißt, sie ist so formuliert, dass wir auch tatsächlich daraus lernen können. Vielleicht erhalten wir sogar Hinweise darauf, was wir verändern könnten. Die Fähigkeit zur guten

Rückmeldung setzt scharfe Beobachtung und Einfühlung in den Handelnden voraus. Feedback anzunehmen zeigt Interesse und Lernbereitschaft.

Wie ist gutes Feedback gestaltet?

> **Regeln für Feedback**
>
> ▼ Zunächst positives – dann negatives/kritisches Feedback
> ▼ Keine pauschale Kritik – konkrete Äußerungen zu den kritisierten Aspekten
> ▼ Keine Wertungen – Beschreibung der Beobachtungen
> ▼ Darstellung der Gefühle
> ▼ Hinweis auf mögliche Konsequenzen
> ▼ Vorschläge zu eventuellen Änderungen – konkret und im Bereich des Möglichen
> ▼ Nahe zum Ereignis – aber zu einem geeigneten Zeitpunkt und im passenden Rahmen

Warum wollen und sollen Sie eigentlich andere beeindrucken? Warum können wir uns nicht einfach so geben, wie wir sind? Selbstbewusstes und positiv gefärbtes Auftreten ermöglicht Ihnen, die eigene Wirkung zu verstärken – und damit gerade das zu erreichen, was Ihnen wichtig ist. Gegenpole sind submissives Verhalten, der Verzicht auf die Wahrnehmung eigener Interessen, oder aggressives Verhalten, die Verletzung der Persönlichkeit und der Rechte anderer Menschen.

Wichtige Elemente selbstsicheren Auftretens sind körpersprachliche Ausdrucksformen. Damit es zur Verbesserung der eigenen Wirkung kommt, ist es von Bedeutung die eigene Körpersprache zu kennen und zu optimieren.

Der erste Schritt zum ‚Image Shaping' ist eine Bestandsaufnahme: Sammeln Sie – ehrlich und selbstkritisch – Rückmeldungen, die Sie von anderen bekommen. Eine wichtige Quelle sind gute Freunde, Kollegen, Kunden, Trainer im Seminar. Wer fällt Ihnen sonst noch ein?

Stellen Sie diese Rückmeldungen zunächst zusammen und ordnen Sie diese nach Mimik – Sprache – Körperhaltung und so weiter. Bewerten Sie dann diese Rückmeldungen: Positiv oder kritisch für das Bild, das Sie anderen von sich vermitteln möchten. Fertigen Sie eine Plus-minus-Liste an.

Dann beschreiben Sie, wie Sie auf andere wirken wollen. Diese körpersprachlichen Ausdrucksformen können Sie gezielt einüben!

Checkliste zur Körpersprache	
Haltung:	Wie stehen Sie? Wie sitzen Sie? Gerade und aufrecht? Liegt Ihr Körperschwerpunkt in der Mitte? Sind die Füße ungefähr schulterbreit auseinander?
Mimik:	Halten Sie Blickkontakt? Lächeln Sie? Halten Sie den Kopf gerade? Passt Ihre Mimik zum gesprochenen Wort? Wirkt die Mimik aufgesetzt/eingeübt oder natürlich?
Gestik:	Unterstreichen Ihre Hände das Gesagte? Ist Ihre Gestik offen? Halten Sie Dinge unnötig in den Händen oder spielen Sie damit herum?
Abstand:	Wie weit entfernt stehen Sie von anderen? Berühren Sie andere Personen?
Sprache:	Ist die Lautstärke der Größe des Raums und der Anzahl der Anwesenden angemessen? Ist der Tonfall positiv/drückt er Akzeptanz aus? Ist die Stimme fest und nicht zu emotional geprägt?

Auch am Telefon verhalten Sie sich so, als ob Ihr Gesprächspartner Sie sehen könnte. Ihre Stimme bekommt einen anderen Klang und eine andere Modulation, wenn Sie aufrecht sitzen, lächeln und aufmerksam sind, anstatt Männchen zu malen. „Put a sunshine in your smile!"

Mir war doch gleich so – der erste Eindruck

In Sekundenbruchteilen machen wir uns ein Bild von anderen Menschen – einschließlich der Zuschreibung von Eigenschaften. Wir entscheiden spontan, was von dem anderen zu halten ist. Ein Relikt der menschlichen Entwicklungsgeschichte, nützlich und schwierig zugleich. Zum ersten Eindruck tragen ineinander verwoben all die Faktoren bei, die wir auf den vorangehenden Seiten detailliert betrachtet haben – Gesichtsausdruck, Stimme, Gestik, Körperhaltung, Kleidung, die Art und Weise, wie wir angesprochen werden, und vieles mehr. Dieser erste Eindruck ist recht hartnäckig. Korrigiert werden kann er – wenn sich eine Gelegenheit dazu bietet.

Manchmal bleibt der erste Eindruck jedoch der letzte! Es ist also leichter, sich von Beginn an um einen guten ersten Eindruck zu bemühen und ein passendes Bild von sich zu gestalten. Der positive erste Eindruck ist die beste Grundlage für die weitere Entwicklung der Beziehung.

Der gute erste Eindruck lässt sich – in Grenzen – planen. Was wissen Sie bereits über Ihren Gesprächspartner? In welcher Rolle werden Sie auftreten? Welche Erwartungen werden an Sie gestellt? Was mag Ihr Gesprächspartner, was mag er nicht? Gibt es Bezugspunkte (gemeinsame Bekannte, Interessen ...), die Sie zum Einstieg ansprechen können? Mit welchen Worten wollen Sie den anderen begrüßen? Sprechen Sie Ihren Partner nach Möglichkeit mit Namen an – oder wiederholen Sie den Namen, wenn Sie auf einen bisher Unbekannten treffen.

Zum ersten Eindruck gehört unbedingt der indirekte Kontakt: Wie melden Sie sich am Telefon – als Angerufener und als Anrufer? Am besten mit Namen; Vor- und Zuname klingen sympathischer als bloß „Schulze!", die Firma gehört auch noch dazu und ein freundliches „Guten Tag!" macht einen guten Eindruck. Freuen Sie sich über den Anruf – jemand hat Lust, mit Ihnen zu sprechen. Das Lächeln und Ihr sympathischer Tonfall helfen über die Hürde der ersten Kontaktaufnahme hinweg!

Übung:				
Botschaften bewusst gestalten				
Üben Sie, eindeutige Botschaften zu senden – vor dem Spiegel oder mit einem Partner.				
Bilanz: Wie gut ist es gelungen?	Sehr gut			schlecht
Imponiergehabe	5	4	3	2	1
Cooler Auftritt	5	4	3	2	1
Freude	5	4	3	2	1
Konzentration	5	4	3	2	1
Langeweile	5	4	3	2	1
Unzufriedenheit	5	4	3	2	1

Ablehnung	5	4	3	2	1
Irritation	5	4	3	2	1
Sicherheit	5	4	3	2	1

Wunderwaffe NLP?

Ist NLP – Neurolinguistisches Programmieren – eine wundersame Technik, die es jedem ermöglicht, sich optimal darzustellen, andere besser zu verstehen und zu beeinflussen? Eine eindeutige und für alle gültige Antwort darauf kann es nicht geben. Tatsache ist, dass NLP – stärker als andere Kommunikationstechniken – Wert auf die Wahrnehmung und die Beeinflussung auf der Ebene der Körpersprache legt.

NLP basiert auf der Vorstellung, dass sich jeder Mensch sein eigenes Bild von der Welt erarbeitet. Diese Landkarte wird zur individuellen Realität. Wenn es Ihnen nun gelingt, die Landkarte des anderen Menschen zu erkennen, so finden Sie einen besseren Zugang zu ihm und seiner Welt (Rapport).

Eine Grundlage von NLP ist die Annahme, dass jeder Mensch einen bestimmten Kommunikationskanal bevorzugt. Wenn Sie diesen Kanal erkennen, können Sie in der gleichen Weise kommunizieren (Pacing). Das beschreibt den Versuch, sich ähnlich zu verhalten wie Ihr Partner. Die Gefahr besteht darin, den anderen nachzuäffen oder ihn zu irritieren.

Wichtige Techniken im NLP operationalisieren diesen Ansatz. Ziel ist dabei weniger das – semantische – Verstehen und Interpretieren der Körpersprache anderer, sondern mehr der – funktionelle – Weg, sich auf die individuell *unterschiedlichen* körpersprachlichen Signale der Partner einzustellen (zu kalibrieren) und diese zur Intensivierung der eigenen Kommunikation zu nutzen.

Die *Technik des Spiegelns* beruht auf der Erkenntnis, dass Menschen mit intensivem Kontakt (zum Beispiel Eltern und Kinder, Mitglieder eines Teams) ein hohes Maß an Symmetrie in ihren körpersprachlichen Signalen aufweisen. Das Spiegeln versucht nun, über die Simulation der körpersprachlichen Signale des Partners den Kontakt aufzubauen. Die Anpassungen an den Gesprächspartner beispielsweise in Lautstärke, Sprechtempo,

Körperhaltung, Gestik und Atemrhythmus führen demnach zu einem intensiven Kontakt – unabhängig von inhaltlichen Übereinstimmungen. Auf der sprachlichen Ebene vollzieht sich das Spiegeln insbesondere in der Anpassung der Adjektive und Verben an den bevorzugten Wahrnehmungsstil des Partners. NLP nimmt eine Einteilung nach dem bevorzugten Stil vor – das heißt dem präferierten kognitiven Kanal Hören, Sehen, Fühlen, Riechen, Schmecken. Es gibt dementsprechend visuelle, auditive und kinästhetische (diese inklusive der olfaktorischen und gustatorischen) Typen. Durch geschicktes Spiegeln reflektieren Sie die Welt Ihres Partners. Sie versuchen, sich damit seiner Wahrnehmung und Empfindung anzunähern.

Bei Ungeübten und Personen ohne eigene Botschaft wirkt die Technik des Spiegelns allerdings leicht lächerlich, da sie zu einer körpersprachlichen und verbalen Echolalie wird („Ich bin Studentin der Volkswirtschaft." „Sie sind Studentin." – „Ja, und ich möchte später im Marketing eines internationalen Unternehmens arbeiten." „Sie wollen später im Marketing arbeiten." – „Ich werde in einem Jahr meine Diplomarbeit beenden." „Sie sind in einem Jahr fertig."). Der eigene Beitrag des Gesprächspartners ist gleich null und die Wirkung über einen längeren Zeitraum hinweg verheerend.

Spiegeln ist eine Form von Pacen. *Pacen* bedeutet beim NLP, sich dem Verhalten und der emotionalen Befindlichkeit der anderen Person anzugleichen. Formal auftretende Menschen werden eher formal behandelt, joviale Typen eher kumpelhaft. ‚Gepact' werden beispielsweise Körperposition (gleiche Sitzhaltung), Sprache, Intonation und Tempo.

Die erfolgreiche Anwendung der NLP-Techniken setzt ein breites Repertoire an Verhaltensweisen voraus und die Bereitschaft, eigenes Verhalten und eigenes Befinden in den Hintergrund treten zu lassen. Das wird sicherlich nicht allen leicht fallen.

Frauen sind häufig besser in der Lage, Rapport durch Spiegeln herzustellen. Vielleicht ist das darauf zurückzuführen, dass sie in ihrer Sozialisation lernen (müssen), Anpassung als Mittel zum Erreichen von Zielen einzusetzen. Männer sehen in dem Ausdrücken von Unterschieden eher eine Demonstration ihrer Individualität und ‚Macht'.

Das *Pacen der Körperposition* bedeutet, wichtige Elemente oder die gesamte Körperhaltung meines Partners zu übernehmen: sich so hinzusetzen oder hinzustellen wie der andere, bevorzugte oder typische Gesten zu übernehmen. Vorsicht: Reines Nachäffen wird albern oder abschreckend wirken.

Sprach-Pacing ist die Übernahme von Form und Muster der Sprache. Die *Form* bezeichnet im Wesentlichen Schlüsselworte (zum Beispiel als Hinweise auf Fachkompetenz oder Insiderwissen) und Signale. Mein Partner soll daran erkennen, dass ich (a) ‚up to date' bin und (b) zu seinem ‚relevant set' gehöre. Die *Muster* beziehen sich auf das Pacing im bevorzugten Kanal. Die Übersetzung meiner Botschaft in die ‚Welt' meines Gesprächspartners schafft Sympathie und macht es ihm leichter, mich zu verstehen.

Von den Wahrnehmungstypen bevorzugte Redewendungen nach NLP

Visuelle Typen	Auditive Typen	Kinästhetische Typen
sehen, beobachten, scheinen, gucken	laut, leise, unüberhörbar, poltern, trampeln	wach – müde – entspannt sein
Überblick haben, Klarheit gewinnen	rauh, kreischend, heiser, schnaubend	wütend – traurig – ärgerlich sein
Scheinargument, durchsichtige Argumente	Süßholz raspeln, das Gras wachsen hören	sich fallen lassen, schweben
Ausstrahlung haben, einsichtig sein	Das hört sich gut an. Er gehorcht aufs Wort.	Mir ist schwindlig. Mir kommt die Galle hoch.
sich in die richtige Richtung bewegen	Das schreit nach einer innovativen Lösung.	sich geborgen fühlen, sich eingeengt fühlen
den Wald vor lauter Bäumen nicht sehen	Ich kann das nicht mehr hören.	Mir ist eine Laus über die Leber gelaufen.

Standards –
Für schwierige Situationen

Wirkung erzielen

Sie fordern jemanden auf, im Besprechungsraum nicht zu rauchen. Sie setzen eine Gehaltserhöhung durch. Sie bitten einen Kollegen darum, störendes Verhalten wie permanentes Summen einzustellen. Sie müssen zugeben, dass Sie komplett vergessen haben, eine übertragene Aufgabe zu erledigen.

Alle geschilderten Situationen beinhalten einen gewissen Grad von Peinlichkeit. Für den einen mehr und für den anderen weniger. Vielleicht müssen Sie sich überwinden, aktiv zu werden. Gleichwohl haben Sie nur die Wahl zwischen dem Erdulden einer misslichen Situation oder dem beherzten Herangehen. Gefordert ist wirkungsvolles Handeln. Wenn Sie Ihre Interessen betonen und durchsetzen, sind Sie keineswegs eine ‚Zicke' oder ein ‚Sozialterrorist'.

Das englische Wort ‚assertiveness' beschreibt diesen Sachverhalt. Gemeint ist damit die Absicht, den gewollten Eindruck zu vermitteln, bestimmt aufzutreten und das gewünschte Ergebnis zu erzielen. Wirkungsvolles Verhalten beinhaltet die Durchsetzung Ihrer legitimen Interessen – ohne die Rechte anderer zu beeinträchtigen.

Dies beinhaltet Ihr Recht, die eigenen Bedürfnisse als wichtig anzusehen und zu erfüllen, „Nein" zu sagen ohne Schuldgefühle, der eigenen Position

Gehör zu verschaffen und Nachdruck zu verleihen. Wirkung zu erzielen bedeutet, eigene Prioritäten zu setzen, sich nichts von anderen vorschreiben zu lassen, und es beinhaltet das Recht auf Fehler – auf eigene Fehler.

Ein Gegenpol ist submissives oder gehorsames Verhalten als Verzicht auf die eigenen Rechte. Das wird dazu führen, dass Ihnen permanent unerfreuliche Arbeiten aufgetragen werden und sich niemand für Ihre Meinung interessiert. Am Ende verlieren Sie Ihr Selbstbewusstsein und das Gefühl für den eigenen Wert. Der andere Pol ist aggressives Verhalten und bedeutet immer die Verletzung der Rechte anderer. Damit stoßen Sie sehr schnell auf Ablehnung, wenn nicht sogar auf Abwehr, und es dient ebenfalls kaum der Akzeptanz Ihrer Position bei anderen.

Wie können Sie sich verhalten, um die beabsichtigte Wirkung zu erzielen?

- Treten Sie für Ihre Interessen ein. Beginnen Sie in einfachen Situationen und mit selbstverständlichen Bedürfnissen. Dehnen Sie dieses Verhalten auf Situationen aus, die Sie als kritisch erleben: „Lassen Sie mich bitte zu Ende bringen, was ich sagen wollte." – „Sie sind zu spät. Die Sitzung war auf 09.00 Uhr terminiert." Üben Sie, dabei laut und deutlich zu sprechen, nehmen Sie Blickkontakt mit dem Angeredeten auf. Wird Ihre Bemerkung ignoriert, so wiederholen Sie diese ein wenig lauter und flechten den Namen des Angesprochenen ein.
- Sie reagieren auf persönliche Kritik mit grundsätzlicher Akzeptanz, ohne den Inhalt der Kritik wirklich zum Thema zu machen. „Das mag richtig sein, aber wir sprachen über ..." Auf diese Weise können Sie auch vermeiden, durch die Diskussion des kritisierten Aspekts vom Thema abgelenkt zu werden.
- Fragen Sie den anderen nach den Gründen für sein Verhalten. Sprechen Sie das kritische Verhalten offen an und überlassen Sie es dem anderen, sich zu erklären. Zeigen Sie keine falsche Scheu! Störendes oder aggressives Verhalten Ihnen oder anderen gegenüber dürfen und sollten Sie zum Thema machen. Je länger Sie einen Angriff dulden, umso schwerer wird es Ihnen fallen, sich zur Wehr zu setzen. Benennen Sie das Verhalten und fragen Sie „Warum tun Sie das?" – „Was wollen Sie damit bezwecken?" – „Ist Ihnen noch gar nicht aufgefallen, dass Sie mich/andere damit einschränken/belästigen?"
- Lassen Sie sich durch Beschwichtigungsversuche („Nun hab Dich doch nicht so!" – „Nur diese fünf Minuten, reg Dich nicht so auf.")

nicht aus der Bahn werfen. Wiederholen Sie Ihr Anliegen und insistieren Sie auf einer Klärung.

▼ Weisen Sie auf Diskrepanzen zwischen vereinbartem und tatsächlichem Verhalten hin, Terminüberschreitungen, Qualitätsmängel oder die Missachtung von Regeln. Sie können von Ihrem Vertrauen in das gegebene Wort sprechen und den Nutzen des anderen herausstellen, wenn er sich an Regeln hält.

▼ Wenn diese Interventionen nicht fruchten, weisen Sie den anderen auf die Konsequenzen seines Verhaltens hin. Diese Alternative ist aber nur sinnvoll, wenn die Fortsetzung des problematischen Handelns tatsächlich durch Sie oder durch andere sanktioniert werden kann.

Körpersprachlich unterstützen Sie wirkungsvolles Handeln durch eine klare und ausreichend laute Stimme. Sprechen Sie deutlich und verständlich. Formulieren sie einfache, kurze Sätze. Sprechen Sie eher langsam, steigern Sie auf keinen Fall das Tempo im Verlauf des Gesprächs. Vermeiden Sie Schuldzuweisungen oder Drohungen. Gerader Stand oder aufrechtes Sitzen und offene Körperhaltung sind ebenfalls hilfreich. Nehmen Sie Blickkontakt auf und verwenden Sie den Namen des Angesprochenen. Um Ihren Worten besondere Bedeutung zu verleihen, können Sie auch aufstehen oder ein wenig auf den anderen zugehen. Die persönliche Distanz sollte auf keinen Fall unterschritten werden. Vermeiden Sie aggressive Gesten.

Fragen – richtig gestellt

„Herr Süverkrüp, wollen wir uns am Dienstag oder am Mittwoch treffen, um den Vertrag zu besprechen?" – „Was genau verstehen Sie unter ‚guter Kommunikation'?" – „Frau Schmidt, konzeptionell sind Sie ja nicht sehr stark. Sind Sie dafür gut als Trainerin?" – „Sie werden mir doch sicher zustimmen, dass die Verkaufszahlen in Ihrem Bezirk besser sein könnten?" – „Frau Berger, wie beurteilen Sie als Expertin den Vorschlag?"

Fragen – richtig eingesetzt – sind ein hervorragendes Mittel, um das Gespräch zu lenken, um Informationen zu bekommen, und manchmal auch, um einer Antwort auszuweichen.

Falsch eingesetzt, schaden die Fragen dem Gesprächsfluss. Sie zementieren falsche Voraussetzungen oder treiben den Gesprächspartner in die Enge.

Grundsätzlich ist zu unterscheiden zwischen offenen und geschlossenen Fragen.

Geschlossene Fragen lassen nur die Antwortalternative ‚ja' – ‚nein' zu oder sie fragen einen Fakt ab: „Können wir uns am Dienstag um 15.00 Uhr treffen?" – „Sind Sie Mitglied der Partei ...?" – „Wann sind Sie geboren?" – „Wo haben Sie Ihr Studium absolviert?"

Offene Fragen lassen viele Variationen zu und verfolgen das Ziel, den Partner ins Gespräch zu bringen, ihn zum Erzählen zu ermuntern: „Du warst in Kenia? Toll! Erzähl doch mal, wie war es dort?" – „Herr Schulze, wie ist die Lage auf dem Rentenmarkt?" – „Wie stellen Sie sich die Umsetzung des Projekts vor?" – „Wie bewerten Sie den Vorschlag des Beraters?"

Unter diesem Dach existieren eine Reihe von Varianten. Sie zu kennen lohnt sich, die unterschiedlichen Formen helfen Ihnen, die richtige Frage für Ihr Ziel zu formulieren.

Suggestivfragen – „Sie stimmen mir doch sicher zu, dass wir zu Weihnachten wie immer ein Essen mit Partnern planen sollten?" – suchen nach Bestätigung und engen den Handlungsspielraum des Gegenübers erheblich ein. Auf der Beziehungsebene betonen sie, dass der Sprecher sich in der überlegenen Rolle sieht.

Alternativfragen – „Bevorzugen Sie einen Vertrag über zwölf Monate Laufzeit mit 5,6 Prozent Zinsen oder über 24 Monate Laufzeit mit 5,2 Prozent Zinsen?" – engen die Antwortmöglichkeiten ebenfalls ein. Durch die Forcierung der Alternative soll der Gesprächspartner zur Zustimmung veranlasst werden. Häufig werden in Alternativfragen ein für den anderen günstiger und ein eher ungünstiger Vorschlag verbunden, sodass der Befragte auf jeden Fall der gewollten Möglichkeit zustimmt.

Psychologisierende Fragen – „Wie haben Sie das Gesprächsklima erlebt?" – ermöglichen eine Diskussion der Beziehungsebene, sie adressieren emotionale Aspekte. Häufiger gestellt können sie jedoch auch dem Ziel dienen, den Inhalten auszuweichen und alle Themen auf die Verhaltensebene zu begrenzen.

Definitionsfragen – „Was verstehen Sie unter einer ‚Corporate University'?" helfen, einen Sachverhalt enger zu fassen oder das unterschiedliche Verständnis einer Thematik herauszuarbeiten. Im nächsten Schritt ist es dann möglich, eine gemeinsame Sichtweise zu erarbeiten.

Interpretationsfragen – „Verstehe ich Ihren Kommentar dahingehend richtig, dass Sie kein Interesse an einer Fortsetzung der Kooperation haben?" – bringen die Äußerungen des Gegenübers oder Ihre Wahrnehmungen auf den Punkt, konzentrieren das weitere Gespräch und ermöglichen Ihrem Partner eine Stellungnahme.

Verständnisfragen – „Welche Bedingungen stellen Sie für die Vergabe des Auftrags?" – ermöglichen eine Stellungnahme, beziehungsweise Erläuterung der eigenen Position.

Gegenfragen – „Warum stimmen Sie dem Vorhaben nicht zu?" „Warum sollte ich das tun?" – verweigern die Antwort und geben die Suche nach dem nächsten Schritt im Gespräch an den ersten Fragesteller zurück. Gegenfragen sind eher blockierend und defensiv als unterstützend. Sie können diese Variante wählen, um nicht in die Enge getrieben zu werden, wenn Ihnen beispielsweise die passende Antwort fehlt. Sie sollten nur in Ausnahmefällen zu Gegenfragen greifen, wenn Sie das Gespräch voranbringen wollen.

Motivationsfragen – „Was sagen Sie als Fachmann zu diesem Thema?" – bauen den anderen durch die positive Unterstellung auf und regen gleichzeitig einen Beitrag an. Ironisch formuliert können sie eine subtile oder scharfe Spitze sein – „Was sagen Sie als Unbeteiligter zum Thema ‚Intelligenz'?" und verfolgen den Zweck, die Position des Angesprochenen infrage zu stellen, beziehungsweise die Kompetenz zu bezweifeln.

Plattformfragen – „Das Projekt ... war ja nicht sehr erfolgreich. Wo sehen Sie die Hauptgründe für das Scheitern?" – formulieren eine Voraussetzung und geben auf dieser Basis den Anstoß für eine Antwort. Als Fragesteller ermöglicht diese Variante das Schaffen einer – oft akzeptierten – Grundlage und damit einer Interpretation in Ihrem Sinne. Als Befragter ist es wichtig, diese Unterstellung sofort zu erkennen und im Zweifel direkten Widerspruch zu formulieren.

Rhetorische Fragen schließlich sind nicht wirklich als Fragen an das Gegenüber oder an das Publikum gedacht. Sie sind ein rhetorisches Stilmittel, das die Gedanken des Publikums auf die nächste Aussage fokussieren soll.

„Wer, frage ich Sie, wer hat Vorteile von der Schließung des Zweigwerks? Nun, das will ich Ihnen beantworten: ...!"

Übung:
Gut gefragt ist halb gewonnen: Fragen richtig formulieren

Formulieren Sie kurz und präzise, um den Sachverhalt genau zu erfragen:

Sie wollen wissen, unter welchen Bedingungen Ihr Gesprächspartner einem Vorschlag zustimmt:

....

....

Sie wollen erreichen, dass es zu einem Folgegespräch kommt, und fragen nach dem Termin:

....

....

Sie wollen erfahren, nach welcher Methode der Preis berechnet wurde:

....

....

Sie möchten einen Teilnehmer der Besprechung zu einem Redebeitrag ermuntern und fragen nach seiner Meinung als erfahrener Projektleiter:

....

....

Üben Sie, geeignete Fragen zu stellen! Bereiten Sie schwierige Fragen gezielt vor – formulieren Sie schriftlich!

Gute Fragen sind richtig im Gespräch platziert. Sie helfen Ihnen, Antworten zu bekommen, die Sie zur Fortführung der Unterhaltung brauchen. Die Antwort muss Ihnen helfen, das Gespräch zu steuern, wichtige Sachverhalte zu klären oder fehlendes Wissen beizutragen.

Immer die richtige Antwort – Reagieren auf Fragen

Fragen sind die Suche nach Information, Zeichen von Wissbegier und Interesse. Fragen können Ihnen helfen, Ihre Darstellung besser zu fokussieren oder an den Interessen der Zuhörer auszurichten. In all diesen Fällen freuen Sie sich über Fragen (Wer fragt, schläft nicht!) und Sie antworten – präzise, aber knapp.

„Können Sie das belegen?" – „Haben Sie Erfahrungen mit dieser Methode?" Manche Fragen werden aus einem Zweifel heraus gestellt. Der Fragesteller möchte dann einen Beleg für Ihre Aussage oder Behauptung. Einen Zweifel ausräumen können Sie durch Beweise wie Demonstrationen, Referenzen, Fachartikel, Forschungsberichte, Bilder oder beispielsweise Zeugen. Den Beweis sollten Sie sprachlich vorbereiten – das lenkt die Aufmerksamkeit und inszeniert Ihre Beweisführung. Geeignet sind Formulierungen wie: „Ich kann gut verstehen, dass Sie wissen wollen ..." oder „Sie werden gleich sehen, wie es uns gelingt ..."

Eine andere Form von Fragen ist häufig ein Einwand. Einwände können auf einem Missverständnis beruhen oder auf einem Problem in Ihrer Darstellung. Einwänden begegnen Sie mit einer Technik aus mehreren Schritten:

a. Bestätigen Sie das Bedürfnis Ihres Gesprächspartners,
b. adressieren Sie den Nutzen für Ihren Partner und
c. kehren Sie zu Ihrer Argumentation zurück.

„Sie haben Recht. Löhne sind ein erheblicher Kostenfaktor. Sie suchen eine Lösung, die diesen Faktor berücksichtigt." – „Richtig!" – „Nun, genau deswegen schlage ich vor, ..."

> **Techniken zur Behandlung von Einwänden**
>
> - Lassen Sie Ihren Gesprächspartner ausreden.
> - Nicht direkt widersprechen.
> - Dem Bedürfnis Ihres Gesprächspartners zustimmen („Sie haben Recht – dieser Aspekt ist wichtig.").
> - Nachfragen („Verstehe ich Sie richtig ...?")
>
> Dann:
>
> - Abmilderung des Einwands durch Umformulierung oder
> - Anekdote („Das sah unser Kunde S. anfangs auch so ...") oder
> - Eisbrecher („Unter welchen Umständen werden Sie ...") oder
> - Nachteil als Vorteil ausbauen („Sie haben Recht. Jedoch können Sie gerade damit ... erreichen.") oder
> - Zugeben unbestreitbarer Einwände.

Es gibt aber auch Fragen, die stören. Diese Fragen sollen Sie in Verlegenheit bringen, demontieren, in die Enge treiben. Wenn Sie sich auf das vorgegebene Muster festlegen lassen, gestellte Fragen auch brav zu beantworten, dann geraten Sie in Schwierigkeiten. Es gibt eine Fülle von Alternativen. Sie können in Ihrer Antwort Fragen

- begrenzen oder erweitern: „Diese Frage berührt viele Aspekte. Ich konzentriere mich auf den wichtigsten, nämlich ..." oder „Ihre Frage erfasst nicht den ganzen Sachverhalt. Wichtig ist ...";
- präzisieren: „Genauer formuliert müsste Ihre Frage lauten ...";
- zurückgeben: „Warum stellen Sie diese Frage?" – „Wie definieren Sie den Begriff ‚Kommunikation'?";
- überhöhen: „Hinter dem Thema Ihrer Frage steckt ein noch wichtigerer Sachverhalt. Dieser bedeutet ...";
- ignorieren: Sprechen Sie weiter, gehen Sie nicht auf die Frage ein – auch nicht mit einem Kommentar;
- neu adressieren: „Zu dieser Frage interessiert mich die Meinung des Publikums/des zuständigen Abteilungsleiters ...";
- bewerten: „Ihre Frage ist zu theoretisch. In der Praxis ist relevant, dass ..." oder „Unsere Mitarbeiter interessiert dieser Aspekt nicht. Wichtig ist für sie vielmehr, dass ..."

Sie können natürlich auch die Absichten des Fragestellers aufdecken: „Mit Ihrer Frage wollen Sie erreichen, dass ..." oder die Kompetenz des Fragestellers in Zweifel ziehen: „Als Leiter der Abteilung xy muss Ihnen bekannt sein, dass ..."

Übung:

Die richtige Antwort auf falsche Fragen

Formulieren Sie Ihre Antwort – kurz und präzise:

Sie wollen keinen Termin vereinbaren. Frage: „Treffen wir uns am Dienstag oder am Mittwoch, um den Vertrag zu besprechen?"

....

....

„Ich erlebe Sie im Gespräch als sehr aggressiv. Wie wollen Sie das ändern?"

....

....

Sie sind verantwortlich für das Marketing. „Wie wollen Sie diese Aktion den Verkäufern vor Ort schmackhaft machen?"

....

....

Sie verhandeln über den Entwurf für ein neues Beurteilungssystem. „Es ist doch mittlerweile überall bekannt, dass Beurteilungssysteme in der Anwendung immer zu ungerechten Bewertungen führen. Warum wollen Sie nicht ganz darauf verzichten?"

....

....

Antworten, die mit dem Namen des Angesprochenen eingeleitet werden, sichern ein höheres Maß an Aufmerksamkeit – beim Fragesteller und im Publikum. Wenn Ihnen aggressive oder kritische Fragen gestellt werden, ist es auch immer ein Signal für das Selbstbewusstsein des Gesprächspartners.

Auf keinen Fall sollten Sie sich angewöhnen, Ihre Fragen floskelhaft mit einem „Danke für Ihre Frage" – „Ich freue mich, dass Sie das Interesse auf diesen Punkt lenken" (oder einer ähnlichen Formulierung) einzuleiten. Sie gewinnen sicher ein wenig Spielraum, um die richtige Antwort einzuleiten. Die Gefahr, dass aus dieser Antworttechnik eine störende oder lächerliche Gewohnheit wird, ist sehr groß.

Schlagfertig und schnell

„Als Arzt stecken Sie doch sowieso mit den Pharmariesen unter einer Decke!" – „Sie können mir nichts erzählen, ich habe in dem Job 30 Jahre Erfahrung und Sie sind noch nicht einmal 30 Jahre alt!"

Zwischenrufer stören – den Fluss Ihrer Darstellung, die Konzentration Ihrer Zuhörer, die ernsthafte Behandlung des Themas. Zwischenrufer können Sie in Schwierigkeiten bringen. Kritische Punkte Ihrer Darstellung werden herausgehoben, Sie werden lächerlich gemacht, der Zwischenrufer stellt sich selbst dar. Sie sind diesen Störungen aber nicht hilflos ausgeliefert. Vergessen Sie jedoch die ernsthafte Diskussion des Anliegens, die sachliche Erläuterung des kommentierten Aspekts. Wenn Sie erklären oder womöglich gar lehrerhaft zur Ordnung rufen, haben Sie vielleicht Recht, aber schon verloren. Sie bringen kaum das Publikum auf Ihre Seite. Sie wirken nicht souverän und sicher. Sie wollen bei Ihren Zuhörern akzeptiert bleiben und kein Streitgespräch vom Zaun brechen? Dann ist es viel besser, schlagfertig auf eventuelle Zwischenrufe zu reagieren.

Schlagfertigkeit ist das schnelle und knappe Kontern. Schlagfertigkeit ist die professionelle Reaktion, die das Publikum für Sie gewinnt. Schlagfertigkeit muss sofort erfolgen und durch dieses Tempo die Situation beenden. Schlagfertigkeit soll treffen, nicht aber erschlagen. Und das Schönste: Schlagfertigkeit lässt sich üben. Es klappt dann zwar nicht immer, aber immer öfter.

Sie haben verschiedene Möglichkeiten, mit verbalen Attacken umzugehen: Wenn Ihnen eine Antwort nicht schnell genug einfällt, können Sie immer um eine *Wiederholung* des Zwischenrufs bitten. In den meisten Fällen wird das Ihren Angreifer mundtot machen. Und wenn nicht, so hören sich doch viele Zwischenrufe zumindest weniger witzig an, wenn sie wiederholt werden – und Sie haben ein wenig Zeit zum Überlegen gewonnen.

Sie können mit einem *Kommentar* über die Art der Kommunikation oder über den Zwischenrufer reagieren. „Herr Süverkrüp, haben wir das nötig, so miteinander zu reden?" – „Ich bezweifle stark, dass wir in diesem Gesprächsklima einer Lösung näher kommen." – „Herr Neumann, gerade Sie sollten sich nicht zu einer solchen Äußerung verleiten lassen."

Wenden Sie die 3-T-Regel an: *Touch – Turn – Talk*. Reagieren Sie auf den Zwischenruf, bringen Sie einen besonderen Aspekt ins Spiel und kehren Sie zu Ihrer Aussage zurück. Beispiel: „Ich kenne dieses Argument. Wenn wir uns aber intensiv mit dem Sachverhalt auseinander setzen, wird deutlich ..."

Übrigens eine hervorragende Technik, um auf Killerphrasen zu reagieren. „Die nötigen Mittel bekommen wir nie!" – „Das klappt sowieso nie. Das haben wir schon oft versucht." – „Das machen wir hier immer so!"

Sie kennen diese Sätze – Sie haben sie wahrscheinlich schon öfter zu hören bekommen und – ganz ehrlich – auch schon einmal selber zur Abwehr unerwünschter Vorschläge eingesetzt. Killerphrasen sind schlecht, weil sie das Gespräch abrupt unterbrechen, sie verhindern die vertiefende Beschäftigung mit dem Vorschlag oder mit dem Argument. Killerphrasen sollen den anderen abqualifizieren – und sie zeigen doch nur, dass der Sprecher nicht gewillt oder nicht imstande ist, sich mit der Materie zu beschäftigen.

Darum lohnt es auch nicht, darauf mit einer vertiefenden Darstellung, mit der Wiederholung der wichtigsten Argumente oder mit einem erneuten verständnisvollen Diskussionsbeitrag zu antworten. Killerphrasen rücken Sie ja insbesondere bei den anderen Gesprächsteilnehmern in ein schlechtes Licht. Killerphrasen sollen Sie mundtot machen – und das lassen Sie sich natürlich nicht bieten!

Markanten Glaubenssätzen oder Killerphrasen können Sie alternativ *falsche Wissenssätze* gegenüberstellen. Diese Übersteigerung zeigt plakativ die falsche Annahme und nimmt ihr die Schlagkraft – ohne dass Sie den Inhalt mühselig diskutieren müssen.

Beispiele: „Genau! Und die Titanic ist unsinkbar!" – „Niemand kauft einen Computer für zu Hause!" – Kunstpause – „Das sagte ein IBM-Experte vor wenigen Jahren. Sicher genau so ein profilierter Fachmann wie Sie!" – „Sie haben ja Recht! Und die Weihnachtsgeschenke bringt der Osterhase!" – „Richtig. Und kein Mensch wird jemals seinen Computer und sein Telefon mit auf Reisen nehmen können!"

Eine andere erfolgreiche Technik ist das *Leerlaufenlassen* des Zwischenrufs durch unerwartete Zustimmung. Diese Methode nimmt dem anderen fast jede Möglichkeit, noch einmal nachzusetzen. „Ärzte sind doch nur Spielball von Pharmalobby und Gesundheitspolitikern!" „Stimmt!" – *Kunstpause* – „Das glauben viele schlecht Informierte." – „Sie können mir gar nicht bei meinem Geschäft helfen. Controller wie Sie sind Erbsenzähler und sonst nichts!" – „Stimmt." *Kunstpause* „Und nach dem Zählen habe ich Tipps, was Sie mit den Erbsen anfangen können."

Sie können Ihr Gegenüber durch eine paradoxe Intervention lähmen – *Paradoxien* sind Anweisungen, die eine Reaktion anordnen und sie gleichzeitig unterbinden: „Denken Sie jetzt *nicht* an etwas Blaues!" – und schon ist es geschehen. Ein Beispiel für eine mögliche paradoxe Replik: „Versuchen Sie jetzt noch einmal einen intelligenten Zwischenruf!"

Bei einem wirklich aggressiven Gegenüber ist es natürlich möglich, „zurückzuschlagen" – geben Sie die Attacke zurück! „Ihre Erklärung kann ich beim besten Willen nicht verstehen." – „Meine Erklärung ist ja auch für die intelligenten Zuhörer gedacht." – oder: „Das wundert mich bei Ihnen nicht!"; „Sie sagen uns nicht die ganze Wahrheit!" – „Das würden Sie auch nicht vertragen."; „Das klingt gut. So eine treffende Formulierung hätte ich Ihnen gar nicht zugetraut!" Diese Variante ist immer dann gefährlich, wenn Sie nicht sicher sein können, beim Publikum gut akzeptiert zu sein, oder wenn die Mehrzahl der Zuhörer diese Art der Auseinandersetzung als zu aggressiv bewertet.

Ganz wichtig: Nehmen Sie bei Ihrer Replik Blickkontakt auf, beenden Sie ihn aber *vor* dem Ende Ihrer Antwort. Ansonsten fühlt sich Ihr Zwischenrufer zum Duell herausgefordert.

Übung:

Trainieren Sie Ihre Schlagfertigkeit.

„Werden Sie sich zu dem Thema auch so äußern, dass wir Sie verstehen können?"

Ihre Antwort: ....

....

„Seien wir doch mal ehrlich: Das müssen Sie so darstellen. In Wirklichkeit ist es doch ..."

Ihre Antwort: ....

....

„Wenn wir einmal das Wunschdenken beiseite lassen, bleibt von Ihrer Argumentation doch nichts mehr übrig!"

Ihre Antwort: ....

....

„Sie vertreten hier doch nur die Argumente der ... (Pharmalobby, Besserverdienenden, Gewerkschaften ...)!"

Ihre Antwort: ....

....

„Entschuldigung ... aber das sollen wir Ihnen glauben?"

Ihre Antwort: ....

....

„Eine Behauptung wird doch nicht dadurch zum Beweis, dass Sie diese wiederholen!"

Standards – Für schwierige Situationen

> Ihre Antwort: ....
>
> ....
>
> „Das klingt toll! Nennen Sie uns jetzt zur Abwechslung doch einmal ein paar stichhaltige Beweise!"
>
> Ihre Antwort: ....
>
> ....
>
> „Respekt! Sie reden ja wirklich gekonnt um den heißen Brei herum!"
>
> Ihre Antwort: ....
>
> ....

Killerphrasen abwehren

„Können Sie das beweisen?" – „Das hat beim letzten Versuch auch nicht funktioniert!" – „Das klappt nie! Unser Unternehmen ist dafür noch nicht reif!"

Killerphrasen werden aus einer negativen Haltung heraus formuliert. Sie sollen verhindern. Killerphrasen sind Angriffe, es sind Versuche, Sie in die Ecke zu drängen und Ihre Argumentation kaputtzumachen. Antworten Sie also kurz, knapp und schlagfertig und fahren Sie dann fort, ohne sich weiter um den Störenfried zu kümmern.

Gut vorbereitet können Sie diese Killerphrasen abwehren. Einige Beispiele für erfolgreiche Reaktionen:

„Das hat damals auch nicht funktioniert!" – „Dafür aber jetzt – wir haben aus Ihren Fehlern gelernt." Oder „Jetzt wird das Projekt ja auch kompetent geleitet!"; „Sie übertreiben da bei den möglichen Erfolgen schon heftig!" – „Nein, das übersteigt nur Ihr Vorstellungsvermögen."; „Die Zeit ist dafür noch nicht reif!" – „Die Zeit schon, Sie aber vielleicht noch nicht!"

Jetzt sind Sie dran:

Übung:
Killerphrasen erfolgreich abwehren
„Das haben wir schon alles versucht!" oder: „Das bringt nichts!" Ihre Antwort: .... „Das ist doch alles nur Theorie!" oder „Das ist viel zu akademisch." Ihre Antwort: .... „Das überfordert unsere Mitarbeiter!" oder: „Die Geschäftsleitung können wir dafür nicht begeistern!" Ihre Antwort: .... „Um das beurteilen zu können, sind Sie noch nicht lange genug im Unternehmen!" oder: „Wenn Sie erst einmal so lange dabei sind wie ich!" Ihre Antwort: .... „Dafür sind wir nicht zuständig." oder: „Das ist nicht unser Problem!" Ihre Antwort: .... „Bringen Sie das doch noch einmal in sechs Monaten zur Sprache!"

Ihre Antwort: ....

....

„Bisher ging es doch auch ohne ... ganz gut!" oder: „Warum ändern? Es läuft doch gut!"

Ihre Antwort: ....

....

„Das dauert viel zu lange!" oder „Das ist zu aufwändig/teuer!"

Ihre Antwort: ....

....

„Das klappt vielleicht in anderen Unternehmen!" oder „Das funktioniert vielleicht in Ihrer Abteilung!"

Ihre Antwort: ....

....

„Ihr Vorschlag gefällt mir so nicht!" oder: „Das ist unmöglich!"

Ihre Antwort: ....

....

„Das hat so noch keiner versucht – zu riskant!" oder: „Das ist noch zu wenig erprobt!"

Ihre Antwort: ....

....

Hinter Killerphrasen steht sehr häufig die Angewohnheit, in Problemen, Schwierigkeiten und Hindernissen zu denken. Das sind diejenigen Zeitgenossen, für die das Glas immer halb leer und nie halb voll sein wird. Gegen dieses negative Denken hilft es manchmal auch, konstruktive und auf Veränderung abzielende Fragen zu stellen.

Killerphrasen	Veränderungssätze
Geht nicht!	Warum eigentlich nicht?
Keine Zeit!	Wie lässt sich das schaffen?
Kein Geld!	Wie lässt sich das finanzieren?
Haben wir alles schon versucht!	Was spricht dafür?
Alles Theorie!	Wie können wir es verändern?
Schon wieder Sie mit Ihrem ... !	Was nützt uns das?
Das ist gegen die Vorschrift!	Wie kann ich es erreichen?
Zu altmodisch!	Was muss ich ändern?
Zu modern!	Was kann ich kombinieren?
Das bringt doch nichts!	Was lässt sich verbessern?
Dazu fehlen uns die Mittel!	Was kann ich weglassen?
Macht doch nur Arbeit!	Was wollen unsere Kunden?
Man wird sich nur aufregen!	Wer unterstützt uns?
Wenn Sie erst einmal so lange dabei sind wie ich!	Wie finde ich die nötige Zeit?
Haben Sie Erfahrung?	Mache ich alles richtig?

Zwischenrufe

Was tun Sie, wenn Sie ein anderes Interesse haben? Wenn Sie den Zwischenrufer nicht mundtot machen wollen ... oder wenn Sie es nicht ohne Schwierigkeiten können? Teamsitzungen beispielsweise sind fast immer kooperativ angelegt und alle Teilnehmer werden zu stark offensives Verhalten ablehnen. Oder wenn es sich um jemanden handelt, der für Sie wichtig ist.

Sprechen Sie mögliche Zwischenfragen bereits vorher an. Schlagen Sie eine Regelung vor: gleich stellen oder bis an das Ende Ihres Parts zurückhalten. Fragen während der Darstellung können Sie auch ‚sichtbar zurückstellen', indem Sie diese zum Beispiel auf einem Flipchart – notieren. Sie können die Antwort auch für etwas später ankündigen: „Lassen Sie mich diese Sätze eben beenden!"

Gehen Sie auf den Zwischenruf ein, wenn er in Ihr Konzept passt: weil Sie den Aspekt ohnehin ansprechen wollten oder weil Sie merken, dass der Gedanke von mehreren Ihrer Zuhörer geteilt wird. Achtung! Entfernen Sie sich nicht zu weit von Ihrem roten Faden, lassen Sie sich nicht aus dem Konzept bringen.

Oder ignorieren Sie den Zwischenruf einfach – bei ein oder zwei Zwischenrufen durchaus eine empfehlenswerte Methode, häufiger funktioniert diese Technik leider nicht. Sie müssen reagieren oder die Kontrolle der Veranstaltung wird Ihnen entgleiten.

Fehlerfrei?

Es wird Ihnen schwer fallen, sich immer richtig zu verhalten. Fehler kommen vor und werden im Einzelfall verziehen – auch von einem kritischen Publikum. Hüten Sie sich aber vor typischen oder notorischen Fehlern:

- Entschuldigungen oder Bankrotterklärungen: „Ich hatte leider keine Zeit, mich gründlich vorzubereiten." – „Die Folien kann man schlecht lesen, aber ..." – „Eigentlich müsste hier ... stehen, wir haben die Folie aber nicht mehr rechtzeitig ändern können." – „Ich werde mich möglichst kurz fassen, um nicht unnötig Zeit für meinen Vortrag zu beanspruchen." Überflüssige Formulierungen, die den Wert Ihres Beitrags vermindern oder sogar erst auf Punkte aufmerksam machen, die sonst niemand bemerkt hätte.
- Marotten: „Ich will mal sagen..."- „Ich hab da mal eine Frage ..." – Hektisches Auseinanderziehen und Zusammenschieben des Zeigestabs – Manisches Auf- und Ablaufen vor den Zuhörern – „Das kann ich nicht ab!" – „Schau'n wir mal." – Kurzärmlige Hemden unter dem Sakko – ‚Stechen' mit Brille oder Stift nach dem Gesprächspartner – Spielen mit Stift oder Manuskript. Ob diese Eigenarten nun sprachlicher, körpersprachlicher oder symbolischer Natur sind, sie tragen nicht zu einem positiven Erscheinungsbild bei. Im Gegenteil. Ihre Zuhörer zu gewinnen und zu überzeugen wird dadurch erschwert. Achten Sie auf solche Angewohnheiten, lassen Sie sich Feedback geben und merzen Sie diese Unarten aus. Dazu gehört auch ein stark ausgeprägter Dialekt oder Jargon, der das Verstehen für Uneingeweihte erschwert oder sogar unmöglich macht.

- Passive Formulierungen: „Man sollte dringend etwas tun."- „Uns wird von der Geschäftsleitung auferlegt ..." – „Das Produkt wurde entwickelt ..." – „Das wurde mir auch nur mitgeteilt ..." – keine Botschaft, kein Appell, Mangel an Identifikation. Ihre Aussage verpufft, Ihre Wirkung leidet, Sie werden nicht als aktiv und engagiert wahrgenommen.
- Relativierungen und Konjunktive: „Eigentlich gefällt mir Ihr Vorschlag ganz gut." – „Vielleicht kann Frau Behrens das Projekt leiten." – „Wir müssen irgendwie eine Methode finden, mit dem Problem etwas besser klarzukommen." – „Sie sollten versuchen, mehr zu verkaufen." – „Ich könnte mich darum bemühen." – ich höre die Worte zwar, allein mir fehlt der Glaube. Diese Formulierungen sind Boten der Verlegenheit, vermitteln Angst vor einer definitiven Stellungnahme. Beziehen Sie Position und machen Sie konkrete Vorschläge. Nur so können Sie Ihrer Meinung Gehör verschaffen und sich durchsetzen.

Übung:
Finden Sie bessere Formulierungen.
„Ich würde sagen ..."
....
....
„Da haben Sie mich missverstanden. Ich wollte nicht ...
....
....
„Wie Sie vielleicht schon wissen ..."
....
....
„Wie ich bereits erwähnte ..."

Standards – Für schwierige Situationen

„Entschuldigen Sie die schlechten Folien!"

„Hat noch jemand Fragen?"

„Das ist nicht richtig. Sie müssen ..."

„Ich weiß nicht, ob es Sie interessiert ..."

„Sie können sich das vielleicht nicht vorstellen, aber ..."

„Ich finde das auch nicht spannend. Wir müssen uns aber damit beschäftigen."

Kritik

„Herr Specht, die Seminarteilnehmer haben Ihnen ein schlechtes Feedback gegeben." – „Frau Groth, Sie haben sich dem Kunden gegenüber unfreundlich verhalten. Das darf nicht wieder vorkommen." – „Drei Kontakte aus zehn Telefonanrufen – das ist einfach zu wenig. Von Ihnen hatte ich mehr erwartet, Herr Becker!" – „Herr Nass, das Ergebnis des Projekts gefällt mir gar nicht. Ihre Mitarbeiter haben gepfuscht und Sie sind dafür verantwortlich!"

Kritik tut weh, verunsichert und kratzt am Selbstbewusstsein. Vielleicht löst es auch Schuldgefühle aus. Der andere macht sich zum Richter über unser Verhalten. Besonders spannend ist Kritik vor einer Gruppe. Alle können dann live verfolgen, wie unsere Leistung bewertet wird. Und oft wird aus dieser Stimmung heraus von uns auch noch eine passende Reaktion verlangt.

Wenn wir uns verteidigen, kann daraus ein heftiger Streit entstehen oder uns wird mangelnde Kritikfähigkeit attestiert. Also gilt es, ein paar Regeln zu beherzigen:

Spontane Reaktionen sind selten gut. Atmen Sie zumindest tief durch, bevor Sie antworten. Sie dürfen sich auch mit einer Gegenfrage mehr Klarheit verschaffen: „Was genau bemängeln Sie?" – „Worauf stützen Sie Ihre Bewertung?" Wiederholen Sie gegebenenfalls die Kritik mit eigenen Worten, um sicherzustellen, dass Sie diese verstanden haben.

Wenn die kritisierte Situation komplexer ist, dürfen Sie auch ruhig um eine längere Atempause bitten: „Ich muss die Sache prüfen und werde mich dann dazu äußern. Ist es Ihnen recht, wenn wir das Gespräch morgen um 15.00 Uhr fortsetzen?"

Sorgen Sie dafür, dass das Gespräch in einem passenden Rahmen stattfindet. Kritik soll nicht ‚en passant' fallen gelassen werden, Kritik müssen Sie sich nicht vor anderen bieten lassen. „Wir sollten darüber unter vier Augen reden. Wollen wir gerade in Ihr Büro gehen?" – „Das Thema ist mir wichtig. Lassen Sie uns das Gespräch bitte in Ruhe fortsetzen." – „Jetzt ist nicht der geeignete Zeitpunkt. Können wir um … Uhr miteinander sprechen?"

Kritik muss präzise und nachvollziehbar sein – lassen Sie sich nicht mit Allgemeinsätzen abspeisen oder mit Inhalten, die andere nur vom Hörensagen kennen. Bestehen Sie auf Zahlen – Daten – Fakten. Fordern Sie eine präzise Darstellung der Beanstandung.

Ist die Kritik gerechtfertigt, müssen Sie Ihren Fehler zugeben, sich unter Umständen entschuldigen und vereinbaren, was zu ändern ist.

Ungerechtfertigte Kritik aber brauchen Sie sich nicht gefallen zu lassen. Weisen Sie auf die unterschiedliche Bewertung hin, sprechen Sie die Motive Ihres Gegenübers an. Warum werden Sie kritisiert? Was will der andere erreichen? Stimmen die Aussagen? Machen Sie Ihre Position klar: „Das ist nicht richtig. Die Situation war wie folgt: ..." – „Ich fühle mich ungerechtfertigt angegriffen. In Wirklichkeit hat es sich anders abgespielt: ..." – „Sie versuchen, mir einen Fehler unterzuschieben. Für die Leistungen von ... bin ich nicht verantwortlich."

Ganz wichtig: Bleiben Sie ruhig und sachlich! Wer schreit, hat Unrecht – zumindest in den Augen Dritter. Gerade dann, wenn es besonders heikel wird, brauchen Sie Ruhe und Gelassenheit.

Übung:
Immer schön locker bleiben – so sitzen Sie entspannt.
▼ Nehmen Sie einen Stuhl mit Rückenlehne. ▼ Setzen Sie sich aufrecht auf den Stuhl. ▼ Stellen Sie Ihre Füße parallel zueinander auf den Boden und lassen Sie Ihre Arme locker nach unten hängen. ▼ Lassen Sie den Oberkörper in sich zusammenfallen. ▼ Legen Sie Ihren Kopf auf die Brust. ▼ Schließen Sie Ihre Augen und versuchen Sie, an nichts zu denken. ▼ Atmen Sie dabei tief ein und aus. Nach nur ein oder zwei Minuten werden Sie sich deutlich entspannt und gelöst fühlen.

Die richtigen Worte finden

Wir kennen kaum noch ‚Konkurrenten' – nur noch ‚Wettbewerber'. Die Presse schreibt von ‚Stars' und meint doch schauspielernde Anfänger in ihrer ersten Rolle. Prominente haben keine unehelichen Kinder, sie begehen einen ‚kleinen Fehltritt'. Wir kritisieren andere nicht, sondern wir ‚geben Feedback'.

Die Wortwahl beeinflusst in hohem Maße Ihre Botschaft. Mit Ihren Worten können Sie streicheln oder verletzen, Sie können Dinge auf den Punkt bringen oder zudecken.

Häufig werden Wörter mit zahmer neutraler Bedeutung anstatt pointierter Aussagen eingesetzt oder umgekehrt – hoher Nutzwert versus unverschämter Preis, Produktionsstörung gegen Umweltvergiftung, Trennung im gegenseitigen Einvernehmen statt Entlassung. Verben helfen, Aktivität und Engagement zu unterstreichen; Eigenschaftswörter geben der Darstellung Farbe und emotionalen Gehalt. ‚Schädliche' oder schwierige Wörter werden vermieden.

Sie können Menschen auf Ihre Seite ziehen oder abschrecken – allein durch die geschickte Wahl der Worte!

Dies ist kein Aufruf zur Manipulation durch konsequente Sprachkosmetik – weichgespült oder radikalisiert. Sie sollten aber sorgfältig prüfen, welche Wörter und Formulierungen Sie benutzen, Ihr Wortschatz muss reichhaltig bestückt sein. Spielen Sie auf dem Klavier möglicher Variationen. Vieles davon ist Übung, Vorbereitung und Disziplin in der Umsetzung.

Übung:
Aktivieren Sie Ihren Wortschatz – Finden Sie bessere Formulierungen.
„Wir haben es nicht geschafft."
....
....

Standards – Für schwierige Situationen

„Das stimmt nicht!"

....

....

„Das haben Sie falsch gemacht."

....

....

„Sie müssen mir zuhören."

....

....

„Dieser Sachverhalt ist für Laien wie Sie ohnehin nicht verständlich."

....

....

„Das sehe ich ganz anders."

....

....

„Ihr Beitrag ist nichtssagend."

....

....

„Das bringt sowieso nichts."

....

....

Konflikte und Verhandlungen

In jedem Unternehmen und in jeder Beziehung treten immer wieder Unstimmigkeiten oder Spannungen auf. So sehr Sie vielleicht persönlich Konflikte hassen, sie sind unausweichlich. Sie führen Auseinandersetzungen mit Ihrem Chef, mit Mitarbeitern, Kollegen und Kunden. Menschen haben unterschiedliche Interessen, Ziele und Gewohnheiten. Diese Unterschiede führen immer dann zu Konflikten, wenn unterschiedliche Personen aufeinander angewiesen sind, aber nicht übereinstimmen. Wie wir bereits an anderer Stelle diskutiert haben, gibt es kein wirklich sachliches Gespräch, keine rein sachliche Argumentation – in Konfliktsituationen jedoch kann der ‚Austausch' sehr schnell eskalieren. Das geht bis hin zu nachhaltigen Störungen der persönlichen Beziehungen.

In den meisten Konfliktsituationen geht es – vordergründig – immer um Sachverhalte, die zu klären sind, Tariferhöhungen beispielsweise, Unterstellungen oder die Verweigerung von Genehmigungen. Hinter vielen dieser Konfliktursachen stehen jedoch Glaubenssätze, Vorurteile oder persönliche Abneigungen. Sehr schnell werden in Konfliktsituationen Positionen bezogen, die häufig auch ‚veröffentlicht' werden. Das macht die Lösung der Konflikte deutlich schwieriger, weil damit das Eingeständnis des Nachgebens vor anderen verbunden ist.

Konfliktfördernd wirken sich eine Reihe von Arbeitsbedingungen in unserer Gesellschaft aus. Arbeitsteilung bedingt gegenseitige Abhängigkeit und somit Konflikte, wenn Anforderungen nicht erfüllt werden. Knappe Ressourcen führen zu Verteilungskonflikten und Regeln oder Vorschriften führen zu Konflikten zwischen Verteidigern der Ordnung und Mitarbeitern, die – das Ziel im Auge – sich an ebendiese Regeln nicht halten.

Unterschiedliche Wahrnehmungen und Bewertungen führen zu verschiedenen Bildern der Realität. Durch unsere Erfahrungen und Werte, unsere Ziele, Motive und Einstellungen haben wir eine jeweils andere Sichtweise. So hat jede der Parteien ihre eigene Interpretation der Ereignisse, die zum Konflikt geführt haben, und ihre eigene Vorstellung von einer gerechten und fairen Lösung.

Wichtig ist, Konflikte rechtzeitig zu erkennen und gezielt entgegenzuwirken. Konfliktsymptome sind häufig im Verhalten anderer Personen zu erkennen: Sie werden unfreundlich oder wortkarg, sie meiden Kontakte oder machen spitze Bemerkungen. Wenn Ihnen diese Symptome auffallen, können Sie unter Umständen frühzeitig einwirken, indem Sie den anderen auf das veränderte Verhalten ansprechen. Manche Konflikte lassen sich auf diesem Wege frühzeitig klären, bevor sie eskalieren.

Checkliste Konfliktsymptome

Widerstand
- Widersprechen
- Schwierigkeiten oder Differenzen betonen
- Beschwerden

Feindseligkeit
- Beleidigungen
- Gerüchte, Intrigen
- Ablehnung von Anerkennung

Starre
- Festhalten am eigenen Standpunkt
- Dienst nach Vorschrift
- Formelles Verhalten

Flucht
- Vermeiden von Kontakten
- Krankheit, Fehlzeiten, Zuspätkommen
- Kündigung

Konformität
- Aufgabe von Widerstand
- permanente Zustimmung
- Vermeidung von kritischen Themen

Wie verhalten Sie sich im Konfliktfall?

Vermeiden Sie persönliche Beleidigungen und Angriffe, wahren Sie die Würde der anderen Person. Wenn Sie das Gespräch verweigern, sinken die Chancen auf eine einvernehmliche Lösung des Konflikts deutlich. Achten Sie ebenso auf Ihre Position. Lassen Sie sich nicht beschimpfen, lassen Sie die Diskussion nicht in andere Themenbereiche („Und außerdem haben Sie mich damals bei meinem Projekt für die Auszubildenden ...") oder auf eine persönliche Ebene abgleiten, welche die grundsätzlichen Schwächen und

Fehler des anderen oder der eigenen Person zum Thema machen („Sie versuchen doch immer nur durch ...").

Typische Fehlreaktionen sind die logisch-sachliche Rechtfertigung des eigenen Standpunkts, die Belehrung des Gegners über ‚richtig' und ‚falsch' und das ständige Wiederholen der immer gleichen Argumente. Ebenso kritisch sind Angriffe, Vorwürfe, Drohungen oder Erpressungsversuche zu sehen.

Hören Sie zu und versuchen Sie, die Position des anderen zu verstehen. Verstehen heißt nicht, dass Sie seine Sicht der Dinge teilen müssen. Fragen Sie nach und stellen Sie nicht gleich Ihre Meinung dagegen. Konflikte sind immer auch Machtkämpfe, die sich in Lautstärke, Redeanteil und Drohgebärden äußern können. Diesen Teil des Spiels müssen Sie nicht mitmachen. Versuchen Sie Ihre Energie auf einen Lösungsansatz zu konzentrieren. Die vollständige Durchsetzung der eigenen Interessen verschafft Ihnen spontane Glücksgefühle, Sie führt jedoch häufig dazu, dass der andere ‚sein Gesicht verliert' und nicht einmal einen Teilsieg für sich verbuchen kann. In solchen Fällen müssen Sie immer mit einem ‚Revanchefoul' rechnen.

Ziel einer Konfliktlösung kann nie die Aufhebung aller vorhandenen Differenzen sein. Die unterschiedlichen Werte und Einstellungen bleiben meistens erhalten. Ziel muss immer die Suche nach einer für alle akzeptablen Lösung des Problems sein. Das bedeutet häufig, nicht zu gewinnen, sondern sich zu arrangieren.

Konfliktlösungen sind grundsätzlich möglich durch Macht, rechtliche Klärung, Verlassen des Feldes oder durch Verhandlungen.

Macht bedeutet, in der eindeutig stärkeren Position zu sein oder mit einem Stärkeren zu koalieren, beispielsweise den Chef davon zu überzeugen, dass Ihr Vorschlag besser ist. Das beinhaltet die geschilderte Gefahr eines ‚Vergeltungsschlags' der Gegenseite. *Rechtliche Klärungen* beinhalten Gesetze, Arbeitsanweisungen und dergleichen zu Rate zu ziehen. In den wenigsten Fällen wird es eindeutige Regelungen geben und der Lösungsprozess kann langwierig sein. Wenn Sie für eine Konfliktlösung juristische Schritte einleiten, bedenken Sie: „Auf hoher See und vor Gericht ist man immer in Gottes Hand!". *‚Verlassen des Feldes'* bedeutet, dass eine Partei auf die Fortsetzung des Konflikts verzichtet. Mitarbeiter kündigen oder einer der Beteiligten gibt nach, oft weil der Konflikt mehr Aufwand bedeutet als der Nutzen durch die Lösung. Zukünftiger Kontakt wird in solchen Fällen eher vermieden.

In den meisten Fällen werden Konflikte durch *Verhandlungen* gelöst, teilweise unterstützt durch einen Schlichter (zum Beispiel einen Kollegen, der beide gut kennt und sich mit beiden Beteiligten gut versteht. Inhalt einer guten Verhandlungen ist der Vergleich der Positionen durch die Schilderung der jeweils eigenen Sichtweise, die Definition gemeinsamer Ziele und die Suche nach möglichen Wegen, die von beiden Positionen möglichst geringe Opfer fordert.

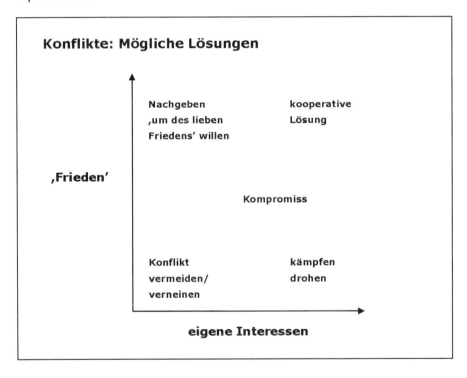

Grundelemente des Verhandelns sind natürlich Fachwissen, eine gewisse Überzeugungskraft und psychologisches Verständnis. Neben einer geordneten und verständlichen Darstellung des Sachverhalts helfen uns die rhetorischen Kompetenzen, den Verhandlungspartner zu überzeugen. Wenn wir ihn schon nicht für unseren Standpunkt gewinnen können, werden wir doch bestrebt sein, einen Kompromiss zu erzielen. Natürlich kann eine Einigung auf dem Verhandlungsweg nur herbeigeführt werden, wenn wir Gefühle und Einstellungen unserer Gesprächspartner angemessen berücksichtigen.

Erfolgreich verhandeln bedeutet, einen Kompromiss zu finden, der auch umgesetzt wird und möglichst lange Bestand hat. Verhandlungen im Sinne dieser Definition von Erfolg sind meistens dann besonders erfolgreich, wenn ein ungefähres Gleichgewicht der Kräfte herrscht. In dieser Konstellation wird es leichter gelingen, eine Lösung zu gestalten, die für beide Seiten Nutzen bringt. Beide Seiten müssen gewinnen und beide Seiten müssen Elemente der jeweiligen Ideallösung aufgeben. Der häufig gebrauchte Ausdruck hierfür lautet ‚Win-win-Situation'. Einer meiner früheren Chefs sagte gern „Eine Lösung ist nur dann gut, wenn sie beiden Parteien weh tut."

Da es sich bei dieser Annäherung fast immer um einen längeren Prozess handelt, erfordert erfolgreiches Verhandeln Geduld und die Bereitschaft, Phasen der Stagnation sowie Unterbrechungen zu ertragen. Vermeiden Sie, Ihre Gesprächspartner in die Enge zu treiben. Die von Natur aus eher zur Flucht bereiten Ratten greifen an, wenn man sie in die Enge treibt. Die andere Partei ist vielleicht eher bereit, die Verhandlungen auch bei hohen ‚Kosten' für ein Scheitern misslingen zu lassen, wenn Sie keine Brücken bauen. Die Psychologie bezeichnet dieses Verhalten als ‚Reaktanz': Personen, deren Entscheidungs- und Verhaltensspielraum eingeengt wird, reagieren mit Widerständen gegen diese Form der Beeinflussung. Sie unternehmen Versuche zur Wiederherstellung ihrer (wahrgenommenen) ‚Freiheit', sofern Sie nicht bereit sind, die größere Macht der anderen Partei anzuerkennen. Menschen sind bereit, auch gravierende Nachteile in Kauf zu nehmen, um ihre Unabhängigkeit zu demonstrieren.

In erfolgreichen Verhandlungen werden verschiedene Phasen durchlaufen:

- Planung
- Eröffnung und Darstellung der Positionen
- Konzessionen
- Unterstützung
- Vereinbarung
- Abschluss

Diese Phasen werden in dieser Reihenfolge abgearbeitet, zum Teil mit ‚Schleifen' (das heißt mit der Wiederholung bereits besprochener und ‚geklärter' Aspekte), aber ohne eine Phase auszulassen.

Standards – Für schwierige Situationen

Die *Planungsphase* besteht aus der Definition der Ziele und des Verhandlungsspielraums sowie der inhaltlichen Planung – wie soll das Gespräch ablaufen, wer nimmt teil, welche Unterlagen werden benötigt ...

Die *Eröffnungsphase* ist von entscheidender Bedeutung für das spätere Verhandlungsergebnis. Die Qualität der Verhandlungsparteien besteht in der ‚richtigen' Darstellung der eigenen Position. Untersuchungsergebnisse zeigen, dass diese Darstellung weit von dem tatsächlich angestrebten Ziel entfernt sein sollte. Verlangen Sie mehr, als Sie brauchen, und bieten Sie weniger an, als Sie bereit sind zu geben – natürlich in grundsätzlich akzeptablen Grenzen. Mit einer realistischen Darstellung der eigenen Position zu starten, die Ihnen keinen Verhandlungsspielraum lässt, ist tödlich für ein erfolgreiches Ergebnis. Bemühen Sie sich, die Position Ihrer Verhandlungspartner auszuloten. Stellen Sie Fragen, versuchen Sie zu verstehen, bevor Sie handeln. Das erste Angebot der ‚Gegenpartei' sollte grundsätzlich abgelehnt werden.

In der Phase der *Konzessionen* wird die eigene Position zunächst wiederholt und gerechtfertigt. Dann werden erste Zugeständnisse angeboten. Ohne Zugeständnisse bringen Sie nicht ausreichende Verhandlungsbereitschaft zum Ausdruck. Wichtig ist dabei das Timing: Wann machen Sie die ersten Zugeständnisse? Entspricht es Ihrer Rolle, einen ersten Vorschlag zur Güte zu machen, oder wollen Sie diesen Schritt der anderen Partei überlassen? Machen Sie gleich zu Beginn keine signifikanten Zugeständnisse, das untergräbt Ihre Position nachhaltig und wird eher zu einer Verstärkung des Drucks in Richtung auf weitere Konzessionen führen, denn zu einer schnellen Einigung. Bezeichnen Sie ein aktuelles Zugeständnis nicht vorschnell als letztes Angebot, man wird dann Ihre definitive Deadline nicht klar genug erkennen können.

Unterstützung bieten Sie Ihrem Verhandlungspartner neben Ihren Zugeständnissen durch verstärkende Signale an. Schlagen Sie mögliche Konzessionen vor, schaffen Sie Übereinstimmungen, von Ähnlichkeiten im Verhalten über die Darstellung von wahrgenommenen Gemeinsamkeiten („Wir sehen folgende Übereinstimmungen unserer Positionen: ...") bis hin zu konkreten Vorschlägen für eine Einigung.

Eine *Vereinbarung* rückt in die Nähe des Machbaren, wenn sich die Verhandlungspositionen nach einigen Zugeständnissen erkennbar angenähert haben. Zu große Eile schadet, zu langes Zögern führt Sie über den Punkt der Einigung hinaus. Hier ist Erfahrung von Nutzen und ein Gefühl für das richtige Timing. Lassen Sie sich nicht von der eigenen Ungeduld verführen. Wie bei erfolgreichen Verkaufsgesprächen können Sie die grundsätzliche Einigungsbereitschaft der anderen Partei daran erkennen, dass Aspekte angesprochen werden, die zeitlich oder logisch nach einer erfolgreichen Einigung zum Tragen kommen („Wie werden wir das Ergebnis überprüfen?" – „Sind Sie sicher, dass Sie xy in der geplanten Zeit umsetzen können?"). Ein anderes Signal sind ein sehr klares und nennenswertes Zugeständnis oder nur noch sehr geringfügige Konzessionen trotz intensiver Bemühungen. Um die definitive Einigung vorzubereiten, fassen Sie die entscheidenden Punkte zusammen und formulieren Sie den Nutzen der anderen Partei. Sprechen Sie das Zauberwort: „Gut, wir sind uns also einig.", oder formulieren Sie einen nächsten definitiven Schritt im Einigungsprozess.

Den *Abschluss* erfolgreicher Verhandlungen bildet ein formalisierter Schritt. In der simpelsten Form kann es das Händeschütteln beider Parteien sein, bei umfangreicheren und langwierigen Verhandlungen kommt es häufig zur formellen Unterzeichnung des Vertrags im Beisein wichtiger Personen und oft in einem besonderen Rahmen.

In der einschlägigen Literatur werden fünf Stolperfallen identifiziert:

- Beharren auf einer Position;
- Durchsetzung eigener Interessen ohne Konzessionen;
- Fehleinschätzung der Risiken eines Scheiterns
- Einsatz von Informationen kritischer Natur (zum Beispiel über ‚Geheimnisse' der Gegenpartei);
- Selbstüberschätzung.

Generell gilt, dass in Verhandlungen eher zurückhaltendes Verhalten von Vorteil ist. Deutliches Zeigen von Begeisterung oder Ablehnung schafft häufig destruktive Spannungen. Vermeiden Sie Behauptungen, Übertreibungen, die Demonstration von Überlegenheit oder Wutausbrüche. Versuchen Sie eher, ein positives Klima zu schaffen – arbeiten Sie auf der Beziehungsebene.

Konflikte sind nicht immer schlecht. Veränderungen führen sehr häufig zu Konflikten zwischen den Verfechtern der notwendigen (?) Flexibilität und den Vertretern des Status quo. Konflikte werden damit häufig zum Motor von Veränderungen, der die herrschende Stagnation beendet. Bei vielen

Unternehmen ist erkennbar, dass die großen, wichtigen Veränderungen durch Krisen im Markt, durch technische Revolutionen oder stark wachsende Wettbewerber ausgelöst werden und nicht durch geplantes strategisches Wachstum.

Belästigung und Diskriminierung

Eine besondere Form des Konflikts entsteht durch Vorurteile, Diskriminierung und Belästigungen. Diese kann geringere Wertschätzung aufgrund bestimmter Merkmale der Person bedeuten (Auszubildender mit geringer Erfahrung, Zugehörigkeit zu einer Gruppe, Geschlecht). Deutlich wird diese negative Vor-Einstellung vielleicht sogar unausgesprochen im Verhalten der Person oder eben durch abfällige Bemerkungen. Im schlimmsten Fall haben wir es mit deutlicher sprachlicher oder mit körperlicher Aggression zu tun (Beschimpfungen, sexuelle Übergriffe).

Eine wichtige Voraussetzung im Umgang mit solchen Situationen sind klare persönliche moralische Standards. Es ist immer schwierig, sich Gehör zu verschaffen, wenn Sie selber den Anforderungen an Respekt gegenüber anderen Personen nicht genügen. Organisationen brauchen Regeln, welche Verhaltensweisen unerwünscht sind und wie mit Verstößen gegen diese Regeln umgegangen wird. Die Ernsthaftigkeit der Verlautbarung wird in der Konsequenz deutlich, mit der Zuwiderhandlungen sichtbar geahndet werden. Vorgesetzte sind besonders aufgefordert, angemessenes Verhalten in ihrem Verantwortungsbereich durchzusetzen.

In jedem Fall ist es nicht einfach, sich richtig zu verhalten. Gleichwohl gibt es einige Regeln, die es leichter machen, mit diesen belastenden Situationen umzugehen:

- Setzen Sie klare Standards und Regeln. Ihr eigenes Verhalten muss als Maßstab für akzeptablen Umgang mit anderen auch in kritischen Situationen anwendbar sein.
- Entwickeln Sie eine klare Wertschätzung für Ihre eigene Person und demonstrieren Sie diese Überzeugung (das ist keine Anleitung zum Größenwahn!). Nur wenn Sie von Ihrem Wert und Ihren Leistungen überzeugt sind, wird es Ihnen gelingen, auch andere zu überzeugen.

Belästigung und Diskriminierung

- Treten Sie bestimmt und sicher auf. Postulieren Sie in kritischen Situationen von Beginn an, was Sie nicht wollen und was Sie nicht tun werden.
- Seien Sie gut. Je besser Sie sind, desto schwerer wird es anderen fallen, Sie anzugreifen.
- Zeigen Sie Flexibilität. Je nach Situation sind Äußerungen oder Verhaltensweisen unterschiedlich zu bewerten. Rigides Verhalten zeugt eher von Unsicherheit, Kleinigkeiten können Sie souverän übersehen. Nicht jedes ‚verrutschte' Wort ist böse gemeint.
- Vermeiden Sie den Aufbau von Feindbildern oder Generalisierungen. Nicht alle Männer sind ‚rücksichtslose Schweine', nicht alle Frauen agieren in sozialen Situationen sensibel und verständnisvoll.
- Schaffen Sie sich Ihre eigene Eskalationsskala: Was wollen Sie ignorieren, was sind Sie bereit hinzunehmen? Wie stellen Sie klar, wo Ihre Grenzen sind, wie wollen Sie die andere Person konfrontieren? Wann unter vier Augen und wann im Gespräch mit anderen?
- Informieren Sie Ihren Konfliktpartner, dass Sie ‚ab jetzt' offizielle Schritte unternehmen werden.
- Suchen Sie sich einen Mentor oder Sponsor. Oft ist es schon hilfreich, kritische Situationen mit anderen zu besprechen. Ein Mentor kann Ihnen aus seinem Erfahrungsschatz Tipps zum erfolgreichen Umgang mit kritischen Situationen geben. Wenn die Lage eskaliert, kann er sich persönlich für Sie einsetzen.
- Binden Sie Ihren Chef frühzeitig ein. Schildern Sie die unangenehme Situation und bitten Sie um seine Unterstützung. Fordern Sie ihn auf, dafür zu sorgen, dass andere die Grenzüberschreitungen einstellen.
- Binden Sie Verantwortungsträger ein – die Mitarbeitervertretung, Mobbing-Beauftragte oder die Unternehmensleitung. Formulieren Sie dies zusätzlich zum Gespräch offiziell in schriftlicher Form.
- In extremen Fällen suchen Sie rechtlichen Beistand.
- Seien Sie darauf vorbereitet, sich zu verändern: das Unternehmen zu verlassen, die Abteilung, die Zweigstelle oder den Job zu wechseln. Ziehen Sie Ihre eigenen Grenzen – bleiben Sie den Grenzen treu. Wenn sich die Situation nicht ändern lässt, trotz Ihrer Bemühungen, dann verlassen Sie die Situation. Niemand muss es sich gefallen lassen, über ein bestimmtes Maß hinaus ignoriert, beschimpft oder schlecht behandelt zu werden. Das ist keine Flucht, sondern aktives Karrieremanagement!

Typische Situationen ...

... mit Mitarbeitern

Als Führungskraft leben Sie zwischen Baum und Borke – Sie müssen die Interessen des Unternehmens Ihren Mitarbeitern gegenüber vertreten und durchsetzen. Sie müssen die Interessen Ihrer Gruppe, Abteilung oder Ihres Bereichs gegen die häufig anders gelagerten Anforderungen und Ziele des Unternehmens oder der Geschäftsleitung wahren. Sie schlagen sich im täglichen Geschäft mit fordernden Kunden herum und mit Kollegen, die nicht immer alle Energien auf eine konstruktiv fördernde Zusammenarbeit konzentrieren. Und zu guter Letzt denken Sie auch an sich selber: Sie wollen einen guten Job machen und interessante Aufgaben haben. Ihre Erfolge sollen wahrgenommen und anerkannt werden, Sie wollen Karriere machen. Besonders Krisengespräche mit Mitarbeitern über mangelnde Leistung oder Streit in der Gruppe sind eine Qual. Muss der Stress sein?

Führungskraft im Spannungsfeld		
Mitarbeiter als Mensch mit seinen Bedürfnissen	↔	Mitarbeiter als Einsatzgröße und Kostenfaktor
Eingehen auf den Einzelnen	↔	Gleiches Recht für alle
Freundschaft und Nähe	↔	Status und Hierarchie
Entscheidungsspielraum und Selbstständigkeit	↔	Strukturierung und Kontrolle

allgemeiner Überblick und Verständnis für Zusammenhänge	↔	Fachmann
Aufgaben delegieren und Verantwortung teilen	↔	Zuständigkeit und Verantwortung für alle Fehler
Flexibilität und Innovation	↔	Stabilität, Sicherheit und Vorsicht
Hilfestellung und Solidarität	↔	Wettbewerb und Aggressivität
Zeit und Raum für Entwicklungen lassen	↔	Motivieren, begeistern und drängen
Außenorientierung und Repräsentation	↔	Beziehungen in der Gruppe
Wege zum Ziel anbieten	↔	Definition von Zielen und Ergebnissen
Orientierung an Normen und Werten	↔	Lob und Tadel/Belohnung und Strafe
Gruppenorientierung	↔	Orientierung an den eigenen Interessen und Zielen

Wie handeln Sie auch hier aktiv? Wie sind Sie gut vorbereitet und packen die Probleme rechtzeitig an der Wurzel?

Gespräche mit Mitarbeiterinnen und Mitarbeitern sind das wichtigste und effektivste Führungsmittel überhaupt. Sie sind notwendig, um den betrieblichen Ablauf und die gute und sachgerechte Erledigung von Aufgaben sicherzustellen. Sie fördern die Zusammenarbeit zwischen Führungskraft und Mitarbeiter und sie unterstützen die Beteiligung der Beschäftigten an den Prozessen im Unternehmen. Der regelmäßige und gute Austausch im Gespräch lässt Probleme in der Zusammenarbeit und sich entwickelnde Konflikte schnell deutlich werden. Probleme können bearbeitet werden, bevor Schaden angerichtet wird.

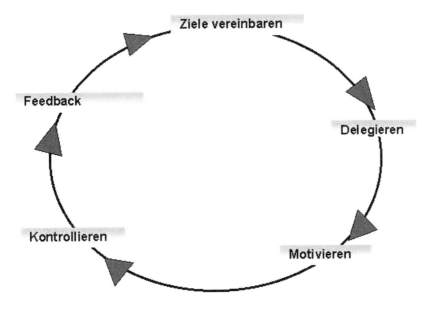

„Aber wir sprechen doch regelmäßig miteinander." Richtig – aber über welche Themen: In vielen Unternehmen, welche die Praxis von Mitarbeitergesprächen nicht systematisch fördern und unterstützen, finden Gespräche zwischen Führungskraft und Mitarbeitern nur mit rein aufgabenbezogenem Inhalt statt. Abgesehen von den ‚Privatgesprächen' über Fußball, die Lage an der Heimatfront oder die Arthritis beim Dackel eines wichtigen Kunden. Das Führungsgespräch als regelmäßiges Feedback zwischen Vorgesetzten und Mitarbeitern ist keineswegs betriebliche Praxis, sondern oft eine Ausnahme.

Viele Führungskräfte, mit denen ich im Lauf der Zeit arbeiten konnte, hatten Probleme, Gespräche mit Mitarbeitern zielorientiert zu strukturieren. Der gesteuerte und zielgerichtete Dialog bereitete ihnen bereits in Rollenübungen erhebliche Schwierigkeiten. Dass es bei solchen Voraussetzungen zu Missverständnissen kommt oder auch zu Situationen, in denen dem Chef die richtige Antwort fehlt, ist die logische Folge. Und die Hoffnung, eine himmlische Macht wird Ihnen in der kritischen Gesprächsphase schon die richtige Antwort eingeben, ist leider meistens vergeblich.

Viele Themen, die in einem Mitarbeitergespräch wichtig sind, wollen viele Führungskräfte auch nicht ansprechen. Themen wie zum Beispiel mangelnde Delegation, schlechte Information der Beschäftigten untereinander und durch den Vorgesetzten, reine Ergebnisfixierung des Handelns oder mangelnde Förderung durch den Vorgesetzen werden nicht als Anregungen zum Umdenken und Anders-Handeln verstanden, sondern als Störung der eigenen Befindlichkeit oder sogar des Betriebsfriedens.

Mitarbeitergespräche als systematische Praxis im Betrieb haben das Ziel, zu einer intensiven Beschäftigung mit dem Mitarbeiter anzuregen, den Dialog zu fördern, die Zusammenarbeit zu besprechen und dem Mitarbeiter systematisch Rückmeldung über seine Leistungen – seine Stärken und Schwächen – und über seine Entwicklungsmöglichkeiten zu geben.

Vor dem Hintergrund steigender quantitativer und qualitativer Anforderungen brauchen Führungskräfte Unterstützung in der Wahrnehmung ihrer Personalverantwortung.

Bereiten Sie Gespräche gründlich vor – das folgende Schema hilft Ihnen bei den wichtigsten Überlegungen:

Checkliste Gesprächsvorbereitung	
▼ **S** ituation	Was will ich erreichen? Was will mein Gesprächspartner erreichen?
▼ **A** nalyse	Welche Gemeinsamkeiten gibt es? Und welche Unterschiede?
▼ **L** ösungen	Welche Lösungen/Alternativen sind möglich?
▼ **Z** iel	Was muss ich unbedingt erreichen?

Schwieriger wird die Sache, wenn das Gespräch die Beurteilung der Mitarbeiterleistungen zum Inhalt hat. Beurteilungen finden immer und überall statt. Jeder Kontakt mit Menschen geht mit einer Einschätzung der Person einher. Aufgrund dieser Einschätzung steuere ich mein eigenes Verhalten im Umgang mit anderen. Und: Jede personelle Entscheidung beruht auf einem Urteil. Dieses ist immer und unvermeidlich persönlich und subjektiv geprägt. In ungünstigen Fällen wird eine Beurteilung spontan und unreflektiert vorgenommen. Oft wird mit einer derartigen Bewertung über die Auswahl, die Entlohnung, den Einsatz oder die Förderung von Mitarbeitern entschieden. Der falsche Mann oder die falsche Frau am falschen Platz kann viel Schaden anrichten – im günstigsten Fall entstehen nur die Kosten für eine Ablösung und den Ersatz durch andere, im ungünstigsten Fall verursacht eine falsch beurteilte Führungskraft für das Unternehmen erhebliche Vermögensschäden oder frustriert zumindest die Mitarbeiter im direkten Umfeld und unter Umständen größere betriebliche Gruppen. Denn: Es gibt keine – objektiv – guten Mitarbeiter. Es gibt aber Mitarbeiter, die für bestimmte Aufgaben besser oder weniger gut geeignet sind. Die Beurteilung soll also den Kontext – den aktuellen Einsatz des Mitarbeiters, mögliche direkte Verbesserungen und Entwicklungsmöglichkeiten betrachten.

Objektive oder richtige Beurteilungen kann es nicht geben. Überall dort, wo es um Menschen geht, spielen subjektive Gesichtspunkte eine Rolle, zum Beispiel Stimmungen, persönliche Erfahrungen, individuelle Muster in der Wahrnehmung. Das Bemühen um eine faire Beurteilung sollte gleichwohl das Ziel sein. Grundsätzlich ist nur beobachtbares – und tatsächlich beobachtetes – Verhalten des Mitarbeiters als Grundlage für eine Beurteilung geeignet. Schlussfolgerungen aus Informationen von anderen oder Vermutungen – wie begründet diese auch immer erscheinen mögen – bilden keine solide Basis für das Gespräch mit dem Mitarbeiter.

Viele Führungskräfte haben die Tendenz, bei der Einschätzung von Mitarbeitern grundsätzlich zu milde oder zu streng zu urteilen, wieder andere wollen sich nicht festlegen und geben Urteile fast nur im Mittelbereich einer Beschreibungsdimension ab.

Häufige Fehler, welche die Beurteilung beeinflussen, sind:

- *Kontrastfehler:* Bei Vergleichen von Mitarbeitern untereinander wird beispielsweise ein besonders guter (oder schlechter) Mitarbeiter von der Führungskraft als Maßstab herangezogen. In diesem Ver-

gleich schneiden alle anderen zwangsläufig schlecht (oder besonders gut) ab.
- *Gewichtungsfehler:* die Tendenz, negativen Informationen oft mehr Gewicht beizumessen.
- *Haloeffekt:* Führungskräfte lassen sich von isolierten Merkmalen blenden, die alle anderen Verhaltensweisen überstrahlen. Die Gesamtbeurteilung verschiebt sich dann entsprechend in eine positive oder negative Richtung.
- *Implizite Persönlichkeitstheorien und Stereotype:* Viele Beurteiler verfügen über ein durch Erfahrung – in der Regel handelt es sich dabei um massive Vorurteile – gefestigtes Menschenbild. Die Beobachtungen werden dann diesem Menschenbild angepasst und nicht entsprechend ihrer tatsächlichen Bedeutung gewichtet.
- *Ähnlichkeitseffekt:* Mitarbeiter, die in einzelnen Merkmalen Ähnlichkeiten mit ihren Führungskräften aufweisen – oder im Lauf der Zeit erlernt haben –, können eher mit Sympathie und Akzeptanz rechnen.
- *Korrekturfehler:* Früher abgegebene Beurteilungen werden beibehalten, abweichende Beobachtungen/neue Aspekte bleiben unberücksichtigt oder gehen mit geringerem Gewicht in das Gesamturteil ein.

Das Gespräch mit dem Mitarbeiter muss gut vorbereitet werden. Folgende Punkte sind dabei zu beachten:

- Rechtzeitige Information über Ziel und Termin des Gesprächs - gegebenenfalls Aushändigung von Unterlagen.
- Das Gespräch sollte ohne Termindruck und Störungen ablaufen.
- Arbeitsziele und -ergebnisse stehen im Mittelpunkt des Gesprächs.
- Sprechen Sie Probleme offen an.
- Sprechen Sie auch Störungen in der Zusammenarbeit an.
- Geben Sie dem Mitarbeiter Gelegenheit zu einer ausführlichen Darstellung seiner Sichtweise.
- Wichtige Gesprächshaltungen sind das Lenken durch Fragen, Aktives Zuhören, Lob und präzise Kritik.

Am Ende muss immer eine konkrete Vereinbarung über die weiteren Schritte stehen.

... mit Chefs

Führungskräfte sind seltsame Geschöpfe – zu ihren Aufgaben gehört es, die Interessen der Mitarbeiter zu wahren und gleichwohl die Ziele des Unternehmens durchzusetzen. Selber sind sie nur halb Chef und halb Mitarbeiter, von Anweisungen gebeutelt und durch Regeln gebunden.

Wie begegne ich als Mitarbeiter dem Vorgesetzten?

Eine wichtige Regel in der erfolgreichen Gestaltung der Beziehung lehrt uns der Satz: „Gehe nie zum Fürsten, wenn Du nicht gerufen wirst!" Diese Regel ist aber leider grundfalsch. Immer wenn der Fürst seine Mitarbeiter ruft, ist „etwas faul im Staate Dänemark". Entweder gibt es neue – zusätzliche – Aufgaben zu verteilen oder es handelt sich um Schwierigkeiten mit den aktuellen Projekten. Der kompetente Vorgesetzte hat sich auf diesen Termin vorbereitet. Er weiß, was er will und wie sich das erreichen lässt. Sie wissen im Zweifelsfall noch nicht einmal genau, worum sich das Gespräch dreht. Also werden Sie zukünftig versuchen, strategisch und vorausschauend zu handeln.

Für Ihr Aufgabenfeld bedeutet das: Sie versuchen, wichtige Themen zu erkennen und selber zu definieren, bevor das andere für Sie tun. In jedem Fall haben Sie damit zumindest die Möglichkeit, die Gestaltung der Aufgaben zu beeinflussen. Und wenn es sich um ein laufendes Projekt handelt, erstatten Sie regelmäßig Bericht – zu allen vereinbarten Meilensteinen. Bei Problemen gehen Sie schnell und selbstständig auf Ihren Vorgesetzten zu. Sie informieren kurzfristig und präzise über die kritische Entwicklung. Denn: die wenigsten Probleme lassen sich nachhaltig vertuschen. Bei frühzeitiger Information des Vorgesetzten trifft Sie zumindest nicht der Vorwurf, Sie wären genau darum bemüht gewesen. Ihr Vorgesetzter wird sich bei rechtzeitiger Einbindung stärker engagieren, um die Angelegenheit wieder zu bereinigen. Schließlich ist er nun informiert und damit zumindest mitverantwortlich.

Zusätzliche Aufgaben

Zum Wesen von Führungskräften gehört es, Aufgaben zu verteilen, nicht immer willkommene, oft zusätzliche. Wie verhalten wir uns also strategisch geschickt bei der Übertragung zusätzlicher Aufgaben?

Vermeiden Sie in jedem Fall, sofort und ohne Bedingungen anzunehmen. Denn dann sitzen Sie in der Falle. Entweder müssen Sie auf Gedeih und Verderb die Aufgabe übernehmen, oder Ihnen werden die notwendigen Ressourcen fehlen, um einen guten Job zu machen.

Falsch ist es auch, von Anfang an dagegen zu sein. Verboten sind Formulierungen wie „Nein", „Das geht nicht.", „Ich bin sowieso schon überlastet." Falsch sind auch eindeutige körpersprachliche Signale wie Kopfschütteln oder körperliches Zurückweichen.

Eine positive Reaktion ist grundsätzlich immer gut. Zeigen Sie sich erfreut über das in Sie gesetzte Vertrauen oder über die interessante Aufgabe. Stellen Sie interessierte Fragen, bemühen Sie sich, Zusammenhänge besser zu verstehen.

Nun können Sie angemessen reagieren. Im Zweifelsfall schlagen Sie vor, dass Sie einen qualifizierten Entwurf zur Realisierung machen wollen. Bitten Sie dafür um einen entsprechenden Aufschub und vereinbaren Sie einen neuen Termin. In der Zwischenzeit können Sie sorgfältig und in Ruhe planen.

Binden Sie Ihren Vorgesetzten in die Lösung ein: Viele Führungskräfte lieben es, Entscheidungen zu treffen und Lösungen zu finden.

Wenn Sie überlastet sind – viele Routineaufgaben oder laufende Projekte zu erledigen haben: Was sollen Sie liegen lassen, um das neue Projekt bearbeiten zu können? Natürlich werden Sie nichts lieber tun, als das Projekt zu übernehmen, aber …

Wenn Ihnen das Projekt gefällt: Schlagen Sie eine unerhebliche Aufgabe aus Ihrem Bereich vor, die Kolleginnen oder Kollegen übertragen werden kann oder sich zeitlich verschieben lässt. Ordnen Sie Ihre Prioritäten neu.

Wenn Ihnen das Projekt nicht gefällt: Schlagen Sie das Lieblingsthema Ihres Vorgesetzten als die Aufgabe vor, die dem neuen Vorhaben zum Opfer fallen muss. Eine gute Begründung, warum es sich um diese Aufgabe handeln muss, ist gefordert. Ihr Vorschlag wird dann inakzeptabel sein – eine Übertragung an weniger geeignete Kollegen, noch stärker belastete andere Mitarbeiter oder eine Verschiebung kommen natürlich nicht infrage.

Diese Strategie wirkt häufig Wunder: Entweder sucht sich Ihr Chef für die neue Aufgabe einen anderen, oder das Vorhaben stirbt einen sanften Tod, weil es doch nicht wirklich wichtig war.

Lob und Kritik

„Wenn ich nichts beanstande, dürfen Sie sich gelobt fühlen, Meyer!" So werden Sie diesen Spruch von Ihrem Vorgesetzten – hoffentlich – noch nicht gehört haben, der Aussage des Satzes folgen aber viele Vorgesetzte in ihrer täglichen Führungspraxis – weniger aus einer negativen Haltung heraus, vielmehr aus Zeitmangel oder fehlender Aufmerksamkeit. Viele Führungskräfte sind auch eher darauf geeicht, Fehler aufzuspüren und diese entsprechend zu ahnden, nicht jedoch auf das Anerkennen guter Leistungen der Mitarbeiter und entsprechendes Lob.

Gleichwohl soll es Vorgesetzte geben, die ihre Mitarbeiterinnen und Mitarbeiter hin und wieder loben. Im Ernst: Eine gute Leistung verdient Anerkennung. Stellen Sie Ihre Erfolge immer angemessen dar und holen Sie sich aktiv die Rückmeldung Ihrer Vorgesetzten ein – manche Menschen muss man dazu motivieren. „Mir liegt an Ihrer Rückmeldung. Ist das auch in Ihren Augen ein gutes Ergebnis?" So oder ähnlich könnte die passende Formulierung lauten. Wenn Sie nun zwei oder drei ähnliche Situationen für Lob geschaffen haben, stehen Ihnen genügend Argumente zur Verfügung, um bei Pannen diese Misserfolge und nicht Ihre Erfolge als Ausnahme erscheinen zu lassen. Sie sind ebenfalls gut gerüstet für Beurteilungsgespräche, Zielvereinbarungen oder Gehaltsverhandlungen. Dazu gehört im Zweifel auch ein kurzes Protokoll, bei Projekten beispielsweise in Form eines Meilensteinberichts oder eines Abschlussprotokolls – ‚Erfolge' versus ‚to do better'. Das kann Ihrem Vorgesetzten helfen, Ihre Stärken kennen zu lernen oder richtig einzuschätzen. Bei wichtigen Erfolgen fertigen Sie zumindest eine Notiz für Ihre eigenen Unterlagen an.

Manchmal entwickeln sich Aufgaben nicht in der gewünschten Form, Schwierigkeiten treten auf und Misserfolge sind zu verzeichnen. Das führt dann zu Kritik durch Ihrem Vorgesetzten. Kritik ist nicht unüblich und muss in einigen Fällen auch sein. Kritik an sich ist nicht schlecht, solange sie sachlich und gerechtfertigt bleibt. Kritik werden Sie immer dann zu hören bekommen, wenn Ihre Leistungen nicht den erwarteten Qualitäten entsprechen. Oder wenn Sie Aufgaben anders als erwartet erledigen und dadurch vielleicht Fehler machen. Um zumindest von derselben Grundlage auszugehen, sollten Sie bei der Übertragung einer Aufgabe genau darauf achten, dass Sie detailliert festhalten, was – wie – bis wann zu tun ist. Je präziser das definierte Ziel, desto leichter lässt sich nachher das Gespräch über Erfolg oder Misserfolg führen. Bei berechtigter Kritik ist es dann natürlich verkehrt, Front zu machen.

Ausmaß und Art der Kritik werden in wesentlichen Teilen von Ihrer Darstellung abhängen. Schildern Sie nur das Problem beziehungsweise den Misserfolg, oder gelingt es Ihnen, zugleich einen Ausweg aus dem Dilemma aufzuzeigen? Alternativ können Sie sich bemühen, andere Personen – idealerweise Ihren Vorgesetzten – mit in die Verantwortung zu nehmen.

Wichtig ist immer, am Ende eines Kritikgesprächs einen konstruktiven Ausblick zu schaffen: „Was kann ich tun, um ähnliche Probleme zukünftig zu vermeiden?" „Was werde ich unmittelbar tun, um die negativen Folgen einzudämmen?" Sie binden Ihren Vorgesetzten ein: „Wie kann er Sie dabei unterstützen?" Diese oder ähnliche Fragen sollten Sie immer am Ende eines Kritikgesprächs beantworten (können). Die qualifizierte Vorbereitung des Gesprächs (Methode **S A L Z** – vgl. S. 84) hilft Ihnen, die richtige Vorgehensweise zu finden.

Unberechtigte Kritik brauchen Sie nicht zu akzeptieren – im Zweifel hören Sie sich die Kritik – ruhig! – an und bitten dann um eine Pause oder eine Vertagung, um über das soeben Gehörte nachzudenken.

Wenn das nicht möglich ist – oder Ihnen nicht opportun erscheint –, sollten Sie sich trotzdem immer die Kritik ruhig bis zum Ende anhören. Die einzige Ausnahme stellen Ausrutscher dar: persönliche Beleidigungen, Beschimpfungen oder deutlich falsche Darstellungen. Hier gilt es, schnell und bestimmt zu handeln, und dafür gibt es nur eine Regel: Unterbrechen Sie! „STOPP! Herr Süverkrüp, wir sollten das Gespräch fortsetzen, wenn eine sachliche Diskussion wieder möglich ist." Stehen Sie auf und verlassen Sie den Raum. Es ist verkehrt, in diesem Fall stärker zu konfrontieren, es würde nur zu einer weiteren Eskalation führen. Lassen Sie sich nicht provozieren, denn das wird Ihre Position nachhaltig schwächen.

Dieser Fall wird aber die Ausnahme darstellen. Ein klärendes Gespräch über die Beziehung zueinander ist in der Folge immer angebracht – zu einem Zeitpunkt, wenn sich die aufgebrachten Gemüter wieder beruhigt haben.

Wenn Sie nicht gehen können oder wollen, bleiben Sie bitte in jedem Fall ruhig – machen Sie sich aber Notizen. Dieses Verhalten wird die meisten Führungskräfte schnell ernüchtern: „Was machen Sie denn da?" Reagieren Sie nicht emotional und nehmen Sie zu den persönlichen Angriffen keine Stellung. Wer sich in einem solchen Fall verteidigt, hat meistens schon verloren. Ihre Stellungnahme: „Dazu äußere ich mich nicht, Ihr Ton ist unangemessen – die Darstellung ist falsch ... Wir können aber gern über die Kritik an den Ergebnissen sprechen."

Wenn Ihr Vorgesetzter genügend ‚Dampf abgelassen' hat, können Sie in die zweite Phase der Konfliktbearbeitung eintreten. Stellen Sie Fragen zur Sache – das bringt Ihnen zwei wichtige Vorteile: Sie erfahren mehr über die Situation und die Sichtweise des Vorgesetzten und können sich so besser auf das weitere Gespräch einstellen. Und: Wenn Ihr Chef auf die sachbezogenen Fragen antwortet, wird er sich noch weiter beruhigen und das tut dem Gespräch sicher gut.

Hinweise für schwierige Gespräche

- **Emotionale** Phase
  - **Ihr Partner** will Dampf ablassen, sein Selbstwertgefühl bestätigt wissen, schimpfen, Druck machen, sein Recht durchsetzen ...
    Sie können zuhören, ausreden lassen, nicht unterbrechen, Verständnis zeigen ...

- **Klärungs-** phase
  - **Ihr Partner** will ernst genommen werden, Hilfe, Forderungen durchsetzen, Anerkennung seiner Bedürfnisse ...
    Sie können aktiv zuhören, Fragen stellen, (Zwischen-)Ergebnisse zusammenfassen, konkretisieren ...

- **Maßnahmen-** phase
  - **Ihr Partner** will konkrete Zusagen, dass man sich um ihn kümmert, Lösungen ...
    Sie können einen gemeinsamen Beschluss fördern das ‚Wir' betonen, Vorschläge machen, eine konkrete Lösungsmöglichkeit anbieten ...

Wiederholen sich derartige unerfreuliche Situationen, kommen Sie nicht umhin, mit Ihrem Chef ein klärendes Gespräch zu führen. Dieses Gespräch darf keine anderen Inhalte haben als genau den fraglichen Aspekt Ihrer gestörten Beziehung. Lassen Sie sich nicht auf das Glatteis einer Sachdiskussion führen. „Ich will jetzt nicht das Projekt 08/15 besprechen. Ziel unseres prächs heute ist die Klärung der schwierigen Situation. Durch ... fühle ich mich persönlich angegriffen. Wie haben Sie die Situation erlebt?" Lassen Sie Ihren Gesprächspartner nicht ‚entwischen', und bestehen Sie auf einer Klärung.

Sollte sich Ihr Vorgesetzter auch diesem Versuch einer Einigung widersetzen, bleibt nur noch, eine ‚höhere Ebene' anzurufen. Bitten Sie den Chef Ihres Vorgesetzten um ein Gespräch, zunächst unter vier Augen und dann um eine Klärung der Situation. Legen Sie Wert auf die Vermittlung Ihrer Sicht der Lage und stellen Sie das erwartete Ergebnis dar. Verdeutlichen Sie insbesondere, dass Sie sich durch den persönlichen Angriff getroffen fühlen.

„Sie brauchen mehr Zeit für die Arbeit? Und ich hatte gedacht, ich kann mich auf Sie verlassen." – „Von Ihnen hatte ich eine bessere Lösung erwartet!" – „Damit müssen Sie schon allein klarkommen, ich habe selbst genug am Hals!"

Neben den engagierten und mehr oder minder ‚guten' Führungskräften gibt es natürlich immer wieder Chefs, die sich bemühen, Ihre Mitarbeiter ‚klein zu machen', Ihnen zu ‚zeigen, wer hier das Sagen hat', oder sie sind einfach nur unsicher und ungeschickt. Nur selten wird sich hier situative Schlagfertigkeit oder deutliches ‚Zurückgeben' eignen, in vielen Fällen ist Ihr Chef in einer besseren Ausgangssituation, sprich: Machtposition. Wie gehen Sie als Mitarbeiter mit solchen Situationen um? Sie müssen bemüht sein, Ihren Standpunkt nachhaltig zu vertreten, Recht zu bekommen und nicht, Recht zu behalten. Vermeiden Sie, spontan entschuldigend, erklärend oder angreifend zu reagieren. Geeignete Verhaltensweisen sind die 3-T-Regel („Das mag auf den ersten Blick so aussehen. Bei näherer Betrachtung werden Sie feststellen, dass ...") oder die Diskussion auf der Beziehungsebene („Es ist bedauerlich, dass wir in diesem Ton miteinander sprechen müssen.").

... mit Gruppen

Auf den ersten Blick sind Gruppen etwas Banales: Formal definiert als drei oder mehr Personen, die miteinander interagieren. Diese Interaktion bedarf Dauer und Kontinuität, damit man von einer Gruppe sprechen kann. Gruppen haben immer eine innere Struktur, Abgrenzung nach außen und eine erkennbare Form von Zusammenhalt nach innen. Macht, Statusunterschiede, Normen – kurz Gruppenstrukturen – spielen eine gewichtige Rolle.

Und das macht das Thema Gruppen spannend. Ihre Akzeptanz, Ihr Leistungsvermögen – kurz Ihr Erfolg – hängen davon ab, dass Sie sich in der Arbeit mit einer Gruppe zurechtfinden, als Mitglied des Teams oder als Leiter.

Menschen, die zusammenkommen, um gemeinsam eine Aufgabe zu erledigen, werden nicht automatisch zu einem produktiven Team. Jeder hat eigene Erfahrungen, Einstellungen und Erwartungen. Bevor Sie als Team gut zusammenarbeiten können, ist ein Prozess der Harmonisierung abzuarbeiten. In diesem Prozess werden vier typische Phasen durchlaufen:

- Orientierung (‚forming'),
- Entwicklung (‚storming'),
- Stabilisierung (‚norming') und
- Leistung (‚performing').

Die Orientierungsphase

Zu Beginn der Arbeit als Gruppe werden Ideen ausgetauscht, man lernt sich kennen, macht sich mit der Situation vertraut, mit den Aufgaben und den anderen Mitgliedern des Teams. Was soll erreicht werden? Ist es machbar? Wie können wir das schaffen? Welche Anforderungen werden gestellt? Sie probieren mögliches Verhalten aus – Kooperation oder Wettbewerb? Vorlieben und Abneigungen werden entdeckt, ebenso wie Unterschiede zu anderen. Eine besondere Rolle spielen dabei die fachliche Kompetenz der anderen, das Engagement und natürlich die gegenseitige Sympathie. In der Orientierungsphase überwiegen in der Gruppe die Neugierde auf die Aufgabe und aufeinander: ‚Jedem Anfang wohnt ein Zauber inne!'. Hinsichtlich des Verhaltens herrscht Unsicherheit, die Mitglieder des Teams verhalten sich zunächst vorsichtig, manche gehen sehr formell mit den anderen Mitgliedern des Teams um, einige sind offensiv und frech. Die Selbstbewussten wirken auf manche arrogant, die Unsicheren halten sich zurück und versuchen, ihre Ängste zu verbergen.

Die Entwicklungsphase

Wenn die Gruppe daran arbeitet, ein gemeinsames Verständnis von den Zielen und von der Vorgehensweise zu entwickeln, beginnt häufig eine von Konflikten geprägte Phase. Für einige Aspekte der Aufgabe stellt sich heraus, dass sie schwieriger als erwartet sind – Ressourcenknappheit, Termindruck, unklare Absprachen. Probleme in der Zusammenarbeit werden sichtbar. Es fehlen noch die Normen zur Regelung der Zusammenarbeit und zur Klärung von Meinungsverschiedenheiten. Manche Gruppen scheitern in dieser Phase. Wenn es aber gelingt, diesen Entwicklungsschritt miteinander erfolgreich zu bewältigen, sind die Erfolgsaussichten sehr gut. Kritische Tendenzen im Team – interne Rangeleien, Verstecken von Informationen, Druck auf einzelne Mitglieder – müssen wahrgenommen und schnell bearbeitet werden.

Die Stabilisierungsphase

Die Konflikte sind jetzt weitgehend bearbeitet und geklärt. Die Bedeutung des Zusammenhalts für den Projekterfolg ist allen Mitgliedern des Teams klar geworden. Ein Set von Regeln und Vorgehensweisen hat sich etabliert. Die Identifikation mit der Gruppe und mit der Aufgabe entwickelt sich. Das Team hat erfahren, dass das Ziel erreichbar ist, die Abläufe stimmen. Diese Mechanismen machen es der Gruppe möglich, eine Identität zu entwickeln. Jede Gruppe braucht sie, um überhaupt als solche funktionieren zu können. Zellen besitzen eine Membran zur Außenwelt, und so dient die Identität der Gruppe als Abgrenzung nach außen. Sie schafft Symbole der Zugehörigkeit, und die Gruppe entwickelt Regeln und Mechanismen.

Die Leistungsphase

Jetzt – endlich – kann die Gruppe den größten Teil Ihrer Energie der Lösung zuwenden. Die Beziehungen untereinander sind grundsätzlich geklärt, die Mitglieder der Gruppe haben klar definierte Aufgaben und Rollen und arbeiten jetzt konzentriert auf die Erreichung des gemeinsamen Ziels hin.

Gruppenidentität

Die gute und die schlechte Leistung von Gruppen ist im Wesentlichen von der Struktur und der Qualität der Beziehungen abhängig. Die Identität von Teams bestimmt sich durch eigene Traditionen und informelle Normen, Symbole der Zugehörigkeit und die Abgrenzung zu anderen Gruppen. Es gibt Regulative für die Aufnahme neuer Mitglieder.

Regeln und Normen in Gruppen erleichtern das Zusammenleben und die Zusammenarbeit. Gruppennormen entwickeln sich durch den ‚Import' bekannter Normen, durch die Orientierung an Beispielen und durch die Entwicklung eigener Regeln. Nach einer Erprobung in der Gruppe werden Normen akzeptiert und gelebt. Es gibt Konsequenzen, welche die Einhaltung der Normen belohnen und einen Verstoß sanktionieren. Übliche und hilfreiche Normen in Gruppen sind Fairness, Gegenseitigkeit, Rücksichtnahme, die Erfüllung der Rollenerwartungen, ‚vernunftgeprägtes' Verhalten und Regelungen für den Konfliktfall.

Immer entwickelt sich aber auch ein gewisser Gruppendruck, der im positiven Fall die Zugehörigkeit zur Gruppe unterstützt und die Identität sichert. Gruppendruck wird gefährlich für das gute Funktionieren der Gruppe und das Wohlbefinden der Mitglieder, wenn bestimmte Grenzen überschritten werden. Der an sich notwendige und positive Glaube an die Gruppe geht dann mit einigen der folgenden Erscheinungen einher:

- Gefühl der Unverwundbarkeit
  - Optimismus
  - Eingehen von unkalkulierbaren Risiken
  - Übersehen von Warnzeichen
- kollektive Rationalisierung
  - Abblocken von Warnungen und Rückmeldungen
- stereotype Bilder von anderen Gruppen
  - Recht haben
  - gut sein
  - richtig handeln
- Illusion der Einmütigkeit
  - vorwiegend Formulieren von Mehrheitsmeinungen
  - Druck gegen Zweifler
- Vermeiden des Abweichens vom Konsens der Gruppe
  - Leugnen von Befürchtungen
  - Selbstzensur
  - Schutz vor missliebigen Informationen

Die Umwelt wird dann nicht mehr als relevant erlebt, und die Eigendynamik der Gruppe führt zu Fehlverhalten und letztlich zum Scheitern der Gruppe.

In einer Reihe von Experimenten, die er bereits in den fünfziger Jahren begonnen hatte, studierte der amerikanische Psychologe Solomon Asch, wie Individuen reagieren, wenn sie mit einer Gruppe konfrontiert werden, die einvernehmlich, aber offensichtlich falsch agiert. Asch beschrieb als die eigentliche Bedeutung des Problems folgenden Sachverhalt: „Wenn man den großen Einfluss von Gruppen in Betracht zieht, ist es dann möglich, Personen dadurch zu einer Änderung ihrer Meinung zu veranlassen? Ist es möglich, Personen durch den Druck der Gruppe dazu zu bewegen, das für falsch zu erklären, was sie gestern für richtig hielten?"

Die Anwort darauf scheint „Ja" zu lauten.

Die wiederholten Experimente wurde nach folgendem Grunddesign durchgeführt: Eine Gruppe von sieben bis neun Teilnehmern versammelte sich in einem Raum, um scheinbar an einem Wahrnehmungsexperiment teilzunehmen. Die Aufgabe bestand darin, die Länge von Strichen zu bestimmen. Es handelte sich um eine Musterlinie, die mit drei anderen Linien zu vergleichen war. Immer war eine Linie gleich lang wie das Muster, zwei andere eindeutig kürzer oder länger. Die Gruppen enthielten allerdings nur eine tatsächliche Versuchsperson. Die anderen Teilnehmer waren vom Leiter des Versuchs instruiert worden. Die eingeweihten Versuchspersonen antworteten vor dem tatsächlichen Teilnehmer. Das Urteil wurde offen abgegeben. Die eigentliche Versuchsperson war als letzte an der Reihe. Die instruierten Probanden gaben übereinstimmend falsche Antworten.

Die Resultate zeigen, dass die Mehrheit – selbst wenn sie eindeutig falsche Antworten gibt – einen starken Druck auf die einzelne Person ausübt. In einer Kontrollgruppe kamen Fehler zur Einschätzung der Längen nicht vor. In der Versuchsgruppe machten 76 Prozent Fehler, durch die sie sich der Gruppenmeinung anschlossen. Den meisten Versuchspersonen war ihr Fehler aufgrund der Meinungsäußerung der Gruppe bewusst.

Erkenntnisse aus diesem und einer Reihe ähnlicher Experimente:

- Je größer die Gruppe, desto größer ist die Tendenz des Individuums, sich anzupassen;
- wenn konformes Verhalten verstärkt wird, steigt die Tendenz, sich auch zukünftig so zu verhalten;
- Individuen mit hohem Selbstwertgefühl sind weniger empfänglich für diese Einflüsse.

Ein erfolgreiches Team zeigt folgende Charakteristiken:

- *Definierte Mitgliedschaft:* geklärte Rollen, Verantwortlichkeiten und Grenzen der Kompetenz; jedes Mitglied des Teams weiß, was von ihm erwartet wird.

- *Stabilität:* Teams brauchen zumindest einen ‚harten Kern' fester Mitglieder, um Kontinuität zu sichern.
- *Gemeinsame Ziele:* Die Mitglieder des Teams müssen die Ziele kennen und akzeptieren. Sie brauchen eine Vorstellung davon, wie sich diese Ziele erreichen lassen. Die Identifikation mit den wichtigsten Zielen ist unabdingbar.
- *Zusammengehörigkeitsgefühl:* Das Gefühl, ‚dazuzugehören' und akzeptiert zu werden, kann durch den gemeinsamen Austausch von Ideen, Arbeitsinhalten, Problemen und Gefühlen unterstützt werden. Gemeinsame Aktivitäten unterstützen diese Wahrnehmung.
- *Abhängigkeit:* Teams sind nur dann Teams, wenn Sie erfahren, dass der Erfolg des Einzelnen von der guten Leistung der anderen und ihrer Unterstützung abhängt.
- *Interaktion:* Die Mitglieder müssen untereinander kommunizieren (können), um als Team zu funktionieren. Von Zeit zu Zeit ist ein direktes Zusammentreffen hilfreich, um die Bindung aneinander zu fördern.
- *Belohnung:* Gemeinsam erfahrene Erfolge binden das Team zusammen, die Belohnung für erfolgreiche Arbeit sollte die gemeinsame Arbeit reflektieren.

Um das Funktionieren Ihrer Gruppe besser einzuschätzen, können Sie folgende Checkliste benutzen:

Checkliste
Beobachtungsbogen für Gruppenarbeit
- Wie ging die Gruppe an die gestellte Aufgabe heran?   Gab es Schwierigkeiten?   - Hatten alle Gruppenmitglieder Gelegenheit, ihre Beiträge zu leisten?   Wie wurden die Beiträge von der Gruppe aufgenommen?   - Haben sich Untergruppen gebildet?   Wie ist es dazu gekommen?   Wie verhielten sich die Untergruppen zueinander?   - Wer war der Leiter?   Wodurch wurde er zum Leiter?   Gab es einen Wechsel in der Leitung?

Typische Situationen ...

> ▼ Gab es Außenseiter?
>   Wie setzte sich die Gruppe mit ihnen auseinander?
> ▼ Gab es Spannungen und Konflikte?
>   Was hat diese Spannungen ausgelöst?
>   Wie gingen die Gruppenmitglieder damit um?
> ▼ Wie wurden Entscheidungen herbeigeführt?
> ▼ Zeigte die Gruppe ein positives ‚Wir'-Gefühl?

Zwischen den Mitgliedern einer Gruppe gibt es Unterschiede in Macht und Status. Sie bestimmen den Einfluss des Einzelnen auf die Entwicklung der Gruppe. Relevante Faktoren sind Ausbildungsstand, Geschlecht, Erfahrung, Status im Unternehmen und Führungsebene. Eine Sonderposition nehmen ausgewiesene Experten für Spezialthemen ein.

Ein allgemein anerkannter Indikator für die Position in der Gruppe ist die Anzahl der Interaktionen. Je häufiger Sie auf andere zugehen (können) und je häufiger andere an Sie herantreten, umso größer ist Ihr Einfluss in der Gruppe. Sie können durch eine vorsichtige Steigerung der Interaktion mit anderen Mitgliedern des Teams Ihren wahrgenommenen Status in der Gruppe beeinflussen.

Die einzelnen Mitglieder des Teams füllen unterschiedliche Rollen aus. Neben der eigentlichen Sachaufgabe und damit verbunden Fach‚rolle' sind diese Rollen informell und nicht offiziell. Sie reflektieren die Tendenz, bevorzugte Verhaltensweisen zu zeigen, und die Reaktion der anderen Gruppenmitglieder darauf. Zwei wichtige Rollen gibt es in allen Gruppen: den ‚Leiter' und den ‚Beziehungsmanager'. Zum Teil wird durch die Dynamik der Gesamtgruppe festgelegt, wer diese Rollen übernimmt, zum Teil sind die individuellen Verhaltenstendenzen wichtig.

Wie identifizieren Sie, wer im Team welche Rolle übernommen hat? *Der Teamleiter* ist daran zu erkennen, dass er Probleme definiert und Vorgehensweisen zur Lösung vorschlägt. ‚Aufgabenorientierte' Leiter konzentrieren sich dabei auf Zahlen, Daten, Fakten. Sie bevorzugen die Analyse und logisch-rationale Wege zur Lösung. Sie leisten häufig selbst viel fachlichen Input. ‚Personenorientierte' Leiter konzentrieren sich auf beteiligte Personen und darauf, wie sie zur Lösung beitragen können. Ihr Input besteht hauptsächlich in der Zusammenführung der beteiligten Menschen und der Unterstützung der Arbeit am Problem. Leiter konzentrieren Diskussionen auf das anstehende Thema. Sie bemühen sich, die Arbeit der Gruppe zu beschleunigen und zum Ziel zu führen.

Beziehungsmanager unterstützen andere Mitglieder der Gruppe durch Zuspruch, Lob und Ermutigung. Sie schlagen weniger eigene Lösungen vor, engagieren sich aber rasch für Lösungsvorschläge anderer. Bei Konflikten bemühen sie sich schnell, zwischen den Beteiligten zu vermitteln. Probleme sehen Beziehungsmanager eher im Zusammenhalt der Gruppe oder in der Übereinstimmung bestimmter Lösungswege mit den Regeln oder Verhaltensweisen der vereinbarten Normen. Werden Ihre Vorschläge angegriffen, bieten Sie sehr schnell Kompromisse an, statt die eigene Position nachdrücklich zu verteidigen.

Fragebogen zur Teamdiagnose					
Wir reden miteinander offen über Probleme.	1	2	3	4	5
Wenn wir Probleme haben, helfen wir einander.	1	2	3	4	5
Es gibt keine Themen, die wir nicht besprechen können.	1	2	3	4	5
Die Gruppe hat keine Untergruppen.	1	2	3	4	5
Wir mögen einander.	1	2	3	4	5
Wir fühlen uns in der Gruppe wohl.	1	2	3	4	5
Wir sind über alle Projekte und Ziele informiert.	1	2	3	4	5
Wir bekommen und geben alle notwendigen Informationen.	1	2	3	4	5
Wir nehmen Rücksicht aufeinander.	1	2	3	4	5
Wir können mit dem Teamleiter auch über kritische Themen reden.	1	2	3	4	5
Für gute Leistungen bekommen wir Anerkennung.	1	2	3	4	5
Kontrollen werden verabredet und Ergebnisse offen besprochen.	1	2	3	3	5
Unser Vorgesetzter leistet auch selbst, was er von uns fordert.	1	2	3	4	5

| Wir haben gemeinsam auch viel Spaß. | 1 | 2 | 3 | 4 | 5 |

Auswertung Teamdiagnose

Die Zahlenwerte geben den Grad der Zustimmung mit den gemachten Aussagen an:

- 1 – stimmt völlig
- 2 – stimmt
- 3 – stimmt oft
- 4 – stimmt selten
- 5 – stimmt nicht

Ergebnisse

- – 30 Punkte: gut!
- – 45 Punkte: in Ordnung!
- – 60 Punkte: Es gibt Ansätze für Maßnahmen!
- – 75 Punkte: Sie sollten dringend etwas tun!

Gut funktionierende Teams bieten eine Reihe von Vorteilen:

- *Bessere Lösungen:* Die Mehrzahl der im Unternehmen zu bearbeitenden Fragestellungen – eher vage definierte Problemstellungen mit mehreren Lösungsalternativen – wird von Teams besser gelöst als von Einzelpersonen. Die gebündelte Erfahrung und Kompetenz der Mitglieder übersteigt in der Regel die Leistungsfähigkeit eines Einzelnen.
- *Bessere Motivation:* Die Mitglieder eines Teams geben sich gegenseitig mehr und bessere Unterstützung und Verstärkung als der Einzelne von seinem Vorgesetzten bekommt.
- *Mehr Wissen:* Alle zusammen wissen mehr als einer, die Vernetzung im Unternehmen und zu anderen Wissensquellen ist besser. Im Team treffen viele Personen mit unterschiedlichen Erfahrungen und Aufgaben zusammen – neue Anregungen und Ansätze ergeben sich so weitaus leichter.
- *Bessere Nutzung von Ressourcen:* Modernes Management erfordert den ökonomischen Einsatz von Ressourcen – materieller und personeller Natur. Teams sind eine flexible und dynamische Antwort auf diese Herausforderungen.

▼ *Gesteigerte Produktivität:* Wenn sie einmal das Stadium des ‚Performing' erreicht haben, zeigen Teams eine Produktivitätsrate, die um 30 Prozent bis 100 Prozent über der kombinierten individuellen Produktivität der Einzelpersonen liegt. Teams erholen sich leichter von Rückschlägen und sind konsequenter in der Bearbeitung problematischer Fragestellungen.

Handlungsprogramm für Teamentwicklung

- ▼ Probleme müssen gemeinsam gelöst werden.
- ▼ Ziel ist die Entwicklung eines ‚echten' Teams.
- ▼ Diagnose der Situation durch Interviews, Fragebögen, moderierte Diskussion, Teambilder ...
- ▼ Auswahl von maximal drei wichtigen Problemen.
- ▼ Beschreibung der Probleme.
- ▼ Zusammenstellung förderlicher und hinderlicher Kräfte.
- ▼ Sammeln von Lösungsvorschlägen (Erarbeitung beispielsweise mit einer Kreativmethode).
- ▼ Abstimmung an den Schnittstellen und Entscheidung über das weitere Vorgehen.
- ▼ Umsetzung.
- ▼ Controlling.

Erfahrungsgemäß gelingen solche Prozesse besser, wenn sie von einer erfahrenen Person begleitet werden, die nicht Mitglied der Gruppe ist. Dabei kann es sich um interne Spezialisten für Personal-/Organisationsentwicklung oder um externe Berater handeln.

Präsentation

Sie sprechen vor Gruppen und Gremien, präsentieren vor Kunden und Zulieferern, in der Projektgruppe, auf Tagungen oder Kongressen. Toll! Ihr Auftritt zeigt den anderen, wie gut Sie Ihr Thema beherrschen. Sie können mit Ihrer Rhetorik beeindrucken oder durch den kreativen Einsatz von Medien! Auftritte vor Publikum sind immer eine gute Gelegenheit, Ihrem Anliegen und Ihrer Person Wirkung zu verschaffen.

Sie wirken durch Ihr Verhalten, den Aufbau Ihres Vortrags, geschickten Medieneinsatz und natürlich durch Ihr Fachwissen. Aber lassen Sie sich nicht von dem komplexen Thema oder Ihrem umfassenden Wissen hinreißen. Wichtiger ist, dass Ihre Informationen einfach und verständlich bleiben, natürlich ohne ungenau zu werden. Das Ziel Ihres Auftritts besteht darin, Ihren Zuhörern etwas zu vermitteln. Das Ziel ist nicht, ‚coram publicum' zu demonstrieren, dass Sie viele Fremdwörter und Fachausdrücke beherrschen. Entwickeln Sie einen roten Faden: Gliedern Sie Ihre Präsentation anhand nachvollziehbarer Prinzipien. Dazu gibt es mehrere Varianten – ‚from pain to pleasure', Diskussion von Alternativen, um hier nur zwei zu nennen (vergleichen Sie dazu das Kapitel zur Sachaussage in der Kommunikation). Wenn die Gliederung erkennbar ist, werden Ihre Zuhörer Ihrer Argumentation gern folgen – nicht umsonst gibt es den Begriff ‚*mit*denken'. Wenn Ihr Vortrag nicht verstanden wird, entwickeln sich Langeweile oder Widerstand – Zwischenrufe, kritische Fragen und dergleichen mehr.

In der Kürze liegt die Würze: Ihr Beitrag sollte so knapp wie möglich sein. Und lockern Sie Ihre Darstellung auf – durch Beispiele, Bilder ... Ein Bild sagt mehr als tausend Worte. Noch besser aufgenommen wird Ihr Auftritt, wenn es Ihnen gelingt, das Auditorium einzubeziehen. Schildern Sie das Thema aus der angenommenen Perspektive der Zuhörer, stellen Sie gezielt Fragen oder fordern Sie zum Mitmachen auf – lassen Sie Meinungen formulieren oder Beispiele entwickeln.

Gut geplant ist halb gewonnen – Ihre Vorbereitung

Sie wollen Ihre Zuhörer fesseln, interessieren und überzeugen. Das müssen Sie sich verdienen: Kaum jemand hört Ihnen um Ihrer selbst willen zu. Jeder Ihrer Zuhörer erwartet, dass seine Ziele und Bedürfnisse erkannt und befriedigt werden. Ihre Ideen verkaufen Sie erfolgreich, wenn Sie vermitteln können, warum das Thema und Ihr Standpunkt wichtig oder interessant sind. Orientieren Sie sich am Verhalten eines erfolgreichen Verkäufers: Warum sind Ihre Zuhörer anwesend? Welche Bedürfnisse haben sie? Welchen Nutzen können Sie Ihnen anbieten? Organisieren Sie Ihre Präsentation nach diesen Überlegungen. Ihre Belohnung besteht in deutlich gesteigerter Aufmerksamkeit. Ihre Zuhörer gewinnen Sie, wenn es Ihnen gelingt, sie für sich persönlich einzunehmen und Gefühle anzusprechen. Die Zuhörer erwarten, von Ihnen durch das Thema geführt zu werden. Gliedern Sie Ihren Beitrag. Ihre Ideen werden nur diskutiert oder übernommen, wenn das Publikum den Inhalt versteht und sich eine Meinung bilden kann. Machen Sie das Ziel Ihrer Präsentation oder Ihres Vortrags deutlich und erläutern Sie den Weg zum Ziel. Ein Handout, ein Flipchart oder eine wiederkehrende Folie, die den augenblicklichen ‚Standort' in der Präsentation zeigen, hilft den Teilnehmern, den Überblick zu behalten.

Ihre Eröffnung soll motivieren und die Bereitschaft wecken, Ihnen weiter zuzuhören. Hilfsmittel können ein aktuelles oder allen Teilnehmern präsentes Ereignis sein, eine – vielleicht provokante – rhetorische Frage, ein optischer oder akustischer Effekt. Schaffen Sie eine positive erwartungsvolle Haltung.

Variationen zum erfolgreichen Start

- Aktuelle Bezüge – aus den Medien oder aus Ihrem Unternehmen
- Schilderung einer realen Situation – typisch für Ihr Thema oder mit direktem Bezug zu Ihrem Publikum
- Relevante Informationen als Neuigkeit
- (provokante) Fragen – sprechen Sie einzelne Zuhörer direkt an oder forcieren Sie eine Reaktion durch ‚Abstimmung' über Alternativen
- Rhetorische Fragen
- Übungen, die das Auditorium direkt einbeziehen
- Zitate oder Anekdoten
- Humor
- Statistiken
- Trivia oder wenig bekannte Fakten

Seien Sie auf kritische und schwierige Fragen vorbereitet. Alles können Sie nicht planen, aber ein paar vorbereitende Überlegungen sind wesentlich: Sind Ihre Vorschläge kritisch – ist mit schwierigen Fragen zu rechnen? Gibt es womöglich offenen Protest? Gibt es starke Gruppen im Publikum, die gemeinsam gegen Ihre Sicht der Dinge opponieren werden? Oder mag Sie jemand vielleicht persönlich nicht? Mögliche Gegner werden immer versuchen, Ihnen Nachlässigkeit, Inkompetenz, fehlende Erfahrung, mangelnde Übersicht oder Fehler vorzuhalten.

Bereiten Sie sich auf den einen oder anderen ‚GAU' vor – machen Sie im Vorfeld eine Zusammenstellung potenzieller Probleme, und agieren Sie nicht nach der Devise: „Es wird schon klappen!" Legen Sie sich Ihre wichtigsten Antworten zurecht. Gute Vorbereitung ist der beste Schutz gegen unliebsame Überraschungen – dann klappt's auch mit dem Vortrag!

> **Wichtige Fragen zur Vorbereitung**
> - Wer wird anwesend sein?
> - Welche Bedürfnisse haben meine Zuhörer? Kann ich diese Erwartungen erfüllen?
> - Wie sieht das Kraftfeld aus – sind mehr Teilnehmer für mich oder gegen mich? Kann ich Meinungsbildner für mich gewinnen?
> - Wie lauten die wichtigsten Einwände? Was kann ich darauf entgegnen?
> - Welche kritische Fragen wird man mir stellen? Was antworte ich?

Mit unterstützenden Medien werden Sie deutlich wirkungsvoller agieren. Die bildliche Darstellung macht den Inhalt für die Zuhörer leichter verständlich, stellt Sachverhalte im Zusammenhang dar, ein Diagramm macht Zahlen leichter nachvollziehbar. Bilder lockern auf und stimulieren.

Gelungene Visualisierung folgt einigen wenigen allgemeinen Regeln:
Orientieren Sie sich an den Lesegewohnheiten: Texte lesen wir von links nach rechts und von oben nach unten. Strukturen machen die Absicht der Aussage deutlich. Übereinstimmende Farben und Formen bilden Zusammenhänge ab. Schrift und Bilder müssen leicht erkennbar und gut lesbar sein – auch von den hinteren Plätzen aus. Bilder brauchen Titel – und vor allem: ‚Weniger ist mehr!' Es geht um optische Unterstützung, nicht darum, möglichst viele Folien in wenigen Minuten vorzuführen. Film und Ton sind sparsam einzusetzen. Es ist nicht einfach, die Aufmerksamkeit des Publikums nach einer gut gelungenen Bildsequenz wieder in Ihren Bann zu ziehen.

Der Teufel wohnt im Detail: Verschaffen Sie sich immer eine Möglichkeit, im Vorfeld die Nutzung der Technik auszuprobieren. Das gemurmelte „Eigentlich müsste das doch funktionieren …" gilt nicht – auf Zuhörer wirken Sie wenig professionell oder sogar lächerlich.

Durchführung

Ihr Vortrag soll Interesse wecken, Unterstützung einwerben, oder informieren. Die wichtigste Rolle spielt dabei Ihr Verhalten: Sprechen Sie lebhaft und abwechslungsreich – sprechen Sie mal ein wenig lauter, mal etwas leiser. Mimik und Gestik unterstreichen Ihre Aussage. Suchen Sie den Blickkontakt mit Ihren Zuhörern und sprechen Sie das Auditorium auch direkt an: Stellen Sie Fragen oder lassen Sie sich Rückmeldung zu provokativen Äußerungen geben. Der aktive Dialog zeigt Ihren Zuhörern, dass Sie Ihr Publikum wahrnehmen. Zwischenrufe müssen nicht störend sein. Nehmen Sie diese auf, bauen Sie in Ihre Präsentation ein, freuen Sie sich über die Beteiligung. Das wird Ihnen umso besser gelingen, je weniger Sie sich selber (zu) ernst nehmen und je mehr Sie ‚lehrerhaftes' Verhalten vermeiden.

Orientieren Sie sich an den Möglichkeiten und den Anforderungen der Teilnehmer. Geben Sie mit einer klaren Gliederung Orientierung, bieten Sie damit den ‚roten Faden' an. Das Publikum muss sich ein eigenes Bild machen können, klar und sympathisch soll es sein. Formulieren Sie Ihre Kernbotschaften und wiederholen Sie diese. Formulieren Sie nach wichtigen Zwischenschritten und am Ende des Vortrags eine Zusammenfassung.

„Hat jemand noch Fragen?", ist nicht das richtige Ende für Ihre Präsentation. Wie wollen Sie Ihre Teilnehmer aktivieren? Sie können einzelne Personen ansprechen, mit Fragen Zuhörer einbinden oder zu einer Aktion aufrufen.

Checkliste für Präsentationen – Auftritte vor Publikum				
Eröffnung	originell		banal	
	5 4	3	2	1
Abschluss	motivierend		alltäglich	
	5 4	3	2	1
Floskeln	oft		kaum	
	5 4	3	2	1
Wortwahl	vielfältig		kleiner Wortschatz	
	5 4	3	2	1
Fremdwörter	selten/passend		häufig/zu viel	
	5 4	3	2	1

Typische Situationen ...

Satzbau	gegliedert/kurz			verschachtelt/lang	
	5	4	3	2	1
Artikulation	deutlich			undeutlich	
	5	4	3	2	1
Modulation	variierend			monoton	
	5	4	3	2	1
Lautstärke	laut			leise	
	5	4	3	2	1
Sprechtempo	angemessen			zu schnell/zu langsam	
	5	4	3	2	1
Mimik	mit Ausdruck			teilnahmslos	
	5	4	3	2	1
Gestik	lebhaft			keine/zu hektisch	
	5	4	3	2	1
Blickkontakt	viel			wenig	
	5	4	3	2	1
Körperhaltung	locker/konzentriert			steif/verkrampft	
	5	4	3	2	1
Raumausnutzung	präsent			am Rande	
	5	4	3	2	1

Es kann den besten Rednern und Vortragenden passieren, Schauspieler erleben es auf der Bühne und auch Sie sind nicht davor gefeit. Ihnen stockt der Atem, Sie werden rot oder blass, Ihnen zittern die Hände – kurz und (leider nicht) gut: Sie haben Lampenfieber. Nicht schön und auch nicht immer vermeidbar. Eine gesunde Spannung ist auch notwendige Voraussetzung für Konzentration und gute Leistungen. Sie müssen dieses Gefühl kontrollieren können, das Spannungsgefühl darf Sie nicht überwältigen. Es gibt Tricks, die Sie anwenden können, um dem Lampenfieber vorzubeugen.

Tipps bei Lampenfieber

- Gute Vorbereitung.
- Machen Sie einen Übungsdurchlauf.
- Denken Sie positiv: Ich werde erfolgreich sein. Ich bin gut vorbereitet.
- Machen Sie Entspannungsübungen – am Abend vorher und vor Ihrem Auftritt.
- Atmen Sie vor Beginn der Rede noch einmal tief ein und aus.
- Essen Sie vorher nur eine Kleinigkeit.
- Kein Alkohol.
- Prüfen Sie die Technik.
- Nehmen Sie eine Stunde vor Ihrem Vortrag keine Korrekturen mehr vor.
- Haben Sie keine Angst vor Versprechern oder Fehlern – Ihre Zuhörer sind auch nicht unfehlbar.

Moderation

Wenn Sie mit Gruppen *gemeinsam* ein Ergebnis erarbeiten wollen, nutzen Sie die Technik der Moderation. Sie können damit Gruppen leiten und zum Ergebnis führen. Als Moderator ist es *nicht* Ihre Aufgabe, gestützt auf besseres Fachwissen oder größere Erfahrung die Lösung zu wissen. Sie sind ‚Facilitator', das heißt, Sie ermöglichen es der Gruppe, durch die Auswahl der Techniken und geschickte Steuerung zu einem Ergebnis zu kommen.

Moderation bedeutet, dass die Gruppe unter Ihrer Leitung ‚schriftlich diskutiert'. Inhalte und Ergebnisse werden visualisiert, geschrieben oder illustriert.

Visualisierung ist hilfreich, weil Sie damit neben dem Hören auch das Sehen ansprechen. Die Aufzeichnungen sind jederzeit für alle einsehbar. Durch die bildhafte Darstellung werden komplexe Sachverhalte oft besser verständlich.

Moderation bedeutet neben inhaltlicher Arbeit auch, Materialien und Techniken sinnvoll einzusetzen – einige Hinweise für den zielsicheren Gebrauch:

Einsatz der Stifte

▶ Kleiner Stift – blau und schwarz
   schreiben mit der Breitseite
   nicht drehen
   Schriftgrösse: Karte dreizeilig beschreiben

▶ Rote und grüne Stifte für
   Pfeile – Symbole – Umrandungen

▶ Großer Stift für
   Überschriften – Symbole – Striche – Wolken

Schrift

- 3/4 Mittelteil
- 1/4 Ober- und Unterlänge
- breit schreiben
- blockartig
- n i c h t   s o   w e i t   schreiben
- Groß- und Kleinbuchstaben verwenden
- Druckschrift
- sauber und lesbar schreiben

Für die Lesbarkeit und Übersichtlichkeit und damit auch für die Verständlichkeit sind gut gestaltete Plakate – Flipcharts und Packpapier – eine wichtige Voraussetzung.

Plakate

Textblöcke kurz halten

Gleiche Farben vermitteln

inhaltliche Zusammenhänge

Umranden verbindet

gleiche Themen

Nicht zu dicht an den Rand schreiben

Moderation lebt im Wesentlichen von Fragen an die Teilnehmer. Gute Fragen sind kurz und konkret. In der moderierten Arbeit wird im Wesentlichen mit Ein-Punkt-Fragen (geeignet für Aufzählungen, Erwartungen, Abfragen) und Zuruffragen (zum Sammeln von Ideen oder Beiträgen) gearbeitet. Ein-Punkt-Fragen sammeln Antworten zum Beispiel zu Aufzählungen, Stimmungen oder Erwartungen („Welche Themen wollen Sie heute bearbeiten?"). Die Teilnehmer ‚äußern' sich über das Kleben von Punkten bei der bevorzugten Alternative. Zuruffragen werden durch Zuruf oder mit Karten beantwortet. Sie eignen sich besonders zum Sammeln von Problemen, Themen oder Ideen.

Die Arbeit mit indirekten Äußerungen – Karten, Kleben von Punkten – spielt in der Moderation eine wichtige Rolle. Neben der Visualisierung können Sie damit vorbeugen, dass einzelne Teilnehmer die Gruppe zu stark dominieren. Mit Karten können Sie Probleme, Erwartungen, Ideen oder Lösungsvorschläge weitgehend anonym sammeln. Das Kleben von Punkten erleichtert das Festlegen von Prioritäten, Reihenfolgen oder der Ausprägung einzelner Merkmale. Diese Methode verbraucht wenig Zeit und vermittelt ein gutes Abbild von den Meinungen der Teilnehmer.

Typische Situationen ...

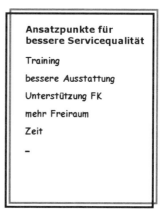

Ein-Punkt-Frage **Zuruffrage**

Jede gute Moderation hat ein gutes Drehbuch. Sie gliedert sich immer in mehrere Abschnitte: Einstieg – Themensammlung – Auswahl – Bearbeitung – Planung von Maßnahmen und Abschluss.

Ihre Moderation wird nur dann erfolgreich sein, wenn Sie sich intensiv vorbereiten. Dazu gehört ein Moderationsplan mit einer Aufstellung des geplanten Ablaufs und den eingesetzten Methoden. Sie brauchen geeignete Räume und das erforderliche Werkzeug (Stifte, Karten, Pinnwand, Flipchart und dergleichen).

Nach der Begrüßung durch den Moderator ist eine Vorstellung sinnvoll, wenn nicht alle Teilnehmer (gut) miteinander bekannt sind. Die Vorstellung kann ein Partnerinterview mit vorgegebenen Leitfragen sein. Nach diesem kurzen Kennenlernen stellt dann der jeweils andere seinen Partner der Gesamtgruppe vor. Oder Sie bereiten eine Pinnwand mit Leitfragen vor, die von allen Teilnehmern beantwortet werden – mündlich oder mit Karten. Das ist dann gleichzeitig die Teilnehmerliste der Veranstaltung.

Eine Kartenabfrage oder eine Zuruffrage eignet sich zur Sammlung der Themen, eine Punktabfrage eignet sich zur Festlegung der Prioritäten. Die Themen können anschließend von den Teilnehmern bearbeitet werden. Mögliche Techniken sind das Fadenkreuz oder der Ablaufplan.

Beispiele für den Einstieg

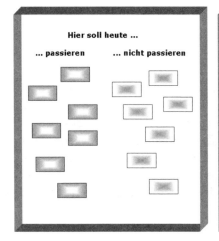
Satzergänzung

Ein-Punkt-Abfrage

Beispiele für die Bearbeitung

Ablaufplan

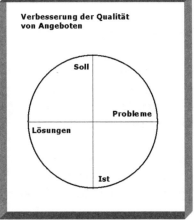
Fadenkreuz

Nach der Bearbeitung der Themen finden die Präsentation und eine Zusammenfassung im Plenum statt. Es folgt die Diskussion möglicher Maßnahmen und die Entscheidung über die nächsten Schritte. Im Maßnahmenplan wird festgelegt: Wer tut was bis wann? – Welche Ressourcen stehen zur Verfügung? – Was ist die Qualität einer guten Lösung? – Wie wird kontrolliert? – Wer kontrolliert?

Der Abschluss wird die Betrachtung der Arbeit selbst sein – unter dem Motto: ‚Was war gut, was machen wir beim nächsten Mal anders!' Reflektiert werden können der Arbeitsprozess, das Ergebnis, die eingesetzten Techniken oder die Qualität der Zusammenarbeit. Mögliche Techniken einer formalisierten Ergebnisabfrage sind ein Stimmungsbarometer als Ein-Punkt-Abfrage auf einer Skala oder ein Blitzlicht, das bedeutet, jeder Teilnehmer gibt ein kurzes (maximal drei Sätze) unkommentiert bleibendes Feedback, mündlich oder als Karte.

Diese Technik hilft Ihnen, schnell und effektiv mit Gruppen zu arbeiten. Die Einbindung der Teilnehmer sichert eine breite Akzeptanz der Ergebnisse und der beschlossenen Maßnahmen. Die Techniken der Moderation verhindern, dass einzelne Mitglieder die gesamte Gruppe dominieren. Durch die saubere Struktur der Arbeit verringern Sie die Gefahr, dass Sie den ‚roten Faden' verlieren, durch die Technik der Kartenabfrage könne Sie verbale Gefechte zwischen den Teilnehmern oder mit Ihnen auf ein Minimum reduzieren.

Projektmanagement

Die Bearbeitung von Geschäftsfällen mit den Methoden des Projektmanagements ist ein effektiver Weg, um komplexe oder neue Aufgaben zu bewältigen. Die Aufgabenstellung kann von Spezialisten in der generalistischen Breite eines Teams erfolgreich bearbeitet werden.

Dies wird für immer mehr Unternehmen wichtig, die sich neuen Aufgabenstellungen mit dem vorhandenen Personal stellen und in hoher Qualität mit möglichst geringen Kosten Ergebnisse produzieren wollen.

In einer Reihe von Branchen hängt der Erfolg und damit die wirtschaftliche Zukunft des Unternehmens davon ab, schnell auf komplexe Anforderungen mit der Bündelung von Fähigkeiten reagieren zu können. Es ist also sehr wahrscheinlich, dass Sie bereits jetzt ein Projekt leiten oder bald mit der Leitung beauftragt werden.

Der Faktor ‚Mensch' im Projekt

Übernehmen Sie als Projektleiter Verantwortung für ein Projekt, so haben Sie – hoffentlich! – klare Ziele vor Augen. Sie kennen die Anforderungen an Sie und Ihr Team. Trotz einiger Risiken und Widerstände rechnen Sie fest mit dem Erfolg Ihres Projekts. Versäumen Sie aber nicht, auch ‚die dunkle Seite der Macht' in Ihre Überlegungen einzubeziehen. Werden Sie zum ‚Advocatus Diaboli' und stellen Sie sich die Frage: „Wie würde ich mein Projekt zum Scheitern bringen?"

Sie werden – vielleicht sogar gemeinsam mit Ihrem Team – viele Ideen zusammentragen können. Darunter werden Vorschläge wie diese sein:

Streit um Kompetenzen und Rechte – Missachten von Vereinbarungen – schlechte Kommunikation im Team – kein Austausch zwischen den Teilprojekten – Vorrang für individuelle Interessen – diese Liste lässt sich mit Erfahrung und Fantasie gehörig erweitern.

Projekte scheitern an Menschen, am Verhalten der Beteiligten, nur selten an technischen oder organisatorischen Problemen. Dieser entscheidende ‚Faktor Mensch' wird viel beschworen und nur zu gern vergessen. Meinen auch Sie, dass qualifizierte und motivierte Mitarbeiter in der Lage sein müssen, Missverständnisse und Meinungsverschiedenheiten ‚vernünftig' und ‚sachlich' zu regeln? Aus den einleitenden Kapiteln des Buchs wissen Sie bereits, dass es so etwas wie ‚rein sachliche' Kommunikation nicht geben kann. Es liegt selten am bösen Willen oder an mangelnder Motivation, sondern meistens einfach an schlechter Zusammenarbeit.

Als Projektleiter sind Sie gefordert, auf der Beziehungsebenen aktiv zu handeln, um aus den einzelnen Mitarbeitern des Projekts ein ‚Team' zu formen.

Welche Kräfte wirken im Projekt? Einzelne Menschen müssen sich erst über die Zeit hinweg zu einem Team entwickeln. Sie müssen lernen, zusammen zu arbeiten und miteinander auszukommen. Das Team muss einen ‚gemeinsamen Stil' entwickeln – und das gilt sogar dann, wenn das Kernteam bereits länger erfolgreich zusammenarbeitet und mehrere Mitglieder neu ins Team kommen. Mit ‚Stil' sind nicht nur Techniken und Methoden gemeint, sondern vor allem die Kommunikation, die Abstimmung, der Umgang miteinander. Gerade die informellen Strukturen spielen dabei eine bedeutsame Rolle.

Der Prozess der Gruppenbildung vollzieht sich in den bereits besprochenen vier Phasen ‚Forming', ‚Storming', ‚Norming' und ‚Performing': Nach dem Vertrautwerden mit dem Projekt, den Aufgaben, den Kollegen, den Kunden und dem Projektleiter werden Verhaltensmuster in der Zusammenarbeit ausprobiert und gegebenenfalls verändert. Vorlieben und Abneigungen werden ebenso entdeckt wie deutliche Unterschiede. Eine besondere Rolle spielen dabei die fachliche Kompetenz, das Engagement und natürlich die gegenseitige Sympathie.

Bereits in den frühen Phasen des Projekts werden die Weichen für den weiteren Verlauf gestellt. Nicht nur hinsichtlich der sachlichen Aspekte – Verteilung der Arbeitspakete, Definition der Meilensteine, Kontrollen –, gerade die erste Zeit ist entscheidend für den Erfolg: für Ihre Akzeptanz als Projektleiter, für den Erfolg miteinander und für den Arbeitsstil.

Ein wichtiger Meilenstein im Projekt ist der *Kick-off-Workshop*. Wie bei jedem Rennen steigen die Erfolgsaussichten erheblich, wenn der Start gut gelingt. Dabei hilft die Kick-off-Sitzung mit dem Projektteam. Ein angemessener Aufwand und sorgfältige Planung tragen erheblich zur Teambildung und somit entscheidend zum Gelingen Ihres Projekts bei. Bei größeren Projekten lohnt es sich sogar, dafür mehrere Tage einzuplanen. In dieser Veranstaltung lernen sich die Mitglieder des Projektteams kennen. Die emotionale Qualität der Veranstaltung wird lange das Klima im Team, die Art der Zusammenarbeit und die Arbeitsqualität beeinflussen. Alle werden mit dem Projekt vertraut gemacht und über die bekannten Fakten informiert. Sie schaffen gemeinsam die Basis zur Bearbeitung des Projekts. Wichtige Ziele des Kick-off-Workshops sind die Teambildung, das Herstellen eines gemeinsamen Informationsstands, die Klärung der Verantwortung für Aufgaben, Zuständigkeiten und Kompetenzen sowie die Abstimmung der anzuwendenden Methoden, Berichtswesen und Kommunikation.

> **Inhaltliche Arbeitspakete für einen Kick-off-Workshop**
>
> - Vorstellung der Teilnehmer
> - Information über die bekannten Daten des Projekts: Auftraggeber, Ziele, Pflichtenheft, Zeitplan ...
> - Handlungsrahmen
> - Risiken
> - Aufbauorganisation
> - Ablauforganisation
> - Aufgaben, Zuständigkeiten, Kompetenzen
> - Teamkommunikation: Besprechungen, Protokolle, Information ...
> - Planungsinstrumente: Projektstrukturplan, Netzplan ...
> - Terminplan
> - Steuerungsinstrumente: MTA, KTA ...
> - Berichtswesen
> - Änderungsmanagement
> - Risikoanalyse

Der Kick-off-Workshop ist aber auch der Rahmen, in dem der Umgang miteinander, der Stil der Zusammenarbeit, die Grenzen der Belastbarkeit ausprobiert und – oft informell – vereinbart werden. Planen Sie einen Event zur Entwicklung der Gruppensituation ein!

Wichtig ist daher, dass Sie als Projektleiter von Beginn an klare Prioritäten setzen: engagiertes und schnelles Arbeiten, vertrauensvoller Umgang miteinander und gegenseitiger Respekt. Machen Sie deutlich, dass Sie klare Ziele haben, und sichern Sie Ihre Autorität als Projektleiter.

Nach einiger Zeit wird es wieder spannend im Projekt: Veteranen in der Teamarbeit sprechen auch von der Nahkampf- oder von der Frustphase. Die Flitterwochen im Miteinander sind beendet, die wichtigsten Aspekte sind geregelt, man hat sich grundsätzlich aufeinander eingestellt. Für einige Aspekte der Aufgabe stellt sich heraus, dass sie schwieriger als erwartet sind – Ressourcenknappheit, Termindruck, unklare Absprachen mit dem Auftraggeber. Jetzt werden ebenso die ersten Mängel in der Zusammenarbeit sichtbar: Sie als Projektleiter und alle Teammitglieder zeigen, dass Sie ‚nur' Menschen sind – fachliche und menschliche Schwächen werden erkennbar. Was können Sie tun, um Ihr Team in dieser kritischen Phase zusammenzuhalten? Wichtig sind Erfolge – das schnelle Erreichen von Meilensteinen, wichtige Teilergebnisse. Zeigen Sie diese Erfolge vor, machen Sie diese im Team, im Unternehmen und beim Auftraggeber bekannt. Entdecken Sie die kritischen Tendenzen in Ihrem Team – interne Rangeleien, Verstecken von Informationen, Druck auf einzelne Mitglieder des Teams. Unterbinden Sie diese Regungen von Anfang an. Ist das Kind erst einmal in den Brunnen gefallen, wird es schwer, den Schaden wieder zu beheben.

In der Akzeptanzphase sind die Unklarheiten beseitigt, die Motivation verbessert sich wieder. Das Team hat erfahren, dass das Projekt bewältigt werden kann. Die Aufgabe hat einen gewissen Routinecharakter bekommen, die Abläufe stimmen. Das ‚Wir'-Gefühl im Team entwickelt sich.

Erfolgsfaktoren für Projekte

Projekte sind neuartige und somit in dieser Form einmalige Vorhaben komplexer Natur. Projekte sind unternehmerischer Natur – das heißt, sie können scheitern. Also müssen Sie als Projektleiter von Anfang an einige wichtige Dinge richtig machen, um den Erfolg zu sichern:

- Das Projektteam sollte nach Möglichkeit *einen* **Auftraggeber** haben. Bei mehreren Ansprechpartnern besteht die Gefahr, dass sich Ziele oder Rahmenbedingungen häufig und ohne Abstimmung ändern. Zeitpläne oder Pflichtenheft existieren plötzlich in verschiedenen Versionen und alle Beteiligten entwickeln höchst unterschiedliche Vorstellungen vom Projektergebnis.
- Projektmanagement ist mehr als eine Ansammlung von Verfahren und Methoden. Effektive **Kommunikation** ist elementar für den Erfolg. Neben der Ablauforganisation ist konstruktive und positive Kommunikation eines der wesentlichen Kennzeichen von erfolgreichen Projektteams. Der Erfolg von Projekten wird maßgeblich durch effektive Kommunikation im Team und an den Schnittstellen – beispielsweise zum Auftraggeber – bestimmt.
- Sie als Projektleiter verfügen über die erforderlichen **Kompetenzen** und Mittel zur Durchführung des Projekts. Weniges ist – für Quertreiber – befriedigender als zum Beispiel der Anblick eines Projektleiters, der soeben erfahren hat, dass der – hierarchisch zuständige – Vorgesetzte dem im Projekt wichtigen Spezialisten in einer kritischen Phase Urlaub gegeben hat. Oder stellen Sie sich Ihre Gefühle vor, wenn Sie als Projektleiter umfangreiche und bürokra-

tisch verwinkelte Prozeduren einhalten müssen, um Gelder aus Ihrem Etat frei zu bekommen.
- Probleme entstehen immer dann, wenn ein Projektteam nicht nur einen **Projektleiter** hat oder wenn ‚interne Berater' eingebunden wurden. Je mehr hierarchisch wichtige Personen – oder besser noch sogar Unbeteiligte – mitreden können, umso unklarer sind Zuständigkeiten, Ziele und vieles andere mehr. Entscheidungen werden erfreulich mehrdeutig und die Bewältigung komplexer Aufgabenstellungen wird nachhaltig unterbunden. Teammitglieder können – je nach Sachlage bei unterschiedlichen Ansprechpartnern – für jede Position Unterstützung finden.
- Sorgen Sie dafür, dass zwischen Auftraggeber und Projektteam ein **Pflichtenheft** erstellt wird. Der Erfolg eines Projekts wird nachhaltig gefördert, wenn sich Auftraggeber und Projektteam detailliert darüber abstimmen, wie das „Produkt" aussehen soll, wenn Ziele, Ressourcen und dergleichen in allen erforderlichen Einzelheiten beschrieben sind. Ein Pflichtenheft ermöglicht diese Abstimmung und schreibt sie für alle Beteiligten verbindlich fest.
- Rechtzeitige und ausreichende **Planung** kann – auch wenn sie lästig ist – den Projekterfolg nachhaltig fördern. Umfangreiche Untersuchungen einer Vielzahl von Projekten belegen, dass etwa 90 Prozent aller späteren Schwierigkeiten im Projektverlauf ihre Fundierung in der Planungsphase erfahren. Zu wenig Zeit, unzureichende Planungsinstrumente oder etwa die Vernachlässigung von Risikofaktoren führen fast immer dazu, dass sich im Projektverlauf Entwicklungen einstellen, die zu einer Überschreitung der Zeit- und Kostenpläne führen.
- Legen Sie einen zentralen **Projektordner** an. Die vollständige Dokumentation von Projekten, die Definition von Schnittstellen und von Verantwortlichen, die Festlegung von Meilensteinen und ein geordnetes Berichtswesen sichern den Erfolg.
- Projektleiter und alle Teammitglieder nehmen bei Bedarf an vorbereitenden **Schulungen** teil. Training kann helfen, die Dinge richtig zu machen und Fehler zu vermeiden. Sie könnten sich über erfolgreiche Verfahren informieren, diese ausprobieren und Erfahrungen sammeln.
- Ihr **Projektteam** sollte sich aus Mitgliedern zusammensetzen, die über umfangreiches, anwendbares und aktuelles Fachwissen verfügen. Sie müssen Teamfähigkeit und eine hohe Einsatzbereitschaft mitbringen. Verhindern Sie, dass durch häufigen, spontanen und

nicht abgestimmten Austausch von Teammitgliedern Unruhe und Verwirrung entstehen.
- ▼ Formulieren Sie die **Ziele** des Projekts. Ziele dürfen keinen Raum für Interpretationen lassen. Sie sollten messbar, überprüfbar und terminiert sein. Kritisch sind widersprüchliche Ziele.

Wenn Sie diese Regeln beherzigen, werden Sie Ihre Projekte besser überblicken. Sie sind vor unangenehmen Überraschungen besser geschützt und Ihre Projekte werden erfolgreich.

Besprechungen

Sie sind einsam? Sie sind es leid, allein zu arbeiten? Sie hassen es, Entscheidungen zu treffen? Gehen Sie zu einer Besprechung! Sie können dort Kaffee trinken, neue Leute kennen lernen, dumm rumreden, sich wichtig fühlen, Kenntnisse vortäuschen, Ihre Kollegen beeindrucken, viele Flipcharts beschreiben und bunte Folien zeigen. Und all dies während Ihrer Arbeitszeit!

Besprechungen, die Sie leiten – oder an denen Sie maßgeblich beteiligt sind – müssen n i c h t diesem Bild entsprechen.

Besprechungen können sinnvolle Instrumente für erfolgreiches Management sein. Sie sichern den regelmäßigen und umfassenden Informationsaustausch im Team und zwischen den einzelnen Mitgliedern.

Besprechungen sind immer ein teures Vergnügen. Die investierte Summe können Sie abschätzen, wenn Sie den Aufwand für die Vorbereitung (Raum buchen, Unterlagen zusammenstellen, Teilnehmer einladen ...), die Durchführung (Dauer x Stundensatz der Teilnehmer, Raummiete, ausgefallene Produktivität ...) und die Nachbereitung (Protokolle schreiben, abstimmen ...) kalkulieren. Damit diese Ausgabe zu einer sinnvollen Investition wird, bedarf es einer gezielten Vorgehensweise. Von Ihnen – besonders dann, wenn Sie Führungskraft sind – wird erwartet, dass Sie eine wenig produktive Besprechung nicht einfach geschehen lassen.

Prüfen Sie – im Vorfeld – die Antworten auf einige Fragen:

- ▼ Welches Ergebnis erwarten Sie sich von der Besprechung?
- ▼ Ist eine Besprechung wirklich notwendig oder gibt es Alternativen?

- ▼ Welche Alternativen (Umlauf, Telefonkonferenz, Abstimmung jeweils in Zweiergesprächen) gibt es?
- ▼ Wie aufwendig sind diese im Vergleich zu einer Besprechung (Zeit, Geld)?
- ▼ Wie wichtig ist die soziale Komponente der Besprechung?

Es lohnt sich immer – auch und gerade bei Meetings –, wenn Sie Zeit in die Vorbereitung investieren. Denken Sie über die Beteiligten nach: Welche Ziele verfolgen sie, welchen Ertrag erwarten sie, welchen Zwängen unterliegen sie? Gibt es besondere Verhaltensweisen – zum Beispiel störende Angewohnheiten –, die typisch für einzelne Teilnehmer sind? Über den einzelner Teilnehmer hinausgedacht: Gibt es positive (gegenseitige Unterstützung) oder kritische (Interessenkonflikt) Beziehungen zwischen den Teilnehmern?

Die sachliche Vorbereitung umfasst folgende Aspekte:

- ▼ Ort (geeigneter Raum, Ausstattung, Sitzordnung)
- ▼ Zeit (passender Zeitpunkt für alle Teilnehmer, nicht zu lange Dauer, Pausen einplanen)
- ▼ Einladung (rechtzeitig, Information über Teilnehmer, Ziele, Zeit ...)
- ▼ Teilnehmer (wer ist notwendig, nicht alle Teilnehmer müssen permanent anwesend sein)
- ▼ Unterlagen (zur Vorbereitung, rechtzeitig zur Verfügung stellen)
- ▼ Agenda (Themen, Zeit pro Thema, Reihenfolge der Themen, Referent)
- ▼ Rollen (Leiter der Besprechung, Moderator, Verantwortliche für Themen, Protokollant)
- ▼ Regeln (Protokoll, Sitzungsregeln, Arbeitstechniken) und – ‚last, but not least' –
- ▼ Ziele.

Bei der Durchführung achten Sie auf Folgendes:

- ▼ Pünktlicher Beginn (lassen Sie nicht alle Übrigen auf einen verspäteten Teilnehmer warten).
- ▼ Starten Sie mit einem ‚Warming-up' (Besprechungen sind immer auch soziale Events).
- ▼ Lassen Sie die Agenda von allen Beteiligten bestätigen,
- ▼ ebenso die Regeln (Protokoll, Sitzungsregeln).

- ▼ Sorgen Sie dafür, dass alle Teilnehmer ihren Beitrag leisten (notfalls aktiv um Meinung fragen).
- ▼ Moderieren Sie Kompromisse, Konflikte und dergleichen.
- ▼ Achten Sie besonders auf entstehenden Zeitdruck.
- ▼ Beliebt sind Verhandlungstricks wie überraschend präsentierte Unterlagen oder Erkenntnisse, die Berufung auf ‚höhere Autoritäten' – Lassen Sie es nicht einfach geschehen, handeln Sie!
- ▼ Fassen Sie Beschlüsse oder Ergebnisse zusammen und lassen Sie das Erreichte von allen Betroffenen bestätigen.
- ▼ Bei der Verteilung von Aufgaben sollte definitiv geklärt werden: Wer macht was wie bis wann, wie findet eine Kontrolle statt?
- ▼ Empfehlenswert ist ein Ergebnisprotokoll, sodass Sie die Ergebnisse gleich festhalten können.
- ▼ Ein kurzes Feedback der Teilnehmer kann wichtige Erkenntnisse für die nächsten Veranstaltungen vermitteln.
- ▼ Enden Sie positiv: Allen Teilnehmern soll die Veranstaltung in guter Erinnerung bleiben.
- ▼ Pünktliches Ende!

Das vordergründig Wichtigste in der Nachbearbeitung einer Besprechung ist das Protokoll. Wenn Sie ein Ergebnisprotokoll vereinbart haben oder das Mitvisualisieren, so kann – und sollte – das Protokoll allen Teilnehmern und gegebenenfalls weiteren Verteilern am Tag nach der Besprechung zur Verfügung gestellt werden. Länger als drei Tage sollte aber auch bei einem Verlaufsprotokoll niemand auf den Entwurf der Niederschrift warten – das mittlerweile in vielen Unternehmen verbreitete Intranet bietet dafür die nötigen technischen Voraussetzungen. Vereinbaren Sie eine kurze Rückmeldefrist – zum Beispiel zwei Tage, sodass das endgültige Protokoll nicht später als eine Woche nach der Besprechung verteilt werden kann.

Von Bedeutung ist aber auch die Nachbetrachtung des Meetings mit zeitlichem Abstand: Was ist gut gelaufen, was können Sie beim nächsten Mal besser machen?

Die Sache mit den sechs Hüten

Trotz aller Mühen schleppt sich die Besprechung dahin, Meinungen prallen aufeinander, einige Teilnehmer langweilen sich sichtlich – die Diskussion dreht sich im Kreis. Es gibt gute Gründe für diese Probleme: Wir haben schließlich unseren Standpunkt – und den verteidigen wir! Beim Vertreten der eigenen Meinung kümmern wir uns weniger um den Standpunkt der anderen. Und dann wollen wir natürlich sachlich bleiben – Gefühle sind tabu.

Edward de Bono, Psychologe und Mediziner, hat eine Methode zur Optimierung der Denk- und Lernprozesse entwickelt. Ziel ist, verschiedene Aspekte des Themas gemeinsam zu diskutieren und dabei nacheinander mögliche Haltungen einzunehmen. Alle Teilnehmer diskutieren gemeinsam dieselbe Perspektive. So lernen sie, verschiedene Rollen einzunehmen und Sachverhalte nach unterschiedlichen Fragen zu prüfen. Jedem dieser Aspekte sind unterschiedliche Hüte zugeordnet:

	Die sechs Denkhüte (de Bono)
Weiß	– neutrale Informationen und Fakten Welche Informationen haben wir? Welche Daten sind wichtig? Welche weiteren Informationen brauchen wir? Wie lassen sie ich beschaffen? Geben Sie die Quelle von Informationen an. Vermeiden Sie Interpretationen, Meinungen, Vermutungen!
Rot	– Gefühle, Ahnungen Sind Sie begeistert oder ist Ihnen mulmig zumute? Vertrauen Sie den Argumenten? Begründungen oder Rechtfertigungen sind nicht gefragt!
Schwarz	– Bedenken und Gefahren Was ist falsch, wo lauern Risiken? Gibt es Widersprüche? Was kann nicht funktionieren? Gibt es rechtliche Einwände? Spricht unsere Erfahrung dagegen? Gefragt sind kritische Urteile.
Gelb	– Vorteile und positive Auswirkungen Wo liegen Vorteile? Was spricht für die Sache? Welche Chancen bietet die Idee? Gibt es Synergieeffekte? Wie lässt sich die Idee am besten realisieren?

Grün	– zusätzliche Ideen, Alternativen Kreativität ist gefragt. Wie lässt sich die Idee weiterentwickeln? Gibt es andere Wege zum Ziel? Was können wir anders machen? Kreativitätstechniken einsetzen!
Blau	– Zusammenfassungen, Vorgehen Haben wir alle Aspekte beleuchtet? Was spricht dafür und was dagegen? Müssen wir noch etwas recherchieren? Wie wollen wir uns entscheiden? Wie werden wir das Projekt realisieren?

Sie können die sechs Hüte als Leiter einer Besprechung systematisch einsetzen. Planen Sie die Abfolge und diskutieren Sie als Gruppe für jeweils circa fünf Minuten den entsprechenden Aspekt. Ein paar Regeln zur Reihenfolge: Zu Beginn und am Ende kann der blaue Hut besonders sinnvoll sein, nach einem schwarzen Hut sollte ein grüner folgen, um Ideen zur Lösung der aufgeworfenen Probleme zu generieren.

Konferenzen

Eine besondere Form von Besprechungen sind Konferenzen. Der Vorsitzende hat dabei entscheidenden Einfluss auf den Erfolg der Veranstaltung. Seine Rolle besteht darin, einen Rahmen für die Veranstaltung zu schaffen. Das Thema braucht Kontinuität über die einzelnen Beiträge hinweg. Durch die Einleitung und die Vorstellung der Referenten wird der Rahmen angedeutet. Ausgefüllt wird er durch das Aufzeigen der Bezüge zwischen den Referaten und dem Thema der Konferenz. Der Leiter der Konferenz hat die Aufgabe, für die Teilnehmer den Ariadnefaden durch das Labyrinth der einzelnen Vorträge zu legen. (Die Konferenzteilnehmer sind die glücklich auf ihren Helden wartende Ariadne oder der wütende Minotaurus, je nachdem, wie gut Sie die gestellte Aufgabe bewältigen können.)

Geben Sie den Teilnehmern zu Beginn der Konferenz eine kurze Einführung in das Thema. Zeigen Sie den roten Faden auf und stellen Sie die Beiträge in Bezug zum zentralen Thema der Veranstaltung. Besonders wichtige Themen können Sie hervorheben, aber mit der gebotenen Vorsicht: Referenten, die Sie nicht erwähnen, könnten in Ihrer Eitelkeit verletzt sein.

Nach Möglichkeit schaffen Sie eine Situation zur Aktivierung der Teilnehmer. Sie können beispielsweise nach den bereits gesammelten Erfahrungen der Zuhörer fragen („In welchem Unternehmen wird bereits mit webbasierten Trainings gearbeitet?") oder nach einem signifikanten Merkmal („Wer von Ihnen hat einen Diplomstudiengang absolviert? Wer ein MBA-Studium?"). Unter Umständen steht Ihnen ein besonders interessanter Artikel zur Verfügung, den Sie zitieren können, oder relevantes Zahlenmaterial.

Stellen Sie vor den einzelnen Beiträgen die jeweiligen Referenten kurz vor und skizzieren Sie wichtige Kernaussagen des folgenden Vortrags. Die meisten Sprecher werden gern bereit sein, Ihnen die benötigten Stichwörter zu liefern. (Eine Ausnahme habe ich erst kürzlich in Berlin erleben dürfen: „Herr Neumann, Sie brauchen nichts besonders hervorzuheben. Alles, was ich zu sagen habe, ist sehr wichtig und neu für diesen Zuhörerkreis." Das war dann leider nicht so, zumindest nicht in der abschließenden Bewertung der Teilnehmer.)

Am Ende der Vorträge stoßen Sie die Diskussion an. Wenn nicht ohnehin von den Zuhörern Fragen gestellt werden, so starten Sie die Frage-Antwort-Runde mit einer eigenen Frage, leiten Sie nach der Antwort an das Auditorium über.

Ihre Aufgabe umfasst auch die Steuerung der Veranstaltung. Achten Sie auf den Zeitplan, signalisieren Sie den Referenten rechtzeitig, dass ihre Redezeit sich dem Ende nähert. Spätestens fünf Minuten vor Ablauf der Vortragszeit müssen Sie den Vortragenden darauf aufmerksam machen. Achten Sie auf den pünktlichen Beginn und ein ebensolches Ende der Pausen.

Am Ende des Tages machen Sie eine Zusammenfassung der Beiträge und stellen Sie wieder die Beziehung zwischen dem Thema und den einzelnen Referaten her. Vielleicht wollen Sie die wichtigsten Fragen noch einmal allen ins Gedächtnis rufen und die Antwort kurz wiederholen. Ziehen Sie für die Teilnehmer ein Fazit: „Was haben wir gelernt/Neues erfahren?"

Danken Sie den Teilnehmern und den Referenten.

Möglichkeiten, die Teilnehmer zu aktivieren und in die Konferenz einzubinden, gibt es viele:

- Kartenspiel: Stellen Sie den Teilnehmern die Aufgabe, in einer festgesetzten Zeit (zum Beispiel zehn Minuten) und in einem definierten Rahmen möglichst viele Visitenkarten anderer Teilnehmer einzusammeln und sich dabei vorzustellen. Vielleicht können Sie in Absprache mit dem Veranstalter einen Preis für den Sieger ausloben.
- Spiel der Griechischen Fischer: Nehmen Sie einen leichten Gegenstand, zum Beispiel einen Tennisball, und werfen Sie ihn einem der Teilnehmer zu. Dieser steht kurz auf und stellt sich vor. Er kann erläutern, warum er diese Konferenz besucht. Dann wirft dieser Teilnehmer das Objekt einem anderen zu.
- Erwartungen: Die Teilnehmer nennen kurz ihre Erwartungen, diese werden notiert und für alle sichtbar gemacht (Pinnwand, Flipchart). Eine Alternative ist die Abfrage bereits mit dem Eintreffen der Teilnehmer. Noch schöner sind vorbereitete Pinnwände, die in einem Feld neben dem Namen Platz für ein Polaroidfoto lassen und für einen kurzen Eintrag zu den Erwartungen der Teilnehmer.

Ideen entwickeln – Kreativität

„Was machen wir denn jetzt bloß?" – „Wie gehen wir vor, um neue Kunden zu erreichen?" – „Warum fällt Ihnen nie was ein, Meierdierks?"

Sie brauchen Ideen, neue frische Einfälle, einen Gedankenblitz, einen überzeugenden Vorschlag – kurzum: Kreativität ist gefragt. Was verbinden wir mit diesem Begriff? Kreativität ist die Schaffung neuer origineller Ideen oder die neuartige Kombination bekannter Elements. Aber wie kommen wir darauf? Woher beziehen wir diese Impulse? Und am besten rechtzeitig, denn sonst wird uns vorgeworfen …

Wir neigen dazu, den Anteil des Rationalen in unserem Denken und auch in unserem Verhalten oft zu überschätzen. Rationale Prozesse bilden wir in linearen Ursache-Wirkungs-Ketten ab. Daraus legen wir uns ein bestimmtes Bild von der Wirklichkeit zurecht. Von den vielen Milliarden Nervenimpulsen, die ständig in unserem Hirn hin und her laufen, durchbrechen aber nur wenige die Schwelle zu unserem Bewusstsein. Viele Denkprozesse vollziehen sich, ohne dass uns die einzelnen Zwischenstufen bewusst werden: daher der – auch Ihnen sicher gut bekannte – Aha-Effekt.

Kreativität beschreibt diese weniger oder nicht bewussten Prozesse – schöpferisches und divergentes Denken.

Kreativität ist

- Die Fähigkeit, neue oder originelle Ideen zu generieren.
- In bekannten Situationen Möglichkeiten und Chancen zu erkennen.
- Neue Ideen, neue Anwendungen für Altbekanntes zu entwickeln.
- Durch neue Verbindungen von Daten oder die Synthese von Ideen zu etwas Neuem zu gelangen.

In der mit Vorliebe rational geprägten Situation des beruflichen Alltags finden wir viele Denkhindernisse. Diese führen dazu, dass Menschen nur halbherzige Ansätze zu Änderungen machen oder häufig versuchen, auf vertrauten Wegen fortzufahren, anstatt Lösungen außerhalb des Herkömmlichen zu suchen.

Typische Denkfehler sind

- Die Annahme, dass ausreichend präzise Informationen Situationen und das Verhalten von Menschen vorhersagbar machen;
- Der Irrglaube, erfahrene ‚Macher' könnten jedes Problem lösen;
- Die feste Überzeugung, alle Problemsituationen ließen sich mit genügend Energie und Aufwand beherrschen;
- Vorurteile;
- Vorschnelles Urteilen über Ideen, beziehungsweise Ablehnen ungewohnter Ideen;
- Schwierigkeiten im Umgang mit Ideen, die – tatsächlich oder scheinbar – gegen Werte (wie zum Beispiel die Unternehmenskultur) verstoßen;
- Vorhandenes als Nicht veränderbar (hin-)nehmen;
- Killerphrasen denken oder einsetzen (eine „Das war schon immer so- Wo kommen wir denn dahin- Das war noch nie so"- Haltung);
- Bequemlichkeit, Unwilligkeit oder Unfähigkeit zur Umstellung;
- Vorwiegend rational geprägtes Verhalten (‚erwachsenes' Verhalten ist rational, logisch, ernsthaft – wir haben oft Schwierigkeiten, uns auf spielerisches, unlogisches und spontanes Bearbeiten von Situationen einzulassen – „Sei doch vernünftig!");
- Die Angst zu versagen beziehungsweise die Angst vor Risiken.

Um diese Blockaden besser umgehen zu können, ergreifen Sie einige nützliche Maßnahmen:

- Berücksichtigen Sie den Standpunkt der beteiligten Personen.
- Produzieren Sie möglichst viele alternative Ideen.
- Versuchen Sie, eine Situation immer wieder aus unterschiedlichen Blickwinkeln zu betrachten und möglichst vielfältig zu erfassen.
- Stellen Sie beeinflussbare und nicht beeinflussbare Aspekte fest und konzentrieren Sie sich auf Dinge, die Sie ändern können.
- Entwerfen Sie eine mittelfristige Handlungsstrategie mit Alternativen.

Aktivierung von Kreativität

Kreativität ist ein komplexer und empfindlicher Prozess. Sie können einiges tun, um Kreativität zu fördern:

- Notieren Sie Ihre Ideen.
- Denken Sie über Verbesserungsmöglichkeiten für Bestehendes nach.
- Informieren Sie sich über Neuheiten, Neuentwicklungen, alternative Methoden ...
- Versetzen Sie sich in die Situation anderer Personen.
- Sprechen Sie mit Menschen und stellen Sie Fragen. – Wie machen es andere?
- Fragen Sie nach dem „Warum?" – und stellen Sie dieses infrage!
- Lesen Sie – auch Bücher und Artikel, die sich nicht direkt auf Ihr Fach beziehen.
- Pflegen Sie Ihren Mut zu unpopulären Ansichten, Lösungsansätzen und dergleichen. Bekämpfen Sie die – uns allen innewohnende – Angst, sich lächerlich zu machen.
- Vermeiden Sie – schnelle – Urteile, betrachten und analysieren Sie zunächst den Sachverhalt.
- Überprüfen Sie als selbstverständlich akzeptierte Voraussetzungen.

Kreativitätstechniken

Es gibt viele Methoden, um Ideen zu finden. Ziel ist zunächst die Produktion von möglichst vielen, unterschiedlichen oder einfach – nach bestimmten Kriterien – gut geeigneten Ideen.

Brainstorming

Brainstorming ist die vielleicht bekannteste und am weitesten verbreitete Methode, um viele Ideen zu generieren. Brainstorming ist besser geeignet für den Einsatz in Gruppen als zur individuellen Nutzung.

Vorbereitung: Bestimmen Sie das Thema möglichst präzise; bereits die Formulierung der Fragestellung kann über die Richtung der Antworten entscheiden. Sie engt den Fokus ein oder erweitert ihn. Wenn Sie ein spezifisches Thema definiert haben, sammeln Sie die notwendigen Informationen zum Produkt, zum Hintergrund ... Eine ‚bunt zusammengewürfelte' Gruppe von Teilnehmern steigert die Chancen, neue Ideen zu entwickeln.

Zum Ablauf: Bestimmen Sie einen Moderator. Er nimmt nicht inhaltlich an dem Brainstorming teil. Der Moderator ist dafür verantwortlich, dass Ideen gesammelt, nicht jedoch voreilig diskutiert werden. Schreiben Sie die Aufgabenstellung – gut sichtbar – auf Pinwand oder Flipchart und geben Sie den Teilnehmern wichtige Hintergrundinformationen. Teilen Sie allen die Regeln mit – und achten Sie auf die Einhaltung.

Regeln für ein erfolgreiches Brainstorming:

- A l l e Ideen werden akzeptiert, das heißt zunächst keine Fragen, Kommentare, Bewertungen, kein Zurückweisen von Ideen oder Widerspruch.
- Auch weit hergeholte oder auf den ersten Blick abwegige Vorschläge sind willkommen.
- Alle Ideen werden notiert.
- Ideen anderer können aufgegriffen, weiterentwickelt, modifiziert oder kombiniert werden.
- Setzen Sie einen Zeitrahmen – 20 bis 30 Minuten sind erfahrungsgemäß ausreichend –
- und halten Sie die Zeit ein.

Zur Sammlung von Ideen sind Flipchart oder Pinwand gut geeignet. Karten erschweren das Assoziieren zu den Ideen anderer.

Nach der Ideensammlung evaluieren Sie diese. Zum Beispiel mit Klebepunkten oder systematisch nach Gesichtspunkten wie Neuartigkeit, Kombinierbarkeit, Kosten. Suchen Sie mögliche Kombinationen von Ideen. Verfeinern und entwickeln Sie die besten Lösungsansätze weiter, in dieser

Sitzung, in Folgeveranstaltungen oder in Teams. Geben Sie einen Ausblick: Wie geht es weiter?

Wenn einige Teilnehmer nicht an dem weiteren Prozess beteiligt sind, informieren Sie diese später über das Ergebnis – Zufriedenheit und Motivation steigen dadurch erheblich. Das ist besonders wichtig, wenn Sie später wieder einmal Hilfe benötigen.

Methode 635

Diese Technik ist auch als „Evolution" bekannt. Der Name leitet sich davon ab, dass *sechs* Teammitglieder *drei* Lösungsansätze *fünf* Mal bearbeiten. Aufgabe der Teilnehmer ist die Kombination und weitere Entwicklung („Evolution") von bereits formulierten Ideen oder Lösungsansätzen. Man kann in einem oder auch in mehreren Teams arbeiten, gleichzeitig oder nacheinander.

Die Vorbereitung ist ähnlich wie beim Brainstorming: Ideal ist ein gemischter Teilnehmerkreis – interdisziplinär, verschiedene Hierarchieebenen, sechs Personen.

Begonnen wird mit einer Definition der Aufgabenstellung. Jedes der sechs Teammitglieder entwickelt dann drei Lösungsvorschläge. Diese Ansätze werden in Stichworten notiert. Nach etwa fünf Minuten werden die Lösungsblätter weitergereicht. Die auf dem Blatt notierten Lösungsansätze werden nun vom Nächsten weiterentwickelt, verfeinert oder kombiniert. Neue Lösungen werden *nicht* hinzugefügt. Nach weiteren fünf Minuten wandern die Blätter weiter. Die Weiterentwicklungen der Lösungsansätze werden bearbeitet. Wenn alle Teammitglieder alle Blätter bearbeitet haben (fünf Sequenzen), befinden sich diese wieder beim ursprünglichen Bearbeiter. Die Ideen können nun ausgewertet werden.

Mind Mapping

Mind Mapping ist eine konzentrierte systematische Methode zur Sammlung und Strukturierung von Ideen, Gedanken und Informationen, die sich an die Methodik des Brainstorming anlehnt. Sie wurde von Tony Buzan, dem bekannten Psychologen und Gehirnforscher, entwickelt.

Mind Mapping ist durch die visuelle Darstellung hilfreich bei der Überbrückung von ‚Lücken' zwischen der eher abstrakt-logisch arbeitenden linken und der eher bildhaft orientierten rechten Hirnhälfte. Diese Methode soll die Aktivität beider Hemisphären bei der Arbeit an einem Problem integrieren. Die besondere Art der Darstellung unterstützt die Wahrnehmung und Beachtung von Zusammenhängen und Strukturen.

Mit der Methode des Mind Mapping ist es möglich:

- Probleme systematisch zu durchdenken,
- Informationen darzustellen,
- Lösungsansätze sichtbar zu machen,
- Aufgaben zu planen.

Schreiben Sie Ihr Thema in die Mitte des Blattes. Am besten arbeitet es sich mit dieser Methode auf Pinwänden und großen Blättern Packpapier.

Leiten Sie die Hauptgedanken als Äste davon ab. Nebengedanken bilden Zweige zu den Ästen. Beschriften Sie die Äste und Zweige mit Stichwörtern. Wie bei jeder Visualisierung ist Druckschrift empfehlenswert.

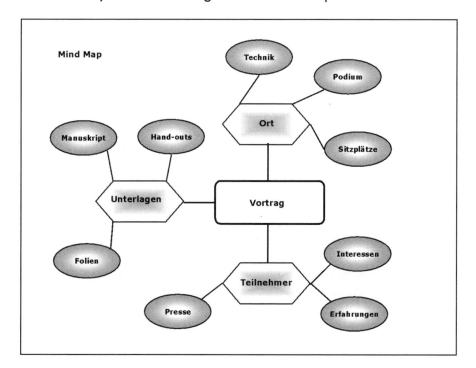

Typische Situationen ...

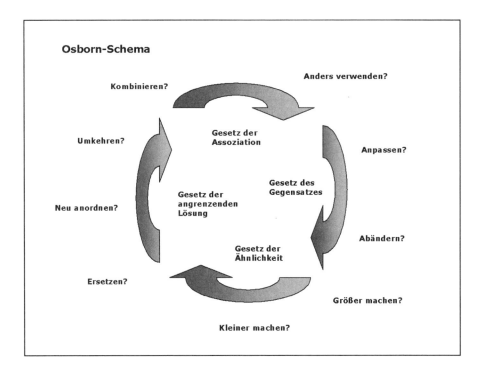

Osborn

Dr. Alex F. Osborn, der Erfinder der Brainstorming-Technik sowie einer der Gründer der Werbeagentur BBD&O, hat auch eine Checkliste mit neun Basisfragen zur systematischen Entwicklung von Ideen und Alternativen entwickelt. Die Basisfragen orientieren sich an den ‚Denkgesetzen' der Assoziation, der angrenzenden Lösungssuche, des Gegensatzes und der Ähnlichkeit.

Die Liste besteht aus neun Leitfragen:

- ▼ Umkehren (Ist das Gegenteil möglich? Kann man Funktionen austauschen?)
- ▼ Kombinieren (Ist eine Mischung von Faktoren möglich? Lassen sich neue Einheiten durch Zusammenfassungen schaffen? Ideen verbinden?)
- ▼ Anders verwenden (Andere Möglichkeiten bei geänderter Form? Andere Verwendung in einem neuem Zusammenhang?)
- ▼ Anpassen (Was lässt sich nachahmen? Was kann ich ändern?)

- Abändern (Lassen sich Farbe oder Form abwandeln? Kann man Geruch, Geschmack, Konsistenz ändern?)
- Größer machen (Was lässt sich hinzufügen? Gibt es Zusatznutzen?)
- Kleiner machen (Was ist verzichtbar? Gibt es ‚kleinere' Lösungen?)
- Ersetzen (Andere Personen? Andere Abläufe?)
- Neu anordnen (Ist eine andere Reihenfolge sinnvoll? Ein anderer Zeitplan?)

Reizwortanalyse

Oft kommen Kicks für gute Ideen aus einem völlig anderen Bereich. Einem Bereich, den auf Anhieb niemand mit dem bearbeiteten Thema in Verbindung gebracht hätte. Auf der Basis dieser Erfahrungen wurde die Reizwortanalyse entwickelt. Die Vorgehensweise ist verblüffend einfach:

- Suchen Sie sich aus einem beliebigen Text oder aus einem Lexikon irgendein ein Hauptwort heraus. Wichtig ist nur, dass es nicht direkt in Verbindung mit Ihrer ursprünglichen Fragestellung steht.
- Schreiben Sie zu diesem Substantiv alle spontanen Assoziationen auf.
- Versuchen Sie dann, zwischen diesen Assoziationen und Ihrer Aufgabe eine Verbindung herzustellen.
- Fallen Ihnen nicht genügend Assoziationen ein oder gelingen Ihnen damit keine Verbindungen zu Ihrer Aufgabenstellung, so versuchen Sie es erneut mit einem anderen Reizwort.

Dazu ein Beispiel: Ihre Aufgabe besteht in der Gestaltung eines Messestandes. Sie suchen das Wort ‚Hund' als Reizwort aus. Mögliche Assoziationen sind Gebell, Schwanzwedeln, weiches Fell, Futter, Pfötchen geben, Apportieren … Mögliche Verbindungen zur Aufgabe bestehen im Einsatz akustischer Effekte (Gebell), der Verwendung sympathischer Materialien (weiches Fell), auf Knopfdruck ausfahrende Demonstrationsobjekte (Apportieren) oder einer individuellen Begrüßung wichtiger Besucher über Anzeigen auf Schautafeln (Pfötchen geben).

Zu wenig bekannte Reizwörter oder aversiv besetzte Begriffe können zu wenigen oder ausschließlich negativen Assoziationen führen und somit die Zusammenführung mit Aspekten der Aufgabenstellung behindern, statt sie zu fördern.

Typische Situationen ...

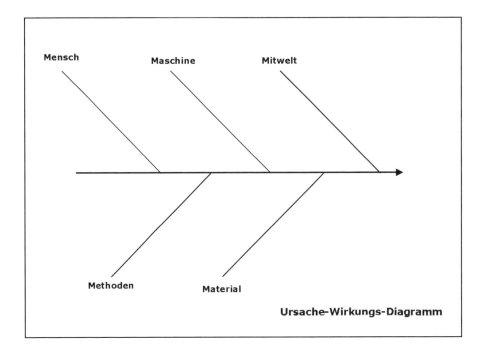

Ursache-Wirkungs-Diagramm

Ishikawa- oder Fischgräten-Diagramm

Das Ursache-Wirkungs-Diagramm wurde 1969 von Idaoru Ishikawa als ein Ergebnis seiner Arbeiten zu Qualität und Prozessoptimierung entwickelt und stellt eine Methode dar, Problemen auf den Grund zu gehen. Das Verfahren bildet die Einengung der Sache nach Ursachen systematisch ab. Ziel ist, die wahrscheinlichsten Ursachen herauszufinden und den Lösungsweg nachvollziehbar aufzuzeigen.

Mögliche Ursachen werden systematisch aufgelistet, orientiert an Basiskategorien.

Sie können an dieser Abbildung gut erkennen, warum die Methode auch Fischgräten-Diagramm heißt.

Aufbauend auf der zu analysierenden Fragestellung werden mögliche Problemursachen für die einzelnen Kategorien gesucht. Das Vorgehen nach definierten Themen erleichtert das Auffinden potenzieller Ursachen.

... mit Gruppen

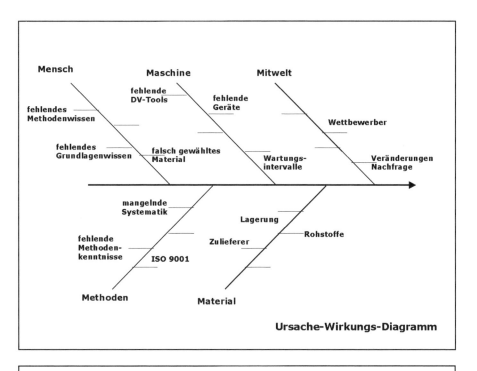

Ursache-Wirkungs-Diagramm

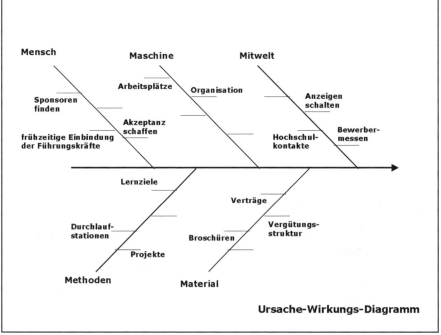

Ursache-Wirkungs-Diagramm

Diese Methode eignet sich gleichermaßen zur Entwicklung von Ideen. Sie wird dann ähnlich wie ein MindMap aufgebaut, mit dem Unterschied, dass bei der Ishikawa-Methode eben die vordefinierten Kategorien angeboten werden. Die voranstehende Abbildung zeigt ein Beispiel für Ideen zu einem Trainee-Konzept.

Analogietechnik

Durch die Bildung von Analogien können schwierige Probleme aus einem völlig neuen Blickwinkel betrachtet werden. Daraus kann sich ein stark erweitertes Lösungsspektrum ergeben. Besonders gut anwendbar ist die Methode bei Problemen, die sich mit der Fragestellung ‚Wie erreiche ich, dass ...' formulieren lassen. Sie basiert auf der Annahme, dass es selten völlig neuartige Probleme gibt, sondern dass mir in den meisten Fällen nur der Zugang zu potenziellen Lösungen fehlt. Die Analogietechnik definiert das Ausgangsproblem und sucht dann systematisch nach Anwendern, die ‚ähnliche' Problemstellungen erfolgreich lösen. Das kann der Wettbewerb sein, es kann sich um Anwender aus einer völlig anderen Branche handeln. Für gute Lösungen brauchen Sie oft aber mehr Mut, als die Suche nach naheliegenden Ansätzen erfordert. Logistische Probleme, wie beispielsweise die Frage nach dem besten – nicht nach dem kürzesten – Weg zum Transport von Gütern, haben sich nach dem Studium der von Ameisen (!) erfolgreich angewandten Methode lösen lassen. Das Konstruktionsprinzip der Säugetierknochen wurde bei der Leichtbauweise von Kränen angewandt und die Oberfläche der Lotospflanze lieferte die Initialzündung zur Entwicklung selbst reinigender Oberflächen.

Diese Vorgehensweise erfordert zwei besondere Qualitäten: die Fähigkeit, das ‚eigentliche' Problem auf einer höheren Abstraktionsebene zu formulieren und die Bereitschaft, in exotischen Jagdgründen nach der Lösung zu suchen.

Lockerungsübungen

Haben Sie sich zu sehr in ein Problem verbissen, können Sie einfach nicht ruhig und entspannt nachdenken, drehen sich Ihre Gedanken immer wieder im Kreis? Schütteln Sie Ihren Kopf frei, machen Sie mentale Lockerungsübungen. Beschäftigen Sie sich kurz mit einer ‚abwegigen' oder ‚sinnlosen' Fragestellung. Sammeln Sie möglichst viel Ideen zu einer der folgenden Aufgaben:

- Notieren Sie alle Gegenstände, die hart, rund und kleiner als ein Fußball sind!
- Bilden sie so viele Wörter wie möglich aus den folgenden Buchstaben und Buchstabenkombinationen: t – ti – it – lung – a – d – re – k – g – er – ä –v.
- Finden Sie möglichst viele Verwendungsmöglichkeiten für einen Ziegelstein, eine Büroklammer oder einen Bleistift – außer die dafür vorgesehene.

Diamanten schleifen

Sie haben mehrere Ideen gefunden – vielleicht gefällt allen Beteiligten sogar eine davon besonders gut. Wunderbar! Aber – so ganz passt die mögliche Lösung doch nicht, richtig überzeugend ist die Idee noch nicht, einige Schwächen bleiben. Und gut geschliffene Diamanten sehen in der Tat auf den ersten Blick viel besser aus als das unbearbeitete Naturprodukt. Wie machen Sie eine perfekte Idee aus nützlichen, aber – noch – mit Schwächen behafteten Einfällen? Die systematische Verbesserung von Ideen findet in fünf Schritten statt:

- Wiederholen Sie die Idee für die ganze Gruppe in eigenen Worten – das sichert ein einheitliches Verständnis und oft ist eine andere Formulierung bereits der Schlüssel zum Erfolg.
- Sammeln Sie Vorteile der Idee – mindestens drei, gern mehr.
- Sammeln Sie Nachteile der Idee, mögliche Gegenargumente ...
- Optimieren Sie die Idee, indem Sie versuchen, Ansatzpunkte zum Ausgleich der Nachteile zu finden.
- Für die verbleibenden Nachteile formulieren Sie geeignete Argumente zur Einwandbehandlung.

Wenn Sie im Lauf der Bearbeitung feststellen, dass die Nachteile trotz aller Anstrengungen die Vorteile deutlich überwiegen oder dass es kaum Argumente zur Entkräftung der Einwände gibt, dann bleibt die Erkenntnis, dass die Idee vielleicht doch nicht so gut war wie anfänglich angenommen. Und das ist ja auch ein Fortschritt!

Techniken zur Entscheidungsfindung

Und für welche Idee sollen wir uns jetzt entscheiden? Sie müssen sich entscheiden, eine der vielen Möglichkeiten wahrzunehmen. Techniken zur Entscheidungsfindung helfen Ihnen, die Alternativen abzuwägen und nach den vorgegebenen Kriterien die beste Lösung zu bestimmen. Elemente einer guten Entscheidung sind die Definition der zu erfüllenden Kriterien, die Bewertung der Alternativen und die Entwicklung eines ‚Schlachtplans' zur Durchsetzung der bevorzugten Lösung.

Die Beschränkung auf eine begrenzte Anzahl von Bewertungskategorien und die klare Definition der als relevant betrachteten Gesichtspunkte erleichtern die Diskussion erheblich und helfen in den meisten Fällen, schnell ein präzises Profil zu bestimmen.

Portfolioanalyse

Diese Technik bewertet Lösungsvorschläge einheitlich nach definierten Kriterien – maximal drei – und visualisiert die Ergebnisse in einer Matrix.

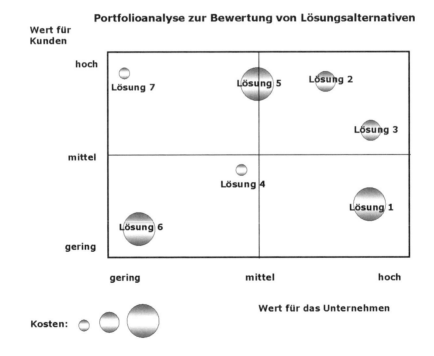

Die Visualisierung erleichtert die Entscheidung für die meisten Bearbeiter erheblich.

Nutzwertanalyse

Abgeleitet werden Bewertungskriterien, die für die folgende Entscheidung relevant sind. Häufig sind diese Kriterien durch die Art der Aufgabenstellung, den geplanten Einsatz der Lösung oder entsprechendes Expertenwissen vorgegeben oder leicht zu erschließen. Diese Kriterien werden dann in einem Klassifikationsschema aufgeführt. Anhand des Schemas wird sodann jede der möglichen Lösungen bewertet. Alle Varianten werden jeweils einzeln und abschließend bewertet. Naturgemäß fällt die Entscheidung anschließend für die Lösung mit dem besten Ergebnis.

Klassifikationsschema zur Bewertung von Lösungsalternativen

	+	++	+++
Kosten (invers)			
Image			
Strateg. Wert			
Zeitfaktor			
...			

Typische Bewertungskriterien sind beispielsweise die Zeit für die Durchführung, Kosten, Passung zur Strategie des Unternehmens, Nutzen für Kunden oder für das Unternehmen, die Beschleunigung von Prozessen. Empfehlenswert ist, dass Sie sich auf circa fünf Kriterien beschränken, jede weitere Dimension macht es deutlich schwieriger, das Ergebnis auszuwerten.

SWOT-Analyse

Eine letzte wirkungsvolle Technik ist die SWOT-Analyse. Mittels dieses Vorgehens werden die einzelnen Varianten nach ihren Stärken (‚**S**trengths'), Schwächen (‚**W**eaknesses'), sich bietenden Chancen (‚**O**pportunities') und möglichen Gefährdungen (‚**T**hreat') analysiert. Diese Technik liefert kein numerisches oder augenfälliges Ergebnis, sie führt aber zur einer intensiven Diskussion der alternativen Lösungen.

SWOT-Analyse zur Bewertung von Lösungsalternativen

Stärken	Chancen
Schwächen	Gefahren

Und zu guter Letzt wichtige Checklisten, um das richtige Vorgehen abzusichern:

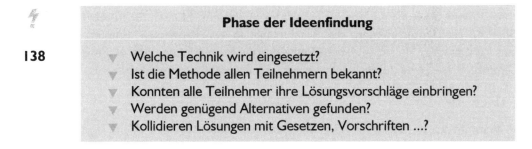

Phase der Ideenfindung
- Welche Technik wird eingesetzt?
- Ist die Methode allen Teilnehmern bekannt?
- Konnten alle Teilnehmer ihre Lösungsvorschläge einbringen?
- Werden genügend Alternativen gefunden?
- Kollidieren Lösungen mit Gesetzen, Vorschriften ...?

> **Bewertung der Ideen**
>
> ▼ Ergänzen sich Lösungen oder lassen sie sich kombinieren?
> ▼ Lassen sich Lösungen verbessern?
> ▼ Welche Kriterien wollen wir zur Bewertung heranziehen?
> ▼ Welche Technik setzen wir ein?
>
> **Umsetzung**
>
> ▼ Wer? ist wann? Wie? durch wen? zu informieren?
> ▼ Wie sieht der (Projekt-)Plan zur Umsetzung aus?
> ▼ Wie kommunizieren wir die Lösung?
> ▼ Wer ist bei der Realisierung einzubeziehen?
> ▼ Welche Widerstände sind zu erwarten?

Prioritäten setzen

Effektives und erfolgreiches Arbeiten setzt Konzentration auf das Wesentliche voraus. Sie werden nicht oder nur in Ausnahmefällen in der Lage sein, alle Ideen und Vorhaben direkt umzusetzen. Natürliche Grenzen wie Zeitmangel oder eingeschränkte Ressourcen stehen dem im Wege. Sie müssen sich also für das Wichtige entscheiden.

Die ABC-Analyse ist eine Methode, mit der Prioritäten rechnerisch und grafisch dargestellt und ermittelt werden können.

Grundsätzliche Vorgehensweise

1. Auflistung der Items (Projekte, Ideen, Risiken, Kunden, Aufgaben)
2. Bewertung der Items nach zwei relevanten Kriterien (zum Beispiel nach Wert und strategischer Bedeutung)
3. Ordnen nach Wertigkeit
4. Summen bilden
5. Eintragen ins Koordinationssystem
6. Verlauf der Kurve nachzeichnen
7. Unterteilen in A-B-C-Risiken

A-Prioritäten decken circa 65% des gesamten Betrachtungsfelds ab. Von der Summe her machen Sie jedoch nur circa 15% aus. Sie haben somit den größten Einfluss auf Ihr Vorhaben. So erwirtschaftet ein Unternehmen in der Regel mit 15% seiner Kunden 65% vom Umsatz, circa 15% Ihrer Arbeitsaufgaben werden überdurchschnittlich relevant für die von Ihnen erzielten Ergebnisse sein.

B-Prioritäten machen circa 20% der Menge aus und decken auch etwa 20% des Betrachtungsfelds ab.

C-Prioritäten sind die verbleibenden 65% der aufgelisteten Items, sie decken jedoch nur noch die restlichen 15% an Bedeutung ab.

Daraus ergibt sich, dass die A-Prioritäten vorrangig betrachtet und bearbeitet werden müssen, das bedeutet aber nicht, dass Sie die B- und C-Risiken völlig außer Acht lassen dürfen.

Die ABC-Analyse kann generell auch auf alle Prioritätenprobleme angewandt werden. In der Praxis ergeben sich etwa folgende Bereichsgrenzen:

Bereich / Achse	A-Bereich	B-Bereich	C-Bereich
Senkrechte Achse Bedeutung	65 %	20 %	15 %
Waagerechte Achse Anzahl Items	15 %	20 %	65 %

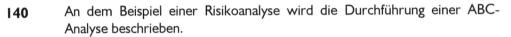

An dem Beispiel einer Risikoanalyse wird die Durchführung einer ABC-Analyse beschrieben.

Die ABC-Analyse

1. Schritt: Die Risiken eines Projekts werden in einer Expertenrunde ermittelt und aufgelistet. Für jede Position werden dann die prozentuale Wahrscheinlichkeit und der zu erwartende finanzielle Schaden des Risikos geschätzt und daraus die Wertigkeit ermittelt.

Lfd. Nr.	Risiko	Wahrscheinlichkeit %	Schaden DM	Wertigkeit DM
1	Verzug	70	300	210
2	Transport	26	500	130
3	Haftung	7	5000	350
4	Planung	55	6000	3300
5	Zusammenarbeit	46	2000	920
6	Inbetriebnahme	20	1000	200
7	Preis/Kosten	13	500	65
8	Montage	15	1300	195
9	Delcredere	18	5000	900
10	Währung	6	300	18
11	Arbeitsrecht	14	500	70
12	Gewährleistung	10	2000	200

2. Schritt: Die Risiken werden nach ihrer Wertigkeit sortiert. In einer wieteren Spalte werden die prozentualen Werte kumuliert. Die letzte Position ergibt eine Gesamtwahrscheinlichkeit. Diese Zahl wird für die ABC-Kurve als 100% Gesamtrisiko auf die Y-Achse des Diagramms übertragen. Auf der X-Achse wird die Anzahl der Risiken aufgetragen.

Typische Situationen ...

Lfd. Nr.	Risiko	Wahr-schein-lichkeit %	Schaden DM	Wertig-keit DM	%	% kumu-liert
4	Planung	55	6000	3300	50,3	50,3
5	Zusammen-arbeit	46	2000	920	14,0	64,3
9	Delcredere	18	5000	900	13,7	78,0
3	Haftung	7	5000	350	5,3	83,3
1	Verzug	70	300	210	3,2	86,5
6	Inbetrieb-nahme	20	1000	200	3,0	89,5
12	Gewährleis-tung	10	2000	200	3,0	92,5
8	Montage	15	1300	195	2,9	95,4
2	Transport	26	500	130	2,0	97,4
11	Arbeitsrecht	14	500	70	1,2	98,6
7	Preis/Kosten	13	500	65	1,1	99,7
10	Währung	6	300	18	0,3	100,0
	Summe			6558	100,0	100,0

3. Schritt: Über die Risiken wird der jeweilige kumulierte Wert eingetragen und als Kurve gezeichnet. Das Gesamtrisiko wird in drei Bereiche aufgeteilt:
A-Bereich: bei zirka 60 bis 70%.
B-Bereich: bei zirka 80 bis 90%.
C-Bereich: bei 100%.
Die Schnittpunkte der Kurve werden senkrecht zur X-Achse verbunden. Es ergeben sich drei Rechtecke, die mit A, B und C bezeichnet werden.
Für das Beispiel heißt das, dass zwei Risiken bereits 65% des Gesamtrisikos und sieben Risiken sogar 90% des Gesamtrisikos ausmachen.

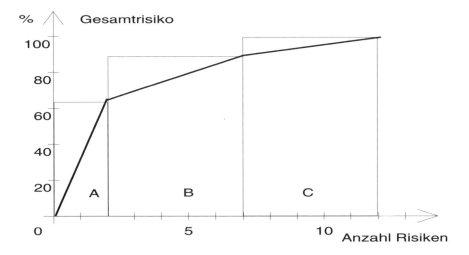

Typenlehre

„Wo sitzt ein 500-Pfund-Gorilla? – Überall dort, wo er sitzen möchte! Oder wollen *Sie* ihm sagen, er soll sich einen anderen Platz suchen?"

Echte Gorillas sind selten – weniger selten sind jedoch die unterschiedlichen Typen, denen Sie in Ihrem beruflichen Alltag immer wieder begegnen und die ganz unterschiedliche Anforderungen an Sie stellen.

Da gibt es in der Tat den ‚500-Pfund-Gorilla' – eine hierarchisch hochstehende Führungskraft, ein einflussreicher Kollege, jemand, der alle relevante Ressourcen kontrolliert. Diese Menschen haben dann oft die Neigung, genau das zu tun, was Ihnen gefällt. Sie sichern sich lange Redebeiträge oder beenden Diskussionen („Wir brauchen nicht mehr darüber zu sprechen. Ich weiß schon, was ich machen werde."), sie übernehmen die Leitung der Besprechung und die Moderation des Workshops oder sie sagen Ihnen, was genau Sie wie wann zu tun haben. Einen Machtkampf werden Sie nur selten bestehen. Und dann bleibt die Frage, ob der einzelne Sieg wirklich wichtig war oder der Ausgang des ganzen Krieges.

Versuchen Sie, diese Entscheider oder einflussreichen Personen frühzeitig einzubinden. Berücksichtigen Sie ihre Interessen in Veranstaltungen und Zweiergesprächen. Wenn das nicht geht, bemühen Sie sich um die Vereinbarung von Spielregeln – idealerweise mit der ganzen Gruppe. Sie haben mehr Rückhalt und die Hemmschwelle wird höher. Moderationstechniken empfehlen sich eher als freie Diskussionen. In schwierigen Situationen betonen Sie die Regeln und deren Bedeutung für ein konstruktives Ergebnis. Danken Sie für Beiträge und sprechen Sie dann gezielt andere Mitglieder der Gruppe an. Formulieren Sie einen Nutzen für diese ‚Herrscher des Urwalds', den Sie dann mit dem von Ihnen gewählten Procedere verknüpfen. Und wenn das alles nicht hilft: Übergeben Sie die Leitung des Projekts – dezent, aber bestimmt. Sie befreien sich damit aus der Verantwortung für ein Ergebnis, das Sie nicht wirklich beeinflussen konnten.

Aus völlig anderem Holz geschnitzt sind die ruhigen, zurückhaltenden Kollegen. Sie kommen still und leise heran, schweigen und bemühen sich, nur nicht aufzufallen. Sie leisten keine Beiträge und enthalten sich bei Beschlüssen häufig der Stimme. Binden Sie Ihre Kollegen ein. Sprechen Sie diejenigen direkt an und ermuntern Sie zu Beiträgen, fordern Sie zu Stellungnahmen auf. Manchmal hilft es, wenn Sie mit motivierenden Fragen die Erfahrung oder die Expertise desjenigen ansprechen („Frau Behrens, Ihre Meinung als Expertin für Steuerfragen ist besonders wichtig! ..."). Betonen Sie die Wichtigkeit der aktiven (!) Teilnahme am Gespräch.

Nicht so wichtig wie die Hierarchien, aber leider gar nicht schweigsam sind die Vielredner. Sie leisten zu jeder Frage einen Beitrag und kommentieren oft auch noch alle Nebensächlichkeiten laut und deutlich. Sie leisten mit Vorliebe lange Redebeiträge und sprechen zusätzlich gern mit dem Nachbarn. In besonders kritischen Fällen sind es diese Kollegen, die viele Zwischenrufe machen, laufend unqualifizierte Fragen stellen oder sogar mit Killerphrasen die Kontinuität der Arbeit und den Erfolg für alle gefährden. Ein Ansatzpunkt ist auch hier die Vereinbarung von Spielregeln („Direkt nach meinem Vortrag werde ich gern alle Fragen beantworten!" – limitierte Redezeit für alle). Häufig hilft auch sanfte Ironie („Herzlichen Dank für Ihr Koreferat!"), ansonsten greifen Sie in die Kiste der Schlagfertigkeit. Besonders penetrante oder hartnäckige Exemplare sollten Sie in einer Pause auf ihr Verhalten ansprechen und um Mäßigung bitten.

Recht hinderlich ist auch die Gattung der ‚Piesepampel' – leider aber nicht selten. Sie reiben sich an Kleinigkeiten und sich standhaft bemüht, diese zum Hauptthema zu machen. Von den Piesepampeln gibt es die Unfokussierten, die sich über nebensächliche Aspekte aufregen („Für Reengineering gibt es doch sicher auch ein deutsches Wort?" – „Sie sagten, wir müssen den Teilmarkt ‚erobern', also diese Wortwahl finde ich viel zu aggressiv!" – „Also, das soll ein gutes Konzept sein? Ich habe fünf Rechtschreibfehler gefunden!"), und die Kleinigkeitskrämer, die sich an Details stundenlang aufhalten möchten („Bevor wir diese Frage klären, sollten wir erst einmal grundsätzlich diskutieren, was wir tun können, wenn der – zugegebenermaßen seltene, aber immerhin mögliche Fall eintritt, dass ..." – „Die Schulung ist ein wichtiger Teil des neuen Beurteilungssystems. Am zweiten Schulungstag um 14.00 Uhr sollten wir daher ...").

In beiden Fällen werden Sie Ihre liebe Mühe haben. Vermeiden Sie jede Diskussion – es dauert ewig und alle übrigen Zuhörer langweilen sich zu Tode. Sie haben auch keine Chance, denn irgendeine Kleinigkeit findet sich immer noch. Stellen Sie Fragen zurück, bieten Sie an, nach der Veranstaltung darüber zu sprechen. Verweisen Sie auf Prioritäten und das daraus resultierende Interesse aller an Schwerpunktthemen. Hinterfragen Sie die Bedeutung der angesprochenen Themen für das angepeilte Ergebnis. Wenn auch das nicht hilft, schlagfertige Antworten wirken hier häufig Wunder!

Streithähne wollen Recht behalten. Sie wollen Ihnen zeigen, dass sie erfahrener, kompetenter, klüger sind als Sie. Sie suchen den Machtkampf in der festen Absicht zu gewinnen („Das können Sie doch gar nicht beurteilen. Wer nicht wie ich ..." – „Ich habe mich gründlich über das Thema informiert. Und nach meinen Quellen ..." – „Sie als Berater müssen das Konzept ja auch nicht umsetzen!"). Lassen Sie sich nicht auf das Duell ein – vermeiden Sie Erklärungen oder gar Diskussionen, variieren Sie Ihren Umgang mit Fragen, setzen Sie Ihre Schlagfertigkeit ein. Anders werden Sie nicht vorankommen!

Sehr störend sind oft auch die Spaßvögel. Sie finden zu allem eine lustige Bemerkung, am besten öffentlich vorgetragen, lachen häufig laut und wenn es gerade nicht für die ganze Runde passt, knöpfen sie sich den Nachbarn vor. Sie haben keine andere Wahl – Sie müssen diesen Witzbold zum Schweigen bringen –, deckeln Sie seine Scherze, sprechen Sie in der Pause mit ihm, aber bringen Sie ihn zum Schweigen. Im besten Fall nervt er auch alle anderen, im schlimmsten stiehlt er Ihnen durch seine Scherze die Show und macht aus einem wichtigen Workshop eine Karnevalssitzung.

Typische Situationen ...

... am Telefon

Telefongespräche sind etwas Besonderes. Ihr Gesprächspartner sieht Sie nicht, Ihnen fehlt ebenso der Blickkontakt. Mimik, Gestik und Körperhaltung können nicht wahrgenommen werden. Ebenso fehlt Ihnen die Möglichkeit, Informationsmaterial oder Proben direkt zu demonstrieren. Der Einfluss Ihres Umfelds, zum Beispiel ein repräsentativer Raum oder das seriöse Ambiente einer Bank, wird von Ihrem Gesprächspartner nicht wahrgenommen. Es gilt also, einige besondere Regeln zu beachten.

Checkliste Telefonqualität
Wenn der Kunde in Ihrem Unternehmen anruft ...
▼ wird spätestens nach dem dritten Klingeln abgehoben?
▼ wird er freundlich begrüßt?
▼ wird professionell mit dem richtigen Ansprechpartner verbunden?
▼ verhalten sich die Mitarbeiter am Telefon professionell?
▼ werden die Kundenwünsche dokumentiert?
▼ erhält er qualifizierte Auskünfte?

Wie wollen Sie sich melden? Ein in den Hörer gebelltes „Schmidt!" ist sicher nicht die beste Variante. Nennen Sie zu Ihrem freundlich gesprochenen Namen – Vor- und Zuname klingen meistens besser als nur der Nachname – gegebenenfalls noch die Firma und begrüßen Sie Ihren Gesprächspartner. „Guten Tag, Gregor Schmidt, Siemens AG, Medizintechnik" ist eine Möglichkeit, „Guten Tag, Lufthansa Senator Service, Sie sprechen mit Claudia Meier" eine andere. Wichtig ist auch, dass Sie eine gewisse Corporate Identity entwickeln, das heißt Mitarbeiter aus demselben Bereich oder aus demselben Unternehmen sollten sich gleich vorstellen.

Lassen Sie Anrufer nach Möglichkeit immer aussprechen. Am Telefon ist eine Unterbrechung noch unangenehmer als im persönlichen Gespräch. Ihre Stimme trägt Ihre Stimmung: Ich sehe Sie zwar nicht, aber ich kann hören, ob Sie freundlich lächeln oder gelangweilt aus dem Fenster sehen. Kritzeleien oder andere Nebenbeschäftigungen während des Telefonats mindern in jedem Fall Ihre Konzentration.

Wenn Sie Informationen von Ihrem Gesprächspartner benötigen, hüten Sie sich vor stupider Abfragerei: Name? – Adresse? – Kundennummer? – Rechnungsnummer? Trainieren Sie sich Dialogverhalten an, keine Formeln, sprechen Sie in ganzen Sätzen mit Ihrem Gesprächspartner, nehmen Sie den anderen als Partner an.

Sind Sie ausnahmsweise der falsche Gesprächspartner, informieren Sie den Anrufer schnell darüber und kündigen Sie an, dass und mit wem Sie verbinden werden. Achten Sie darauf, dass das verbundene Gespräch auch zustande kommt und bieten Sie ansonsten an, eine Nachricht entgegenzunehmen oder für den Anrufer einen Rückruf zu veranlassen. Notieren Sie in solchen Fällen immer den Namen, gegebenenfalls die Firma und die Telefonnummer des Anrufers. Wenn es Ihnen nicht gelingt, den Rückruf zu arrangieren, so fühlen Sie sich für die Rückmeldung verantwortlich.

Wenn Sie jemand anderen anrufen, wissen Sie nie, in welcher Situation Sie ihn antreffen. Hat Ihr Gesprächspartner Zeit für die Unterhaltung? Stehen ihm benötigte Unterlagen zur Verfügung? Bemühen Sie sich, schnell zur Sache zu kommen, den Grund für das Gespräch zu benennen, und bieten Sie an, sich bei Bedarf auf einen besser geeigneten Termin zu vertagen.

Wenn Sie das Telefonat beenden, fassen Sie die besprochenen Punkte noch einmal kurz zusammen und – ganz wichtig, aber gern vergessen – bedanken Sie sich für den Anruf.

Sie sollten am Telefon immer Papier und Stift bereitliegen haben. Notieren Sie wichtige Punkte bereits während des Gesprächs.

Die zehn Gebote für erfolgreiches Telefonieren

- Greifen Sie schnell zum Hörer – unnötiges Warten verärgert Ihren Gesprächspartner.
- Seien Sie freundlich – lächeln Sie auch am Telefon.
- Sprechen Sie deutlich – artikulieren Sie klar.
- Aktives Zuhören – fragen, zusammenfassen, bestätigen.
- Machen Sie Pausen – reden Sie nicht ohne Unterbrechung auf Ihren Partner ein.
- Kommen Sie schnell zur Sache.

> ▼ Wiederholen Sie wichtige Informationen – holen Sie sich Bestätigung.
> ▼ Machen Sie sich Notizen.
> ▼ Sprechen Sie Ihren Gesprächspartner mit Namen an.
> ▼ Keine Nebenaktivitäten wie Trinken, Malen, Kramen.

... mit Kunden

Kühlschränke an Eskimos verkaufen oder Sand an Scheichs? Jedem Kunden immer alles verkaufen zu können – nur mit ein paar richtig angewandten Tricks? Todsichere (sic!) Geheimnisse für Verkäufer?

Menschen sind – glücklicherweise – zu unterschiedlich, um nach immer denselben Regeln zu funktionieren. Es gibt allerdings im Umgang mit Kunden einige Verhaltensweisen, die Ihre Chancen auf Erfolge im Verkaufsgespräch deutlich steigen lassen. Untersuchungen des Verhaltens erfolgreicher Verkäufer zeigen, dass sie in ihren Verkaufsgesprächen deutlich mehr Fragen stellten, insbesondere offene Fragen. Sie erfahren dadurch mehr Ansatzpunkte und mehr über die Bedürfnisse ihrer Kunden. Die Nutzendarstellung kann dadurch viel präziser erfolgen. ‚Ansatzpunkte', ‚Bedürfnis', ‚Nutzen'?

Niemand kauft einen Kühlschrank, weil er einen Kühlschrank *möchte*, keiner von uns *will* ein Auto oder ein Telefon haben. Gleichwohl besitzen wir diese Dinge. Wie passt das zusammen? Menschen haben Bedürfnisse. Lebensmittel sollen durch Kühlung eine längere Haltbarkeit haben, wir wollen schnell und trocken von A nach B kommen oder durch ein neues Mobiltelefon andere Menschen beeindrucken. Diese Motive sind Bedürfnisse und wir tun etwas, um diese Bedürfnisse zu befriedigen.

Bedürfnisse sind der Mittelpunkt jeder erfolgreichen verkäuferischen Aktivität. Verkaufen bedeutet, diese Bedürfnisse zu entdecken und ein Angebot zur Befriedigung derselben zu machen. Das ‚Bedürfnis' eines Kunden ist ein Wunsch, den Sie mit Ihrem Angebot befriedigen können. Sätze, in denen Bedürfnisse formuliert werden, beginnen häufig mit Formulierungen wie: ‚Ich wünschte ...' – ‚Ich interessiere mich für ...' – ‚Ich suche nach ...' Ein ‚Ansatzpunkt' ist konkreter als ein Bedürfnis – er ist ein spezifisches Problem oder eine Unzufriedenheit.

Bedürfnisse oder Ansatzpunkte richten sich nicht auf Ihr Produkt. Diese Aufmerksamkeit müssen Sie erst herstellen. Ihr Produkt weist Eigenschaften auf. Eigenschaften als solche haben für Ihre Kunden keine Bedeutung. Voraussetzung für erfolgreichen Verkauf ist, dass Sie den Wert der Eigenschaft für Ihren Kunden als Nutzen formulieren. Sie übersetzen damit, wie eine Eigenschaft des Produkts geeignet ist, ein Bedürfnis des Kunden zu befriedigen oder ein konkretes Problem zu lösen.

Übung:	
Eigenschaften	**Nutzen (Beispiele)**
verchromte Teile	kein Verrosten mehr, keine Reklamationen wegen verrosteter Teile
Dieselmotor	sparsam im Verbrauch, geringe Betriebskosten
teure Wohnung	Sie können Eindruck machen!

Formulieren Sie Produkteigenschaften als Nutzen für einen – fiktiven – Kunden!

Webbasiertes Training ist unabhängig von Zeit und Ort.

....

....

Die ersten drei Aufträge sind gebührenfrei.

....

....

Sie können unseren Service 24 Stunden am Tag erreichen.

....

....

Typische Situationen ...

> Wir haben Niederlassungen in zwölf deutschen Großstädten.
>
> ....
>
> ....
>
> Diese Schuhe sind rahmengenäht.
>
> ....
>
> ....

Kein Verkaufsgespräch verläuft wie das andere. Dennoch gibt es einige Regeln und Gesetzmäßigkeiten. In der ersten Phase des Gesprächs – der ‚Eröffnung' geht es darum, einen Kontakt zu unserem Gesprächspartner zu schaffen. Sie begrüßen ihr Gegenüber, stellen sich vor und bemühen sich um den Aufbau einer ersten Beziehung. Häufig gibt es einen kurzen Austausch über allgemeine Themen – „Haben Sie den Weg zu uns gut gefunden?" „Schlechtes Wetter heute, nicht wahr?" „Wie fanden Sie denn das Spiel gestern?" „Wie geht es Ihrem Kollegen Prszygodda, immer noch diese Probleme mit dem Rücken?" – Dadurch können sich beide Partner aufeinander einstellen, die Stimmung des anderen sondieren. Wir mögen es, wenn erkennbar ist, dass sich unser Gesprächspartner für uns interessiert. Lösen Sie gerade bei Beginn des Gesprächs durch Ausdruck und Körpersprache positive Reaktionen beim Kunden aus.

In Japan ist es üblich, Verhandlungen durch gemeinsame Atemübungen zu beginnen und so eine gemeinsame Ebene zu entwickeln. Die folgenden Gespräche können dann bedeutend harmonischer verlaufen.

Vermeiden Sie, diese Eröffnungsphase zu lang auszudehnen, Sie langweilen Ihren Gesprächspartner oder Ihnen fehlt die nötige Zeit für die wichtigen Themen.

Zur Gesprächsvorbereitung gehört selbstverständlich, dass Sie sich über Ihren Gesprächspartner und sein Unternehmen informieren. Auch bei länger andauernden Beziehungen dürfen Sie diesen Aspekt nicht vernachlässigen. Zumindest Veränderungen der persönlichen oder der geschäftlichen Situation müssen Sie wahrnehmen.

Holen Sie benötigte Informationen im Gespräch vom Kunden direkt ein – Fragen sind hierzu ein probates Mittel. Stellen Sie früh im Gespräch die Bedürfnisse Ihres Gesprächspartners fest – nur dann wird es Ihnen gelingen, Ihr Angebot adäquat zu präsentieren. Durch Fragen bringen Sie Ihren Partner zum Reden, bekommen Informationen und lernen seine Meinung kennen. Versuchen Sie, so viele Hintergrundinformationen wie möglich zu erheben. Je besser Sie die Bedürfnisse des Kunden verstehen, desto leichter können Sie den Nutzen Ihres Produkts vermitteln. Verlieren Sie aber bitte nicht aus den Augen, dass ein Verkaufsgespräch kein Verhör werden darf! Stellen Sie also nicht zu viele Fragen hintereinander, besonders nicht geschlossene Fragen.

Zur Präsentation oder Darstellung Ihres Angebots finden Sie in diesem Buch umfangreiche Informationen in einem anderen Kapitel. Während der Darstellung oder in Anschluss an Ihre Präsentation wird der Kunde Ihnen Fragen stellen, seinen Zweifel äußern oder eventuelle Einwände. Einwände sind wichtiger Bestandteil des Verkaufsgesprächs – manche Lehrbücher für Verkäufer vertreten die Meinung, dass das Verkaufen erst mit dem ‚Nein' des Kunden beginnt.

Checkliste: Verhalten im Kundengespräch

- ▼ Gepflegtes Äußeres!
- ▼ Höfliches und freundliches Auftreten!
- ▼ Vorbereitet sein – Kenntnisse über den Kunden und das Unternehmen!
- ▼ Verkaufen ist Beraten – Produktkenntnisse und Praxiserfahrung!
- ▼ Zuhören – Probleme und Bedürfnisse kennen lernen – Sie haben zwei Ohren und nur einen Mund!
- ▼ Nicht unterbrechen – den Kunden respektieren!
- ▼ Den Namen des Kunden nennen – jeder hört seinen Namen gern!
- ▼ Zusammenfassung wichtiger Aspekte!

Einwände werden aus den unterschiedlichsten Motiven formuliert: Aus einem Bedürfnis nach Sicherheit beziehungsweise einer Abneigung Veränderungen gegenüber („Ich bin doch recht zufrieden mit dem, was ich gegenwärtig nutze." – „Ich habe Angst, die falsche Entscheidung zu treffen."), aus einem Bedürfnis nach Anerkennung heraus („Ich verstehe auch etwas von der Materie!") oder aus finanziellen Motiven („Wenn ich das Produkt schlecht rede, wird er mir einen günstigeren Preis machen." – „Ich brauche noch ein paar Änderungen, die will ich umsonst. Ich meckere also erst einmal an dem Produkt herum!" – „Ich muss meinem Chef beweisen, dass ich hart verhandeln kann.").

Lassen Sie Ihren Gesprächspartner aussprechen, unterbrechen Sie ihn nicht. Vermeiden Sie, direkt zu widersprechen. Ihr erster Reflex bei Einwänden wird vielleicht sein, die Einwände des Kunden zu widerlegen. Besonders wenn Sie im Recht sind („rein sachlich" gesehen), ist die Versuchung dazu groß. Der Widerspruch führt in den meisten Fällen zu einer Verhärtung der Fronten und ist daher nicht sinnvoll. Günstiger ist es, dem Kunden ergänzende Informationen anzubieten, die seinen Einwand relativieren: „Hier gibt es noch folgende Funktion ..." – „Dazu ist es gut zu wissen, dass ..." Der Kunde kann seinen Standpunkt überprüfen, ohne seinen Einwand direkt zurücknehmen zu müssen (und damit zugeben zu müssen, dass er Unrecht hatte).

Wenn Sie den Äußerungen Ihres Gesprächspartners nur bedingt zustimmen, können Sie ebenfalls direkten Widerspruch vermeiden. Stimmen Sie einem Teil der gemachten Aussage zu und erklären Sie daran anschließend Ihre Meinung: „So gesehen haben Sie vollkommen Recht. Wenn wir es nun einmal aus der Perspektive des Benutzers betrachten ..." – „In diesem Punkt bin ich Ihrer Meinung. Es sind jedoch weitere Aspekte von Belang ..." Der Standpunkt Ihres Kunden wird häufig berechtigt sein, Sie können ihn aber ergänzen oder modifizieren, ihm Neues vermitteln.

Statt zu widersprechen können Sie den Einwand Ihres Kunden auch als Frage behandeln und diese dann beantworten: „Sie stellen die Frage nach dem Nutzen von ..." – „Die Frage nach ... stellt sich in der Tat. Sie können damit ..."

Jeder Einwand birgt in sich die Gefahr, dass Sie als Verkäufer sich an den negativen Aspekten ‚abarbeiten'. Dadurch bekommt der Einwand unter Umständen ein sehr hohes Gewicht – und das zulasten der positiven Aspekte. Nehmen Sie den akzeptierten Nutzen Ihres Angebots als Kern Ihrer Argumentation. Über diese Punkte können Sie länger und vertieft mit dem Kunden sprechen. Der Einwand wird dann im Vergleich zu den vielen positiven Eigenschaften des Produkts erheblich an Bedeutung verlieren.

Bei Einwänden haben Sie auch immer die Möglichkeit, mit zufriedenen Kunden, Referenzen oder Untersuchungen zu argumentieren. Diese Befunde untermauern Ihre Argumentation und erhöhen Ihre Glaubwürdigkeit. Sie stellen den Kunden durch qualifizierte Informationen zufrieden.

Techniken zur Behandlung von Einwänden

- ausreden lassen
- nicht direkt widersprechen
- Einwand als Frage wiederholen
- berechtigten Einwand zugeben
- wiederholen des Einwandes mit milderen Worten
- Salami-Technik
- mögliche Einwände vorwegnehmen
- vermeintlichen Nachteil zum Vorteil ausbauen
- bedingte Zustimmung (Sie haben Recht ..., jedoch ...)
- hinterfragen (Verstehe ich Sie richtig ...?)
- umwandeln (Hier ist also die Frage zu klären ...?)
- Anekdotentechnik (Das meinte Herr X anfangs auch ...!)
- Eisbrecher (Unter welchen Umständen ...?)

Fassen Sie generell an strategisch wichtigen Stellen des Gesprächs das bisher Vereinbarte zusammen. Lassen Sie sich Ihre Aussagen vom Gesprächspartner bestätigen.

Die Abschlussphase ist der vielleicht wichtigste Abschnitt des Gesprächs mit dem Kunden. Hier zeigt sich, ob Ihre Bemühungen von Erfolg gekrönt werden. Für den Kunden bedeutet diese Phase einen verbindlichen Schritt – die letzte Chance, Konditionen wie Preis, Lieferfristen oder Zugeständnisse zu verhandeln. Sie als Verkäufer möchten genau diese Vereinbarung. Sie haben vielleicht Bedenken, durch zu hartes Verhandeln Ihren Erfolg zu gefährden oder die weitere Beziehung mit dem Kunden unnötig zu belasten. Die zu starre Haltung ist gefährlich, ebenso zu schnelles Nachgeben – hier müssen Sie den richtigen Mittelweg finden.

Abschlusssignale sind ein Hinweis darauf, ob Ihr Kunde zum Kauf bereit ist. Es handelt sich in der Regel um Überlegungen oder Fragen, die Ereignisse nach dem Kauf ansprechen: „Übernehmen Sie die Schulung der Servicetechniker?" – „Wie unterstützen Sie uns bei der Installation neuer Module?"

Oder der Kunde fragt Sie um Rat: „Wie kann ich die Entscheidung am besten meinem Chef gegenüber begründen?" – „Welche Ausstattung ist Ihrer Meinung nach am besten für unsere Abteilung geeignet?" Deutliche Signale für vorhandene Kaufbereitschaft sind auch zustimmende Äußerungen wie „Das gefällt mir gut." – „So ähnlich habe ich mir das vorgestellt." – „Das ist eine interessante Option, die Sie anbieten."

Der erste Schritt auf dem Weg zum Abschluss ist dann eine kurze Zusammenfassung – die drei wichtigsten Bedürfnisse des Kunden, der entsprechende Nutzen Ihres Angebots –; lassen Sie sich Ihre Darstellung vom Kunden bestätigen. Das trägt zusätzlich dazu bei, dass der Kunde sich in seiner Einstellung bestätigt fühlen kann.

Wenn sich dabei herausstellt, dass noch einige Fragen ungeklärt sind, müssen Sie diese Punkte schnell zur Zufriedenheit des Kunden behandeln. Wenn das nicht sofort geschieht, können bis dahin erfolgreiche Gespräche durchaus noch scheitern.

Bei komplexeren Produkten besteht der Abschluss des jeweiligen Gesprächs natürlich nicht immer in der Preisverhandlung. Der Abschluss wird dann häufig die Vereinbarung des nächsten Schritts sein – zum Beispiel eine Präsentation vor den Entscheidungsträgern, einem Angebot zuzustimmen oder einen Termin für das nächste Gespräch zu vereinbaren.

Und jetzt geht es tatsächlich um die Wurst – Sie verhandeln um den Preis. Ihr Kunde will für ein gutes Produkt möglichst wenig zahlen, Sie wollen ‚Ihren Preis' realisieren. Wenn Ihr besonders günstiger Preis das einzige Argument ist – „Wir können nur billig!" –, wird der Vergleich mit entsprechenden anderen Produkten oder Anbietern wahrscheinlich den Kern der Preisverhandlung ausmachen. In allen anderen Fällen aber ist die Preisargumentation immer eine Begründung des Preises in Verbindung mit anderen Faktoren wie Qualität, Lieferfähigkeit, Serviceleistungen oder Ähnlichem.

Der Wert eines Produkts wird von objektiven Faktoren wie Lebensdauer, Lieferfristen, Kundendienst und dergleichen bestimmt und zusätzlich von subjektiven Faktoren wie der Beziehung zum Verkäufer, dem Image des Unternehmens oder dem Vertrauen in die Erfahrung zur erfolgreichen Realisierung der angebotenen Lösung.

Diese ‚Wert'-Vorstellungen rechtfertigen in den Augen des Kunden Ihren Preis oder sie stellen ihn infrage. Ihre Arbeit besteht darin, Ihrem Kunden die ‚Wert'-Faktoren Ihres Angebots zu vermitteln. Verschiedene Techniken können Ihnen bei der Preisargumentation helfen:

Relativieren Sie den Preis! Stellen Sie Ihr Angebot in Beziehung zu Angeboten der Wettbewerber, führen Sie mögliche Einsparungen an: „Wenn Sie dieses Modell einsetzen, sparen Sie je Produkt x Euro ...!" – oder benennen Sie andere Vorteile – „Unsere Mobilitätsgarantie bewahrt Sie davor, liegen zu bleiben und auch noch wichtige Zeit zu verlieren." Setzen Sie den Preis in Beziehung zur Lebensdauer des Produkts beim Kunden – „Das Produkt hat sich bereits nach zwei Jahren amortisiert." – in Relation zu seinen Möglichkeiten, damit Geld zu verdienen – „Unser Fahrzeug ist so sparsam, dass Ihre Kraftfahrzeugkosten um mindestens 8 Prozent sinken werden. Sie sparen also ..."

Techniken der Preisargumentation

⇨ Verzögerung	(An welche Menge denken Sie?)
⇨ Nutzen	(10.900,-- DM, dafür haben Sie ...!)
⇨ Sandwich	(Sie bekommen ..., und zusätzlich ...)
⇨ Verkleinern/vergrößern	(1.200,-- DM im Jahr, d. h. im Monat ... bzw. Ersparnis 100,-- DM im Monat, im Jahr ...)
⇨ Rückfragen	(Wie muss das Angebot aussehen, damit ...)
⇨ Kontrast	(Wenn Sie zum Vergleich unser ...)
⇨ Appell	(Gewissen, Luxus ...)

Sie können den Preis aufschlüsseln und damit optisch verkleinern: „Unseren Mietwagen bekommen Sie für nur € 20,20 am Tag." – statt: € 537,60 im Monat! – „Diese Sonderausstattung erhöht den Gesamtpreis nur um 2 Prozent." Statt: Sie kostet € 1022,58 zusätzlich! Mögliche Bezugsgrößen sind

Kosten pro km, pro kg verarbeitetem Material, pro Mitarbeiter ... Sie können Kosten auch aufschlüsseln und für die einzelnen Punkte den Preis benennen. Die Darstellung aller gebotenen Leistungen relativiert den Gesamtpreis erheblich.

Verpacken Sie den Preis in einen für den Kunden besonders wichtigen Nutzen. Statt nur den Preis zu benennen, ist es besser zu formulieren: „Mit dem Produkt ... können Sie ... und der Preis dafür ist ..."

Reklamationen und Beschwerden

Ihr Produkt hat Mängel, die Lieferung war unvollständig, der Service entspricht nicht der geforderten Qualität. Sie, ein Kollege oder ein Mitarbeiter waren zu aufdringlich, zu unfreundlich oder kamen nicht zum vereinbarten Termin.

Ihr Kunde reklamiert oder beschwert sich. Das muss keine Katastrophe sein. Aber der Umgang mit der Beschwerde entscheidet über das weitere Schicksal der Kundenbeziehung.

In jedem Fall müssen Sie gut zuhören, den Kunden nicht unterbrechen. Je erregter Ihr Kunde ist, umso weniger erreichen Sie durch Widerspruch, Unterbrechungen oder viele Fragen. Geben Sie ihm Gelegenheit, Dampf abzulassen.

Natürlich müssen Sie sich nicht beleidigen lassen! In diesem Fall dürfen Sie sich wehren. Sagen Sie laut und deutlich: „Stopp! Ich werde mir keine persönlichen Beleidigungen anhören! Wir können aber weiter über den Grund Ihrer Unzufriedenheit reden." Wenn das nicht hilft, beenden Sie das Gespräch – entweder indem Sie den ‚Typen' an einen Kollegen ‚weiterreichen' oder indem Sie die Situation überhaupt beenden.

In allen anderen Fällen erwartet Ihr Kunden zu Recht, dass Sie seine Reklamation ernst nehmen. Machen Sie von Beginn an deutlich, dass Sie ehrlich bemüht sind, für Abhilfe zu sorgen.

Verhalten bei Reklamationen

- Reklamationen ernst nehmen – nicht bagatellisieren („Der kleine Irrtum ...")!
- Nehmen Sie sich Zeit für die Beschwerde!
- Den Kunden ausreden lassen, nicht unterbrechen, geduldig zuhören! Fehler oder Verschulden nicht sofort abstreiten. Dem Kunden Recht geben, soweit die Reklamation zutrifft!
- Nicht gefühlsmäßig – beleidigt oder wütend – auf eine Beschwerde reagieren, sachlich bleiben!
- Bemühen Sie sich darum, sich in die Situation des Kunden zu versetzen – betrachten Sie den Anlass für die Reklamation aus seiner Sicht!
- Keine Belehrung oder Rückzug auf die eigene fachliche Kompetenz!
- Prüfen Sie die Reklamation des Kunden sorgfältig. Seien Sie kulant bei Kleinigkeiten!
- Erledigen Sie berechtigte Reklamationen möglichst sofort und korrekt!
- Nennen Sie konkrete Aktionen und Termine und halten Sie sich an die Zusage – versprechen Sie nichts Unmögliches, nur um die unerfreuliche Situation zu beenden!

Es ist immer richtig, sein Bedauern über den Vorfall zum Ausdruck zu bringen und sich beim Kunden zu entschuldigen. Entschuldigen Sie sich auch dann für den Fehler – im Namen des Unternehmens –, wenn Sie persönlich nicht dafür verantwortlich sind. Für den Kunden ist der Fehler immerhin ernst genug, um sich den Mühen einer Reklamation zu unterziehen.

Wenn sich der Kunde ein wenig beruhigt hat, erhalten Sie die Chance, den Sachverhalt durch qualifizierte Fragen aufzuhellen. Durch Fragen bringen Sie Ihr Interesse für das Problem des Kunden zum Ausdruck und den ehrlichen Willen, ihm zu helfen. Und Sie erfahren alles Nötige, um eine qualifizierte Lösung vorzuschlagen. Lassen Sie sich nicht dazu verleiten, einen vorschnellen Vorschlag zu machen. Zum einen drücken Sie dem Kunden gegenüber mangelndes Interesse aus – unter Umständen werden Sie wegen mangelnder Problemkenntnisse auch die falsche Lösung anbieten und damit den Ärger des Kunden weiter anstacheln.

Erst nach der Fragephase können Sie einen konkreten – Bis wann? Was? Wer? Wie genau? – Vorschlag zur Lösung des Problems unterbreiten. Nennen Sie eine definitive Lösung oder den nächsten Schritt auf dem Weg zu Lösung. Lassen Sie sich vom Kunden bestätigen, dass er mit diesem Vorschlag einverstanden ist. Und dann sind Sie persönlich dafür verantwortlich, dass diese Lösung auch zufriedenstellend umgesetzt wird – in der angegebenen Frist.

> **Checkliste zur Nachbereitung von Kundengesprächen**
> - Haben Sie Ihr Gesprächsziel erreicht?
> - Welches waren Ihre Stärken im Gespräch?
> - Was hätten Sie besser machen können?
> - Welche wichtigen Themen aus der Vorbereitung konnten Sie nicht anbringen?
> - Welche zusätzlichen Ansatzpunkte haben Sie erkannt?
> - Welche zusätzlichen/neuen Einwände sind aufgetaucht?
> - Welche wichtigen Reaktionen hat Ihr Gesprächspartner gezeigt?
> - Wer macht was bis wann? Was ist konkret zu tun?
> - Wie werde ich beim nächsten Gespräch vorgehen?
> - Worüber muss ich Kollegen, andere Abteilungen, Chefs ... informieren?

... auf der Suche

Bewerbungsgespräche

Sie sehen interessante Chancen für Ihre berufliche Entwicklung? Sie wollten immer schon in München leben und suchen jetzt dort einen Job? Ihre Firma baut Personal ab und Sie brauchen dringend eine neue Stelle? Warum auch immer, Sie suchen einen neuen Arbeitsplatz?

Bevor Sie zum Bewerbungsgespräch eingeladen werden, müssen Sie eine Reihe von Hürden überwinden. Zunächst benötigen Sie Informationen über eine offene Stelle, müssen Anschreiben und Lebenslauf formulieren und alles mit den nötigen Unterlagen abschicken. Informationen zu diesem Teil der Bewerbungsprozedur finden Sie in vielen speziellen Ratgebern. In einem ersten Telefoninterview oder im persönlichen Gespräch können Sie sich dann von Ihrer besten Seite präsentieren.

Der erste Schritt zum erfolgreichen Gespräch ist immer die Vorbereitung – also auch hier. Sammeln Sie Informationen über das Unternehmen – vom Internet über den Jahresbericht bis zu Publikationen oder Presseberichten über das Unternehmen. Sie machen sich so ein erstes Bild über Ihren (vielleicht) zukünftigen Arbeitgeber und verfügen über das wichtige Grundwissen: Wer leitet das Unternehmen? Was stellt es her? Wo ist der Hauptsitz? Wie ist die Corporate Identity?

In vielen Stellenangeboten wird auf die Gelegenheit zu einer telefonischen Vorabinformation hingewiesen. Nutzen Sie diese Chance. Bei eindeutigen Diskrepanzen zwischen Ihren Vorstellungen und den Erwartungen des Unternehmens sparen Sie viel Zeit, Geld und auch enttäuschte Hoffnungen. Im anderen Fall ist Ihre Bewerbung bereits angekündigt und wird vielleicht sogar erwartet.

Bereiten Sie für das Telefonat alles Nötige vor:

- Papier und Schreibgerät
- Annonce mit markierten Schlüsselwörtern
- grundlegende Informationen über das Unternehmen
- Facts und Figures aus Ihrem Curriculum Vitae
- Wichtige Fragen zur inserierten Stelle
- Ihre Antworten auf die Fragen:
  - Warum rufen Sie an?
  - Warum wollen Sie sich verändern?
- (Kurze!) Beschreibung Ihres aktuellen Aufgabengebiets

Wichtiges zum Verhalten am Telefon:

- Lassen Sie sich immer direkt mit dem genannten Ansprechpartner verbinden.
- Nennen Sie klar und deutlich Ihren Namen.
- Verwenden Sie den Namen Ihres Gesprächspartners im Gespräch. Formulieren Sie kurz und bündig, warum Sie anrufen.

- Stellen Sie präzise Fragen.
- Bleiben Sie auch dann freundlich und beherrscht, wenn Ihr Gesprächspartner unangenehmen Fragen stellt.
- Nicht unterbrechen.
- Trauen Sie sich, überraschende Antworten zu geben.
- Fassen Sie aus Ihrer Sicht wichtige Aspekte am Ende der Unterhaltung zusammen.
- Bedanken Sie sich für das Gespräch.

Die schriftliche Bewerbung

Der erste intensivere Kontakt findet in den meisten Fällen schriftlich statt. Sie senden Ihre Unterlagen an einen beauftragten Personalberater oder direkt an das Unternehmen. Dort findet eine erste Prüfung statt, die darüber entscheidet, ob man mit Ihnen ein ausführliches Telefoninterview führt, Sie gegebenenfalls gleich zum Gespräch einlädt oder ob Sie ein Ablehnungsschreiben erhalten.

In letzter Zeit hat sich in vielen Personalabteilungen bei ablehnenden Bescheiden die ‚lustig-freundliche' Variante durchgesetzt: ‚Sehr geehrte Frau ..., sehr geehrter Herr ..., Sie erkennen es sicher schon am Umschlag: Sie erhalten Ihre Unterlagen zurück ...' Individualität ist nur in begrenztem Umfang durch die unkritische Übernahme einer anscheinend originellen Idee zu erreichen. Spätestens nach dem dritten Schreiben dieser Art wird der Bewerber froh sein, nicht in diesem Unternehmen arbeiten zu müssen.

Sie lernen daraus das Wichtigste überhaupt für Ihr Anschreiben: Finden Sie Ihren individuellen Stil, orientieren Sie sich an den Beispielen anderer, aber erarbeiten Sie sich daraus eigene markante Aussagen. Muster taugen nur als Muster, nicht jedoch zur unkritischen Übernahme ohne intensive Bearbeitung.

Sie wollen – zunächst – in die engere Wahl kommen. Dazu muss Ihre Bewerbung positiv auffallen. Das Schreiben sollte auf keinen Fall länger als eine Seite sein. Wer es in diesem Format nicht schafft, seine Eignung für eine ausgeschriebene Stelle deutlich zu machen, wird auch sonst nur schwer auf den Punkt kommen. Selbstverständlich verwenden Sie gutes, aber nicht protziges Papier (kein Bütten!). Natürlich wird ein gedrucktes Anschreiben erwartet, ohne Schreibfehler. Besonders Führungskräfte mit Sekretärinnen (im Job!) neigen zu Schlampigkeiten bei den Anschreiben – da man Sie und

Ihre Qualitäten noch nicht kennt, werden Ihnen solche Fehler nicht verziehen. Und Sie bekommen nie die Möglichkeit darzulegen, wie gut Sie ‚eigentlich' sind. Überflüssig zu erwähnen, dass alle Textverarbeitungsprogramme die Funktion ‚Rechtschreibprüfung' anbieten, die Sie auch nutzen sollten. Verlassen Sie sich aber nicht vollständig darauf. Manche Programme haben Autokorrekturfunktionen, die nicht immer die im Sinne Ihres Textes korrekte Orthographie darstellen. Im Zweifel hilft der DUDEN (oder das Rechtschreiblexikon von Bertelsmann). Seien Sie bitte nicht zu selbstbewusst – die neue deutsche Rechtschreibung hat in der Tat einige Überraschungen parat!

Der Briefkopf trägt den Absender mit Ort und Datum, der komplette Absender kann sich auch in der Fußzeile des Anschreiben befinden. Vorgedruckte Briefbögen sind bei den heutigen technischen Möglichkeiten nicht mehr erforderlich. Verwenden Sie eine klare und schnörkelfreie Schrift – **Arial**, Verdana oder Times New Roman eignen sich deutlich besser als *Lucida Calligraphy* oder ALGERIAN. Verwenden Sie Farbe nur, wenn Sie damit einen prägnanten Akzent setzen können, aber auch dann sparsam und nur klare Farben wie Rot oder Blau. Schreiben Sie den Text niemals farbig, geschweige denn in unterschiedlichen Farben.

Übernehmen Sie die Anschrift vollständig und fehlerfrei – Kontrolle ist besser als Vertrauen in die eigenen orthographischen Künste. Der ‚Hans-Henny-Jahnn-Weg' beispielsweise erschließt sich auch dem Geübten nicht intuitiv, sondern erst bei genauem Hinsehen. Ist Ihnen bei einer Initiativbewerbung die Anschrift nicht bekannt, so suchen Sie bitte im Telefonbuch, im Internet, im Hoppenstedt oder rufen Sie in der Telefonzentrale des fraglichen Unternehmens an und erkundigen sich nach der korrekten Adresse und nach der richtigen Postleitzahl. Gern dürfen Sie die Anschrift und den Betreff durch Fett- oder Kursivdruck hervorheben – mehr aber bitte nicht.

Der Betreff (das ist tatsächlich die korrekte Bezeichnung!) muss in einer, maximal zwei Zeilen ausdrücken, worum es in dem Anschreiben geht. Antworten Sie auf eine Annonce, so beziehen Sie sich auch darauf; geben Sie an, auf welche Stelle Sie sich bewerben. Die Abkürzung ‚Betr.' selbst ist nicht mehr zeitgemäß.

Als Anrede eignet sich immer noch am besten entweder der Name des Angeschriebenen oder eben die Formel „Sehr geehrte Damen und Herren". Als Grußformel eignet sich am besten „Mit freundlichen Grüßen" oder eine ähnliche Formulierung. Unter Ihre Unterschrift dürfen Sie Ihren Namen schreiben und einige Zeilen darunter folgt das Wort ‚Anlage' als Hinweis auf den beiliegenden Lebenslauf und gegebenenfalls Zeugnisse.

Checkliste Anschreiben
▼ Bezug auf die freie Position
▼ geforderte Informationen
▼ Länge des Schreibens
▼ Darstellungsform
▼ schriftlicher Ausdruck
▼ Stil
▼ Verweis auf eigene Kernkompetenzen
▼ Motivation für den Wechsel
▼ Darstellung Ihrer Eignung für die Position

Wenn es sich um ein eher ungewöhnliches Unternehmen mit besonderen Eigenschaften handelt, beispielsweise um eine Werbeagentur, eine Internetfirma oder ein Beratungsunternehmen, dürfen Sie von allen vorab formulierten Empfehlungen abweichen: Um Ihre Originalität zu demonstrieren verwenden Sie Packpapier, gestalten Sie Ihr Anschreiben grafisch außergewöhnlich, schicken Sie zunächst eine sehr gute Arbeit ohne Absender ein und dann zwei Tage später den Brief mit dem Text: „Wenn Sie Lust auf mehr bekommen haben ..." Ihrer Kreativität sind keine Grenzen gesetzt – aber gehen Sie kalkulierte Risiken ein.

Bewerbungen ausschließlich per E-Mail oder CD-ROM bereiten vielen Unternehmen immer noch technische Probleme. CD-ROMs wird man oft erst nach einer Prüfung durch die DV-Abteilung bearbeiten und Attachments zu E-Mails mit unbekannten Absendern stoßen spätestens seit dem ‚I Love You'-Virus zumindest auf Skepsis, wenn sie nicht sogar konsequent gelöscht werden.

Muster I für die Form des Anschreibens

Dr. Claudia Nagel

Gneisenaustraße 56
24105 Kiel
Tel.: 04 31 – 90 66 93
23. Feb. 2001

Herrn
Jochen Frosch
Ray & Helpless Personalberatung GmbH
Olav-Baum-Straße 17

60495 Frankfurt/Main

Bewerbung als Fertigungsleiter –
Annonce in der FAZ vom 20. Februar 2001

Sehr geehrter Herr Frosch,

...

Mit freundlichen Grüßen

Claudia Nagel

Dr. Claudia Nagel

Anlage

Muster II für die Form des Anschreibens

23. Februar 2001

Herrn
Jochen Frosch
Ray & Helpless Personalberatung GmbH
Olav-Baum-Straße 17

60495 Frankfurt/Main

Bewerbung als Fertigungsleiterin –
Annonce in der FAZ vom 20. Februar 2001

Sehr geehrter Herr Frosch,

...

Mit freundlichen Grüßen

Claudia Nagel

Dr. Claudia Nagel

Anlage

Dr. Claudia Nagel
Gneisenaustraße 56   24105 Kiel
Tel.: 04 31 – 90 66 93

Im Inhalt des Schreibens nehmen Sie Bezug auf die ausgeschriebene Stelle, stellen Sie prägnant dar, warum Sie sich für die Aufgabe interessieren und warum Sie dafür geeignet sind! Beantworten Sie eventuell aufgeführte Fragen wie Sprachkenntnisse, Gehaltsvorstellung oder frühestmögliches Eintrittsdatum.

Das nächste wichtige Element Ihrer Unterlagen ist der Lebenslauf, neuerdings auch häufig als CV bezeichnet. Der Lebenslauf schildert kurz und bündig die wichtigsten Stationen Ihrer beruflichen Entwicklung, Ihre Ausbildung, wichtige Bausteine der Weiterbildung und Sprachkenntnisse. Er enthält relevante persönliche Daten, gegebenenfalls Veröffentlichungen oder gewonnene Preise.

Checkliste Lebenslauf

- ▼ Gliederung der Darstellung zeigt die Strukturiertheit des Bewerbers.
- ▼ Werdegang zeigt die Breite und Tiefe der Erfahrung.
- ▼ In den ausgeübten Tätigkeiten werden Veränderungen und Weiterentwicklungen sichtbar.
- ▼ Beförderungen zeigen Qualität und Motivation.
- ▼ Abschlüsse stellen erworbenes Fachwissen und Konsequenz dar.
- ▼ ‚Brüche' in der beruflichen Entwicklung werden kurz kommentiert.

Der CV ist chronologisch aufgebaut – beginnen Sie mit der aktuellen Station Ihrer Karriere. Formulieren Sie knapp und präzise, so kann der Beurteiler erkennen, ob Sie wesentliche von unwesentlichen Informationen trennen können. Lücken im Lebenslauf veranlassen häufig kritische Fragen oder führen dazu, Sie gar nicht erst als Bewerber in die engere Auswahl zu nehmen.

Beispiel für einen Lebenslauf

Peter Gerster

Berufliche Stationen:

X / 98 – heute	Vice President Sales, XY GmbH (Stuttgart): Verantwortung für das Key Account Management: Aufbau und Leitung des KAM, intern Leitung einer Projektgruppe zur Einführung von Actvity Based Costing
IV / 94 – IX / 98	Key Account Manager, Sales United Ltd. (Luton, UK): verantwortlich für die Betreuung von Kunden aus der Telekommunikation
...	
I / 88 – XII / 90	Wissenschaftlicher Mitarbeiter, Universität Mannheim, Lehrstuhl für Betriebswirtschaft
IX / 82 – IX / 87	Studium, Abschluss: Diplom-Betriebswirt (Ø 1,4)
...	

Sprachen   Deutsch, Englisch, Spanisch
geboren am 14. Mai 1962 in Barcelona
verheiratet, ein Kind

Erfahrungen
Entwicklung und Durchsetzung von Konzepten zur erfolgreichen Betreuung von Großkunden
...

Neuausrichtung des Unternehmens auf Activity Based Costing, Projektleiter
...

Publikationen
Gerster, P.: Key Account Management in der TK-Industrie. Funkhandel, IX / 86
...

Zu den Unterlagen gehört ein Lichtbild, geben Sie sich einen Stoß und gehen Sie zu einem professionellen Fotografen. Die Qualität der Aufnahme wird die Investition rechtfertigen. Ein Profi wird Sie bei der Wahl der Kleidung und dergleichen gut beraten – wählen Sie im Zweifel einen eher dunklen Anzug ohne Muster und eine wenig gemusterte Krawatte. Wichtig ist eine aktuelle Aufnahme, schwarz-weiß oder farbig spielt inzwischen kaum noch eine Rolle.

Üblicherweise werden einer Bewerbung auch wichtige Zeugnisse beigelegt, je nach Stadium Ihrer beruflichen Entwicklung sind es unterschiedliche Dokumente. Für einen Berufsanfänger ist das Abiturzeugnis relevant und Bescheinigungen über interessante Praktika, Nachweise auch kürzerer Fortbildungen haben hier ihre Berechtigung. Für erfahrene Bewerber sieht die Liste anders aus: In der Regel reicht der Nachweis der abgeschlossenen Hauptausbildung (Studium, Berufsausbildung), wichtige Weiterbildungen (Meisterprüfung, MBA ...) sowie ggf. Arbeitszeugnisse. Unterlagen wie das Abiturzeugnis oder die Bescheinigung über ein erfolgreich absolviertes Sechs-Wochen-Praktikum vor acht Jahren werden bei einem professionellen Betrachter eher Befremden auslösen. Üblicherweise legt man heutzutage keine Organigramme zur Erläuterung der aktuellen Stelle, nicht angeforderte Referenzen oder womöglich ein polizeiliches Führungszeugnis bei.

Checkliste Zeugnisse
▼ vollständig
▼ Übereinstimmung Lebenslauf – Zeugnisse
▼ Abschlusszeugnisse
▼ Wechsel zu den üblichen Kündigungsterminen
▼ Ursachen für berufliche Veränderungen
▼ Leistungsbeurteilung
▼ Weiterbildung
▼ Referenzen – nur wenn gefordert

Kritisch gewertet werden immer zu lange oder unpräzise Anschreiben, unvollständige Unterlagen, eine schlechte Form oder Schreibfehler sowie unsaubere Papiere mit Schmierflecken oder Eselsohren.

Bravo! Es ist erreicht! Sie haben es geschafft! Ihnen wurde ein Termin für ein Gespräch angeboten! Bestätigen Sie den Termin der Form halber schriftlich – es sei denn, Ihr Treffen erfolgt sehr kurzfristig.

Bereiten Sie sich dann auf das Gespräch vor:

Aktualisieren Sie Ihre Informationen über den – vielleicht – zukünftigen Arbeitgeber, aktuelle Veränderungen im Management, Presseberichte aus den letzten Tagen oder Wochen ... Planen Sie Ihre Anreise: Adresse (Vorsicht! Nicht immer sind Hauptsitz und Ort des Gesprächs identisch!), Wegbeschreibung, Tickets, genügend Bargeld für Taxi und Ähnliches, Anzug, Unterlagen.

‚Wer zu spät kommt, den bestraft das Leben!': Reisen Sie rechtzeitig an, im Zweifel lieber am Vorabend, planen Sie mögliche Verspätungen durch Staus oder schlechtes Wetter ein. Wenn Sie mit dem PKW anreisen, gehen Sie nicht selbstverständlich davon aus, dass ein Besucherparkplatz vorhanden sein wird. Bedenken Sie, dass Ihr Gesprächspartner oder eine Bezugsperson Sie unter Umständen ankommen sieht. Ihr Auto sollte also sauber sein und ein gediegener Fahrstil macht in der Regel einen besseren Eindruck, als wenn Sie mit quietschenden Reifen vor dem Portal zum Stehen kommen und dem Pförtner Ihren Schlüssel zuwerfen, damit er den Wagen für Sie parkt. Sie werden im Gebäude eventuell auch noch einige Zeit benötigen, um an den Ort Ihrer Bestimmung zu gelangen. Circa 15 Minuten vor dem Termin am Portal ist besser!

Was wollen Sie anziehen? Individualität ist toll – gut gekleidet wirken Sie in der Vorstellungsrunde besser. Generell gilt daher: Gediegen, leicht konservativ und zurückhaltend gekleidet gehen Sie auf Nummer sicher. Für Männer bedeutet das üblicherweise einen Anzug in gedeckten Farben, ein unifarbenes weißes oder blaues Hemd mit langen Ärmeln und eine nicht zu auffällige Krawatte. Von den ach so beliebten Mustern wie Mickey Mouse, Golfutensilien und so weiter ist eher abzuraten. Die Socken sollten in der Farbe dem Anzug entsprechen und die Schuhe eher schwarz oder dunkelblau (zum blauen Anzug) sein. Bei schlechtem Wetter ist ein Mantel besser als ein durchgeregneter Anzug! Leider nicht unnötig zu erwähnen ist das Erscheinungsbild der Kleidung: sauber, keine ausgefransten Manschetten, ohne Flecken oder lose Knöpfe oder eingerissene Taschen ... Die Schuhe sollten in gutem Zustand und frisch geputzt sein. Für Damen gilt eher ein Kostüm oder ein Hosenanzug als passend, kein zu tiefer Ausschnitt und kein zu kurzer Rock, bloße Arme sind manchmal nicht gern gesehen. Schrille Farben zum Einstieg können abschreckend wirken. Auffällig plakativer Schmuck sollte vermieden werden, Anstecker sind eher störend. Nehmen Sie im Zweifel Ersatzkleidung mit, auf der Anreise könnte Ihnen ein Missgeschick geschehen und ein dicker Fleck auf der Kleidung – wie unvermeidlich er auch immer war – macht einen schlechten Eindruck.

Für beide Geschlechter gilt ein guter Pflegezustand der Person als Muss! Gehen Sie zum Friseur, rasieren Sie sich sorgfältig, pflegen Sie Finger- und Fußnägel und tragen Sie nicht zuviel Make-up auf! Die morgendliche Dusche ist obligatorisch! Es gibt inzwischen eine breite Auswahl an wunderbaren Parfums oder Eau de Toilette – dezenter Duft wirkt allerdings immer besser als eine breite Duftschneise.

Das Bewerbungsgespräch folgt meistens einem Standardfahrplan:

Phasen des Gesprächs

- Begrüßung, Vorstellung, Einleitung
- kurze Darstellung des Unternehmens und der Stelle – oder direkt:
- Darstellung des Werdegangs durch den Bewerber
- Fragen nach Details, besonders zu den Punkten
- Motivation der Karriere
- berufliche Kompetenz/Erfahrungen
- Stärken/Schwächen
- fachliche Themen
- persönlicher und sozialer Hintergrund
- Informationen für den Bewerber
- Fragen durch den Bewerber
- Weitere Schritte
- Abschluss des Gesprächs und Verabschiedung

Bereiten Sie sich auch mental und inhaltlich auf das Gespräch vor. Wie wollen Sie Ihren Gesprächspartner begrüßen, welche Antworten wollen Sie auf die unvermeidlichen Fragen geben und welche Fragen wollen Sie stellen. Geben Sie sich bitte nicht der Hoffnung hin, dass Ihnen im richtigen Augenblick schon das Passende einfallen wird – schlecht vorbereitet zu sein ist dumm!

Wenn Sie dann Ihre(n) Gesprächspartner treffen, werden Sie vermutlich mit einigen lockernden Bemerkungen begrüßt werden. Wie war Ihre Anreise? Haben Sie uns gut gefunden? Nehmen Sie bitte Platz! Was dürfen wir Ihnen zu trinken anbieten? Ihre Antworten? Kurz und prägnant, positiv. Die Anreise war gut, die Wegbeschreibung ausgezeichnet und Sie bitten um Kaffee, Tee oder Wasser. Das Verlangen nach exotischen Getränken oder das Lamentieren über eine schwierige Anreise machen keinen guten Eindruck. Merken Sie sich den/die Namen Ihres/r Gesprächspartner, meist wird Ihnen eine Visitenkarte überreicht, der Sie auch die Funktion entnehmen können. Verwenden Sie den Namen im Gespräch.

Im Gespräch sollten Sie die angebotenen Getränke und eventuell auch Kekse oder Obst sparsam konsumieren. Schlürfen, Kaffeeflecken, Antworten mit vollem Mund oder zu lange Pausen sind störend und zeichnen ein schlechtes Bild von Ihnen. Selbstverständlich verbietet sich Rauchen.

Danach geht's zur Sache! Im Folgenden finden Sie mögliche Fragen mit Hinweisen zum Hintergrund der Frage und möglichen Antworttendenzen. Doch Obacht! Bewerbungen sind zwar immer das Bestreben, sich gut zu verkaufen, andere für Ihre Person und Ihre Kompetenzen zu begeistern. Sie allein aber entscheiden, ob und wie sehr Sie sich verbiegen wollen. Die Antworten auf Fragen sollten grundsätzlich ehrlich sein und auch Ihre wirkliche Persönlichkeit, Ihre Interessen und Kompetenzen abbilden. Das Wohlbefinden in einem Job, in den Sie nicht passen und der nicht zu Ihnen passt, ist wie ein schlecht geschnittener Anzug: zu eng, und Sie vermissen bald die nötige Bewegungsfreiheit; zu weit, und Sie können ihn nicht ausfüllen!

Extra:
Fragen und Antworten

? Warum haben Sie sich bei uns beworben? Warum wollen Sie gerade bei uns arbeiten?

! Ihr Gesprächspartner will erfahren, wie gut Sie sich mit dem Unternehmen und der anstehenden Aufgabe beschäftigt haben. Detaillierte Kenntnisse sind nur in Ausnahmefällen gefordert, eine grobe Orientierung wird an dieser Stelle erwartet.

? Was wissen Sie von unserem Unternehmen? Welche unserer Produkte/Dienstleistungen kennen Sie?

! Auch hier ist eine grundsätzliche Antwort besser.

Neben der Überprüfung Ihrer Vorbereitung und Ihres Informationsstands wird auch nachgefragt, welches Bild des Unternehmens Sie haben beziehungsweise welche Aspekte bei der Wahl eines Arbeitgebers für Sie im Vordergrund stehen.

? Was reizt Sie an der Aufgabe/Position?

! Hier sollten Sie ein oder zwei Kernaussagen machen können, warum die ausgeschrieben Stelle der logische nächste Schritt in Ihrer beruflichen Entwicklung ist. Nehmen Sie Bezug auf wenigstens einen wichtigen Aspekt der Ausschreibung.

Die Gewichtung Ihrer persönlichen Auswahlkriterien beziehungsweise die herausragenden Elemente Ihrer beruflichen Motivation sind gefragt.

? Warum wollen Sie den Arbeitsplatz wechseln? Warum wollen Sie Ihr jetziges Unternehmen verlassen? Warum können Sie nicht bei Ihrem bisherigen Arbeitgeber aufsteigen?

! Ein oder zwei eher neutrale Gründe sollten von Ihnen genannt werden. Etwa dass die vergleichbare Position nicht vorhanden oder langfristig besetzt ist, dass Sie ein Wechsel der Branche reizt, dass besondere Aktivitätenfelder für Sie sehr attraktiv sind. Stellen Sie die Herausforderungen der neuen Stelle in den Vordergrund. Begründen Sie Ihren Wunsch nach Veränderung nicht damit, dass Sie sich mit Ihrem jetzigen Chef oder der Geschäftsleitung nicht verstehen. Vermeiden Sie Aussagen über Schwierigkeiten, die Sie haben. Anführen können Sie offenkundige Probleme des Unternehmens, das heißt Ursachen, welche die gesamte Branche kennt oder die bereits in der Presse dargestellt wurden.

Generell müssen Sie vermeiden, Schwierigkeiten mit Ihrem gegenwärtigen Arbeitgeber oder dortigen Personen als Motiv für eine Veränderung anzuführen. Man wird annehmen, dass Sie auch im neuen Unternehmen Probleme machen werden. Hüten Sie sich ebenfalls davor, Interna oder besondere Kenntnisse auszuplaudern – Sie könnten sonst den Eindruck mangelnder Loyalität erwecken.

Fragen wie diese dienen neben den Informationen der Überprüfung Ihrer Motivation. Motivation muss positiv kommuniziert werden, sie sollte sich ‚nach vorn' richten. Dynamische Argumente sind ‚neue Herausforderungen', ‚gute Entwicklungsmöglichkeiten' oder ‚wichtige Erfahrungen', die Sie sammeln wollen.

Entweder direkt nach der Einleitung oder nach den ersten grundsätzlichen Fragen wird man Sie um eine Selbstbeschreibung Ihrer beruflichen Entwicklung und auch Ihrer Person bitten.

? Schildern Sie uns Ihre berufliche Entwicklung. Erzählen Sie uns etwas über Ihre bisherige Karriere.

! Seien Sie darauf vorbereitet, circa drei Minuten knapp aber vollständig Ihren Lebensweg zu schildern. Je weiter Ihre berufliche Entwicklung gediehen ist, umso unwichtiger werden frühe Aspekte wie die Ausbildung, prägende Figuren an der Hochschule und dergleichen. Lassen Sie einen roten Faden in Ihrer Karriere erkennen, stellen Sie die berufliche Entwicklung zwingend positiv dar. Wichtige Kernelemente Ihrer Leistungsmotivation oder inhaltlicher Natur sollten auf die neue Aufgabe hinweisen. Zeigen Sie Ihre Fähigkeit, komplexe Entwicklungen auf das Wesentliche zu reduzieren! Die zentralen Aussagen Ihres Anschreibens sollten vorkommen.

? Aus welchen Gründen haben Sie sich für den Beruf X entschieden? Wieso haben Sie Ihren Berufsweg/Ihre Führungslaufbahn bei Z begonnen? Warum haben Sie die Aufgabe Y übernommen?

! Ist erkennbar, dass Sie wichtige Schritte Ihrer Karriere planen? Hatten Sie die Wahl oder waren Sie gezwungen, aus Mangel an Alternativen (irgend-)einen Job anzunehmen? Vermeiden Sie negative Antworten, schildern Sie sich als treibende Kraft, nicht als Getriebener. Machen Sie plausibel, dass Sie zielgerichtet und überlegt vorgehen.

? Was reizt Sie an Ihrer aktuellen Aufgabe? Was ist negativ für Sie?

! Gefragt ist eine differenzierte Darstellung, natürlich müssen die positiven Aspekte die negativen bei weitem überwiegen. Negative Elemente können beispielsweise der Mangel an Aufstiegsmöglichkeiten, zu wenig Verantwortung oder geringe berufliche Entwicklungsmöglichkeiten sein. Nicht zu große Arbeitsbelastung, Ärger mit dem Vorgesetzten oder ein Standort, den Ihr/e Freund/in oder Partner/in nicht attraktiv genug findet.

? Wie haben Sie sich weitergebildet? An welchen Fördermaßnahmen haben Sie teilgenommen?

! Wissen ist für den beruflichen Erfolg wichtiger denn je. Andererseits hat Wissen in unserer Informationsgesellschaft eine Halbwertszeit von circa vier Jahren. Das bedeutet, der Stand am Ende Ihres Studiums trägt Sie durch den ersten Job, vielleicht in den zweiten, dann ist Ihr Wissen teilweise veraltet oder überholt. Naturgemäß will Ihr neuer Arbeitgeber erfahren, was Sie getan haben, um fit zu bleiben und Ihr Wissen aktuell zu halten. Neben Seminaren, Kongressen oder längeren Fortbildungsmaßnahmen sollten dazu auch konsequente regelmäßige Lektüre, der Austausch mit Kollegen und auch innovative Techniken wie E-Learning oder die Teilnahme an fachbezogenen Chatgroups gehören.

Daneben wird das Maß Ihrer Eigeninitiative deutlich und die Wertschätzung Ihres gegenwärtigen Arbeitgebers. Nur in Ausnahmefällen werden Sie kontinuierlich und konsequent in Wieterbildungs- und Fördermaßnahmen eingebunden, wenn Sie sich nicht selber darum kümmern. Wenn Ihr jetziges Unternehmen Ihnen zudem die Teilnahme an solchen Veranstaltungen nicht ermöglicht, ist das immer ein Zeichen mangelnder Wertschätzung. Einzige Ausnahme bilden Firmen mit bekannt geringem Engagement in der Entwicklung Ihrer Mitarbeiter. Umso mehr sticht dann eigener Einsatz hervor.

? Worauf legen Sie beruflich besonderen Wert? Was ist für Sie wichtig, um zufrieden zu sein? Wie sollten Ihre neuen Aufgaben aussehen?

! Stellen Sie dynamische Aspekte wie Gestaltungsspielraum, Teamarbeit und die Beteiligung an herausfordernden Projekten in den Vordergrund. Niemand findet es spannend, wenn Sie einen kleinen, gut überschaubaren Aufgabenbereich, möglichst wenig Veränderungen und einen pünktlichen Feierabend erwarten.

? Sind Sie gut in Ihrem Job? Sind Sie eine gute Führungskraft? Woran kann man das erkennen? Nennen Sie uns Beispiele!

! Sie dürfen selbstbewusst sein – ohne Anflüge von Größenwahn. Wenn Sie nicht gut wären, hätte man Sie nicht eingeladen. Aber selbstverständlich gelingt Ihnen nicht *alles* perfekt! Bereiten Sie für einzelne Aspekte kurze prägnante Beispiele vor, die Sie bei Bedarf schildern können – aufschlussreich, aber nicht ausschweifend. Wenn Sie an dieser Stelle lange überlegen müssen, wird man zweifeln, ob Ihre Aufgaben tatsächlich so wie von Ichnen dargestellt beschaffen sind. Zu lange und bunte Beispiele illustrieren die Unfähigkeit, Dinge auf den Punkt zu bringen. Sie legen auch eher die Vermutung nahe, dass Ihre Schilderung nicht ganz der Wahrheit entspricht. Details wird man bei Interesse erfragen, halten Sie sich in Ihrer Darstellung nicht damit auf.

Jetzt kommen einige kurze sachorientierte Fragen, bei denen Sie gleichwohl schwere Fehler machen können:

? Wann können Sie bei uns anfangen? Was ist der nächstmögliche Eintrittstermin?

! Seien Sie realistisch. Niemand erwartet, dass Sie Knall auf Fall das Unternehmen verlassen können. Oder hat man Ihnen schon gekündigt und Sie haben diese Tatsache bisher verschwiegen? Geschickter ist es, wenn Sie den üblichen Termin nennen, aber hinzufügen, dass Sie gern bereit sind, mit Ihrem aktuellen Arbeitgeber über einen früheren Austrittstermin zu verhandeln.

? Welche Gehaltsvorstellungen haben Sie? Was verdienen Sie aktuell?

! Sie werden sich im Vorfeld über durchschnittliche Vergütungen informiert haben, in der Branche und in vergleichbaren Positionen. Ein Übermaß an Erwartung wird Ihnen den Weg in den neuen Job verbauen, zu große Bescheidenheit lässt vermuten, dass Sie dringend wechseln müssen oder keine Vorstellungen von den aktuellen Konditionen haben. Beides ist gefährlich! In Ihrer Gehaltserwartung sollte die Bedeutung der neuen Aufgabe als solche reflektiert sein. Machen Sie deutlich, dass Sie nicht wegen der Bezahlung wechseln, dass eine adäquate Vergütung für Sie aber durchaus eine Rolle spielt.
Wenn Sie nicht in ein völlig neues Feld wechseln, ist das bisherige Einkommen eine gute Bezugsgröße, circa 20 Prozent mehr Gehalt dürfen Sie bei einem Wechsel schon erwarten! Denken Sie auch an unbare Leistungen, die Ihr gegenwärtiger Arbeitgeber erbringt. Dazu gehört die Altersversorgung ebenso wie Firmenwagen oder Fahrtkostenbeiträge, Zuschüsse zur Ausbildung der Kinder oder Deputate. Wägen Sie das Risiko, aber auch das Chancenpotenzial fester und flexibler Gehaltsanteile gegeneinander ab.

Die beruflichen Themen sind an dieser Stelle des Interviews abgearbeitet. Jetzt will man Sie noch ‚als Mensch' kennen lernen. Erwarten Sie neben Fragen zu Ihrer Person auch Fragen zum familiären und sozialen Hintergrund.

? Erzählen Sie uns etwas über sich als Person! Welche Stärken und Schwächen haben Sie? Was können Sie besonders gut, was tun Sie nicht gern? Wie gehen Sie mit Schwierigkeiten um? Arbeiten Sie gern mit anderen Menschen im Team?

! Grundsätzlich positiv muss Ihre Antwort sein, kritische Aspekte aber durchaus würdigen. Nennen Sie keine Themen, die grundsätzliche Schwierigkeiten mit Ihnen als Mensch oder in Ihrer neuen Aufgabe erwarten lassen. Jede Antwort sollte sich auf zwei bis drei Aspekte beschränken. Wiederholen Sie Ihre wichtigen Kernaussagen!

? Wie sieht Ihre familiäre Situation aus?

! Frau? Partnerin? Kinder? Kein Problem, sagen Sie, wie es ist. Die Familiengeschichte inklusive Job der Eltern ist kaum noch gefordert. Schwierige Aspekte, wie den pflegebedürftigen Großvater, brauchen Sie nicht zu erwähnen und sollten es auch eher nicht tun.

? Was macht Ihr/e Mann/Frau/Partner(in) beruflich?

! Diese Frage adressiert Ihren sozialen Kontext – wählen Sie gut akzeptierte und verständliche Bezeichnungen für den Beruf Ichres Partners. Zu starke soziale Diskrepanzen sorgen bei manchen Interviewern für Unruhe. Eine zu ausführliche Diskussion der beruflichen Situation des Partners lässt Zweifel an Ihrer Konzentration auf das Wesentliche zu.

? Wie steht Ihr Partner zu Ihren Plänen?

! Es gibt nur eine mögliche Antwort: Sie haben die Frage gemeinsam diskutiert und sind sich einig. Ein Umzug wird kein Problem sein, weil es Ihnen und Ihrem Partner leicht fällt, sich in einer neuen Umgebung zurechtzufinden. Sie sehen das sogar als Herausforderung und die spannende Möglichkeit, neue Anregungen zu bekommen.

? Was tun Sie in Ihrer Freizeit? Engagieren Sie sich sozial?

> **!** Welches Bild wollen Sie von sich malen? Vermeiden Sie aber in jedem Fall besonders kritische Aspekte: Zu viele oder zu stark fordernde Aktivitäten wecken Zweifel an Ihrem beruflichen Engagement, zu exklusive Hobbys lassen an Ihrer Solidität zweifeln. Fehlende Freizeitaktivitäten stellen Sie in die gleiche Ecke mit kontaktunfähigen Zeitgenossen. Zu skurille Hobbys machen Sie eher zu einer komischen Figur!
>
> Lüge und Wahrheit: Es gibt Themen, die im Bewerbungsgespräch tabu sind. Alle Fragen nach Ihren politischen Ansichten, nach der Mitgliedschaft in einer Gewerkschaft, nach privaten Details wie Familienplanung oder Hobbys, Krankheiten oder der Einstellung des Lebenspartners dürfen Sie getrost ‚falsch' beantworten. Die Rechtsprechung gesteht Ihnen bei allen Fragen, die nicht ‚arbeitsbezogen' sind, ein ‚Recht auf Notwehr' zu. Das heißt ganz konkret, dass Sie das Recht haben, Tatsachen zu verschweigen oder eben auch wahrheitswidrig zu antworten!
>
> Spätestens nach diesen Fragen wird man Ihnen das Unternehmen vorstellen und die neue Aufgabe. Sie bekommen eventuell weitere wichtige Informationen zu Personen und Sachverhalten. Folgen Sie aufmerksam, machen Sie sich Notizen, unterbrechen Sie nicht. Sie haben im Anschluss an den Informationsteil immer die Gelegenheit, Fragen zu stellen. An diesen Fragen wird man das Maß Ihres Interesses erkennen wollen. An guten Fragen erkennt man auch den gut vorbereiteten Bewerber. Keine Fragen sind schlecht, Fragen nach Details im ersten Gespräch ebenso. Vermeiden Sie zu Beginn Fraugen nach Urlaub und Extravergütung.
>
> Mögliche Themen sind Fragen nach der organisatorischen und persönlichen Einordnung der Stelle, nach Details des Aufgabenbereichs, nach dem Gestaltungsspielraum oder Möglichkeiten zur Weiterbildung.
>
> Wenn man es Ihnen nicht gesagt hat, fragen Sie in jedem Fall nach dem weiteren Verlauf der Entscheidungsprozesse für die Besetzung der Stelle.
>
> Verabschieden Sie sich höflich (Danken Sie für das Gespräch!), positiv („Ich freue mich auf Ihre Rückmeldung!") und kurz.

Danach ist es Zeit, Ihre ganz persönliche Bilanz zu ziehen: Wollen Sie in dem Unternehmen arbeiten? Gefällt Ihnen das Klima? Fanden Sie den Umgang mit Ihnen gut? Möchten Sie mit den Menschen zusammenarbeiten, die Sie kennen gelernt haben? Ist die neue Aufgabe so interessant wie beschrieben?

Checkliste Bewerbungsgespräch
Persönlicher Teil
▼ Atmosphäre im Unternehmen ▼ Kommunikation im Gespräch – Atmosphäre und Qualität ▼ Kompetenz der Gesprächspartner ▼ Vorbereitung der Gesprächspartner ▼ Rückmeldung am Ende des Gesprächs – Atmosphäre und Qualität ▼ Kann ich mir vorstellen, für dieses Unternehmen zu arbeiten?
▼ Möchte ich für diesen Chef arbeiten? ▼ Gefällt mir die Atmosphäre im Haus? ▼ Gefallen mir die Kollegen?
Fachlicher Teil
▼ Unternehmenskultur? Leitbild? Strategie? ▼ Managementsysteme? ▼ Aufgaben, Anforderungsprofil, Organigramm? ▼ Entwicklungsmöglichkeiten? ▼ Personalentwicklung? Karrierechancen? ▼ Einarbeitungsplan? ▼ Patenmodell, Coaching, Mentoring? ▼ Ausstattung des Arbeitsplatzes? ▼ Technischer Standard? ▼ Finanzielle Regelungen? ▼ Fachliche Kompetenz der Gesprächspartner? ▼ Kann ich meine Kompetenz und meine Stärken einbringen?

Einstellungsgespräche

Das menschliche Potenzial ist die wichtigste Ressource des Unternehmens: Sie suchen einen neuen Sachbearbeiter für die Marketingabteilung, eine Geschäftsstellenleiterin, einen Webmaster – oder wollen Sie Helden für den Endkampf zwischen Gut und Böse finden? Viele Stellenanzeigen beschreiben idealtypische Profile – wären die Unternehmen aber wirklich gewillt, solche herausragenden, unternehmerisch orientierten, selbstständig denkenden und handelnden Mitarbeiter in Ihren Reihen zu haben?

Seien wir also realistisch. Sie brauchen ein qualifiziertes Anforderungsprofil, um den richtigen Mitarbeiter finden zu können.

Die Qualität des Anforderungsprofils bestimmt entscheidend die Qualität des weiteren Auswahlprozesses. Das Anforderungsprofil beschreibt die fachliche Qualifikation des Bewerbers (zum Beispiel Studium, Lehrgänge), die Erfahrung (berufliche Stationen, Erfolge ...) und die soziale Kompetenz (Führung, Kommunikation ...). Das Anforderungsprofil ist der Maßstab, an dem Sie die Bewerber messen und werten. Je detaillierter und präziser Sie das Profil definieren, desto besser werden Sie es bei der Auswahl einsetzen können. Ohne Anforderungsprofil sind die Bewerber nicht vergleichbar.

Anforderungsprofil: Ableitungen (Beispiel)

Sozialkompetenz	Problemlösung
✓ Überzeugung ✓ Delegation ✓ Motivation ✓ Steuerung/ Ziele ✓ ...	✓ Analyse ✓ vernetztes Denken ✓ Entscheidung ✓ Strategie ✓ ...

Das Anforderungsprofil generieren Sie aus der Stellenbeschreibung, aus der Analyse von Gesprächen mit erfolgreichen Stelleninhabern sowie den Vorgesetzten derselben. Eine wichtige Rolle spielt in jedem Fall die Führungskraft, in deren Bereich die neue Stelle besetzt wird. Erheben Sie einige typische Arbeitssituationen, in denen die Qualifikation besonders gut deutlich wird. Diese Situationen können Sie beispielsweise später als Fallbeispiele in die Interviews einbringen.

Das Anforderungsprofil bildet die Grundlage für die späteren Interviews mit den Bewerbern. Aus den Dimensionen des Profils lassen sich Checklisten für die Vorauswahl, die Schwerpunkte des Interviews und die einzelnen Fragen direkt ableiten.

Sie werden sich für eine Methode der Bewerberauswahl entscheiden – eine Stellenausschreibung, Jobbörsen im Internet – oder Sie werden einen Personalberater beauftragen. Dieser übernimmt dann einige Schritte der Vorauswahl für Sie, das Analysieren der eingesandten Bewerbungsunterlagen, das Aussortieren der eindeutig ungeeigneten Bewerber, die Telefoninterviews und die erste Interviewrunde mit circa zehn Bewerbern. Ein guter Berater wird Sie in diesem Prozess fortwährend über seine Fortschritte auf dem Laufenden halten – vielleicht weist er zwischendurch auf einige Bewerber hin, die zwar nicht ins Profil passen, aber besondere Merkmale aufweisen und deswegen für Sie an anderer Stelle oder trotzdem auch für die ausgeschriebene Stelle interessant sein könnten. Nach diesen Schritten werden Ihnen etwa drei geeignete Bewerber vorgestellt und Sie führen mit Unterstützung des Beraters die Auswahlinterviews. Im Fall einer Stellenausschreibung sind Sie auf Ihre eigene Kompetenz und Ihre interne Logistik angewiesen.

Anforderungsprofil: Beispiel

Methodenkompetenz	Organisation Planung Koordination	○ ○ ○ ○ ○ ○ ○ ○ ○ ○ ○ ○ ○ ○ ○
Soziale Kompetenz	Führungskompetenz Teamfähigkeit Kommunikation	○ ○ ○ ○ ● ○ ○ ○ ● ○ ○ ○ ○ ○ ●
Strategische Kompetenz	Analytisches Denken Konzeptionelles Denken Kreativität/Flexibilität	○ ○ ○ ○ ○ ○ ○ ○ ○ ○ ○ ○ ○ ○ ○
Unternehmerische Kompetenz	Kundenorientierung Risikoverhalten Innovationsorientierung	○ ○ ○ ○ ● ○ ○ ○ ● ○ ○ ○ ○ ● ○

Wenn Sie sich für eine Annonce entscheiden, so bedenken Sie, dass die Anzeige der Suche nach dem Bewerber dient, gleichzeitig aber auch eine Außendarstellung Ihres Unternehmens als attraktiver Arbeitgeber bedeutet. Diese Überlegungen müssen in die Formulierung und Gestaltung einfließen.

In den Anforderungen definieren Sie Ihre Sollansprüche an den Bewerber. Bitte realistisch, nicht getrieben von dem Verlangen nach dem Über-Mitarbeiter. Je besser Sie Ihre Anforderungen definieren, umso größer ist die Wahrscheinlichkeit, dass sich unter den Bewerbern die gesuchte Person befindet. Notwendige Informationen sind die vorausgesetzte Ausbildung, die Berufserfahrung, eventuelle Branchenkenntnisse und besondere Fähigkeiten. Wichtig sind ebenso Angaben zur Bezeichnung der Position, zum Verantwortungsbereich und zur Einordnung im Unternehmen. Teilen Sie mit, um welches Unternehmen es sich handelt und was die Firma und die Position für den Bewerber interessant macht.

Anforderungsprofil: Merkmale

Unternehmerische Kompetenz	Kundenorientierung ○ ○ ○ ○ ● Risikoverhalten ○ ○ ○ ● ○ Innovationsorientierung ○ ○ ○ ● ○

Kundenorientierung:	Wie müssen sich zukünftig die internen Abläufe verändern, um eine hohe Servicequalität zu sichern? Wie stellen Sie die langfristige Bindung der Kunden an das Unternehmen sicher? Wie können Sie neue Kundenzielgruppen erreichen? Was haben Sie getan, um in Ihrem Bereich die Kundenorientierung zu verbessern?

Und dann passiert es: Sie haben die Annonce geschaltet und erhalten die Bewerbungen. Eine gute Bewerberverwaltung wird Ihnen helfen, die Übersicht zu behalten und gleichzeitig einen guten Eindruck zu machen. Gute Bewerber sind selten auf eine einzige Stelle angewiesen und deren Urteil richtet sich auch nach der Qualität, mit der Sie diesen Prozess gestalten. Wie lang ist die Wartezeit auf Antwortschreiben, ist der Ton professionell und vieles mehr.

Die Bewerbungsunterlagen, die Sie bekommen, sind der erste Kontakt mit dem Bewerber. Sie können erkennen, wie sich die Kandidaten darstellen, mit welcher Sorgfalt sie sich mit dem Inhalt Ihrer Anzeige beschäftigt und wie gut sie die Unterlagen vorbereitet haben.

Halten Sie sich vor Augen, dass bei unterschiedlichen Positionen voneinander abweichende Anforderungen an die Bewerber gestellt werden können – und müssen. Ein Mitarbeiter im Lager wird Unterlagen in anderer Qualität einsenden als Sie von einem Bewerber um eine Position als Bereichsleiter (hoffentlich!) erwarten können. Achten Sie auch auf kulturelle Besonderheiten. In den UK-/US-geprägten Staaten ist es üblich, einen CV/Lebenslauf ohne Zeugnisse einzusenden, ebenso wird ein Foto üblicherweise nicht beigelegt.

Analysieren Sie alle erhaltenen Papiere sorgfältig. Sind die Unterlagen vollständig? Sauber und ordentlich gestaltet? Bemüht sich der Bewerber um eine positive Selbstdarstellung? Inhaltlich werden Sie sich im nächsten Schritt intensiv mit Anschreiben, Lebenslauf und Berufserfahrung, den Zeugnissen und dem Foto beschäftigen.

Das Anschreiben vermittelt Ihnen sehr viel über das Vermögen des Bewerbers, sich kurz zu fassen und wesentliche Aussagen klar darzustellen.

Analyse des Anschreibens

- Form der Darstellung
- schriftlicher Ausdruck, Stil
- Länge (eine bis maximal eineinhalb Seiten)
- Bezug auf die ausgeschriebene Position
- Antwort auf Fragen (zum Beispiel nach der Erfahrung)
- Kernkompetenzen
- Wechselmotivation

Der Lebenslauf liefert Ihnen alle Informationen, die Sie benötigen, um die Eignung des Bewerbers formal beurteilen zu können. Sie erfahren etwas über seine Ausbildung und seinen beruflichen Hintergrund, über die Breite seiner Erfahrung und seines Wissens. Sie können besondere Qualifikationen und Leistungen erkennen, ebenso wie grundlegende Daten über seine familiäre Situation. Kritisch stimmen sollten Sie ‚überladene' oder stark ‚abgemagerte' Lebensläufe. Qualifizierte Bewerber müssen imstande sein, zwischen wesentlichen und unwesentlichen Informationen zu unterscheiden. Für Berufsanfänger ist es somit wichtig, das Abschlusszeugnis der Schule, Praktikumsbescheinigungen und auch Bestätigungen über die Teilnahme an einzelnen mehrtägigen Weiterbildungen beizulegen. Für berufserfahrene Bewerber oder Führungskräfte weisen genau diese Unterlagen entweder auf einen Mangel an Substanz in den sonstigen Erfolgen hin oder zumindest auf die Unfähigkeit, nur substanzielle Informationen zu liefern.

Checkliste Lebenslauf
▼ Ausbildung
▼ Weiterbildung
▼ Tätigkeiten – Inhalt, Verantwortung, Branche und Dauer
▼ Veränderungen/Entwicklungen/Beförderungen
▼ besondere Aufgaben/Projekte
▼ relevante Aktivitäten außerhalb des Unternehmens

Kritisch zu sehen sind auch immer unverlangt eingesandte Arbeitsproben – besonders solche umfangreicher Natur – und bereits im Lebenslauf der Verweis auf Referenzen. Wenig aktuelle Referenzen oder Person außerhalb der jetzigen beruflichen Situation sind natürlich immer irrelevant, werden aber ebenso ‚gern genommen'. Natürlich weise ich immer nur positive Referenzen vor und warum ist das bereits jetzt nötig? Mangelndes Selbstbewusstsein oder Geltungsbedürfnis durch Anführen ‚wichtiger' Persönlichkeiten?

Ergänzt werden die Informationen im Lebenslauf durch die Zeugnisse. Zeugnisse müssen grundsätzlich wahr (gute und schlechte Leistungen sollen beim Namen genannt werden), vollständig (alle ausgeübten Tätigkeiten sind komplett zu beschreiben) und offen (keine Codes) sein.

Aber: Zeugnisse sind zurückhaltend zu sehen. Die Fairness vieler Arbeitgeber, der Einfluss der Mitarbeitervertretung und die Rechtsprechung der Arbeitsgerichte sorgen grundsätzlich eher für positive Zeugnisse. Manchmal sind Vorgesetzte auch schlicht und einfach zu beschäftigt oder zu bequem, die Zeugnisse selber zu formulieren. Sie überarbeiten dann (oft flüchtig) einen Entwurf des Mitarbeiters oder ein Standardzeugnis der Personalabteilung (die oft gar nicht so genau weiß, was in den einzelnen Bereichen des Unternehmens geschieht). Zeugnisse – auch gute – sind also immer mit Zurückhaltung zu bewerten. Weiter zurückliegende Zeugnisse sagen in der Regel wenig über die aktuelle Situation des Bewerbers und seine Leistungen aus.

... auf der Suche

Checkliste Zeugnisse

- Vollständigkeit
- Übereinstimmung Lebenslauf – Zeugnisse
- Wechsel zu üblichen Kündigungsterminen
- Lücken zwischen Austrittstermin und Eintritt in das neue Unternehmen
- Entwicklungen/Beförderungen
- Weiterbildung
- Gründe für berufliche Veränderungen
- grundsätzliche Mängel (Fehlen dieser Elemente deutet entweder auf einen inkompetenten Zeugnisschreiber oder auf Schwierigkeiten im Arbeitsverhältnis hin):
- Überschrift
- persönliche Daten
- Beurteilung der Leistung
- Beurteilung der sozialen Kompetenzen
- Beurteilung von Führungskompetenz (wenn gegeben)
- Austrittsgrund
- gute Wünsche für die weitere berufliche Entwicklung
- Datum und Unterschrift

Ein weiterer Baustein der Bewerbungsunterlagen ist das Foto. Sie dürfen ein professionelles Lichtbild erwarten, im passenden Format, mit professioneller Kleidung und erkennbar gepflegtem Äußeren.

Sie haben jetzt bereits viele Informationen über die Bewerber zusammengetragen, sodass Sie die individuellen Werdegänge gut beurteilen können. Sie bewerten die Karriere des Einzelnen grundsätzlich nach den Kriterien der erfüllten Sollvoraussetzungen und Qualifikationen, der Erfahrungen, besonderen Erfolge und der beruflichen Entwicklung, den beschäftigenden Unternehmen, der Verweildauer und entsprechenden Veränderungen.

Nach einer Vorauswahl sollten Sie mit dem engeren Bewerberkreis Telefoninterviews führen, um noch offene Fragen zu klären und kritische Aspekte zu hinterfragen.

Typische Situationen ...

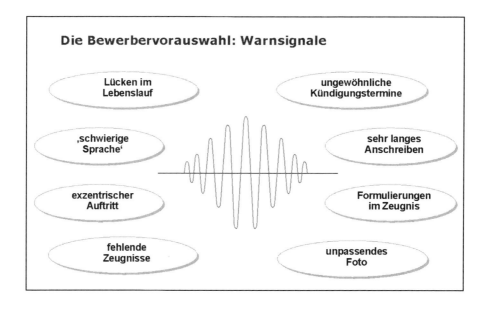

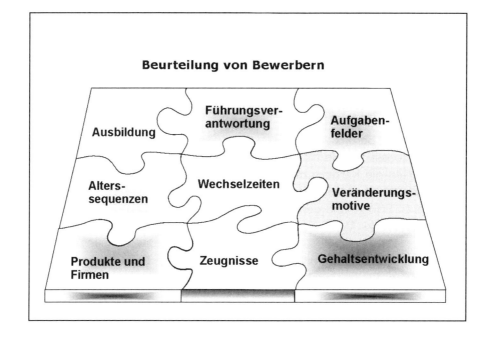

Nach diesen Schritten haben Sie eine ‚Short List' erarbeitet. Sie führt diejenigen Bewerber auf, die Sie für grundsätzlich geeignet halten. Mit diesen Kandidaten möchten Sie ein Gespräch führen. Das Bewerbergespräch ist die bevorzugte Methode zur Auswahl von Personen für eine Stelle. Selbst wenn Sie in Ihrem Unternehmen ergänzende Tests einsetzen oder sogar Assessment-Center durchführen, wird ein ausführliches Gespräch mit dem Bewerber immer der erste Schritt sein.

Sie wollen den Bewerbern einen kompetenten Eindruck vermitteln, von Ihrem Unternehmen und von Ihrer Person? Dazu gehört eine gründliche Vorbereitung der Gespräche.

Checkliste Vorstellungsgespräche

- Terminabstimmung Bewerber
- Teilnehmer benennen
- Information der Teilnehmer über Termin und Ort
- Raum reservieren
- Erfrischungen bestellen
- Empfang/Pförtner über den Besuch unterrichten
- Besucherparkplatz reservieren
- Informationsmaterial für den Bewerber vorbereiten (Firmenbroschüren, Stellenbeschreibung ...)
- Unterlagen an alle Teilnehmer verteilen
- Fragebogen für das Interview erstellen und besprechen

In die Interviews investieren Sie wichtige Zeit – und Geld. Die Entscheidung ist maßgeblich für Ihr Unternehmen – und für den Kandidaten. Bereiten Sie sich also gründlich auf das Gespräch vor. Anhand der Ergebnisse Ihrer Anforderungsanalyse erstellen Sie eine Liste mit wichtigen Fragen an den Bewerber.

Überlegen Sie sich gründlich, wie Sie das Gespräch aufbauen wollen. Planen Sie den Gesprächseinstieg und den –ablauf. Welche Informationen wollen Sie dem Bewerber vermitteln? Wie wollen Sie auf Fragen des Kandidaten antworten?

> **Interviewleitfaden: Aufbau und Inhalt**
>
> - Einleitung – Aufwärmphase
> - Tätigkeits- und Erfahrungsschwerpunkte
> - Berufliche Entwicklung des Kandidaten
> - Weiterbildung
> - Persönliche Entwicklung
> - Kooperationsverhalten, Konfliktbewältigung
> - Arbeitsverhalten, Problemlösetechniken
> - Projektmanagement
> - Ziele, Erfolgsstrategien
> - Gründe für den Wechsel
> - Wissen über das Unternehmen, Produkte und Dienstleistungen
> - Erwartungen an die neue Aufgabe
> - Familiärer Hintergrund, persönliche Interessen
> - Abschluss – Wie geht es weiter?

Sie beginnen das Interview mit der Kontaktphase, Sie begrüßen den Bewerber, stellen sich und andere Gesprächsteilnehmer vor. Sie stellen einen ersten Kontakt im Smalltalk her. Wie regiert der Kandidat? Kommt er offen auf Sie zu, geht er auf Ihre Bemerkungen ein, ohne an dieser noch unpassenden Stelle Tiefe zu entwickeln? Ist der Händedruck angenehm fest, aber nicht darauf angelegt, Ihre Rechte zu zerquetschen? Nimmt der Bewerber Blickkontakt auf, spricht er Sie mit Namen an? Eine Bestätigung oder ein Lob zu Beginn gibt dem Bewerber Sicherheit und macht ihn lockerer („Sie haben ja schon eine große Berufserfahrung ...").

Im nächsten Schritt geht es um die Glaubensfrage, ob Sie dem Kandidaten zunächst grobe Informationen über den Job und das Unternehmen liefern oder ihn zunächst zum Sprechen auffordern. Manche Autoren vertreten hier die dezidierte Meinung, dass es ein klarer Fehler sei, zuerst das Unternehmen und die Position vorzustellen, um erst im Anschluss daran den Bewerber von sich erzählen zu lassen. Die Realität jedoch ist etwas komplexer: Über die Stellenausschreibung, durch das Internet oder aus Publikationen wird Ihr Gesprächspartner bereits so viel über das Unternehmen wissen, dass Sie getrost mit einigen allgemeinen Informationen beginnen können. Sie erleichtern dem Bewerber den Start dadurch deutlich. Und wenn Sie nicht zu detailliert schildern oder persönliche Wertungen einfließen lassen, werden Sie keine maßgebliche Prägung der Wahrnehmung des Bewerbers vornehmen.

Die Bewerberauswahl: Das Interview

Wichtige Grundlagen

- genau beobachten
- genau zuhören
- **Fragen: unkompliziert, präzise**
- **offene Fragen lassen den Bewerber erzählen**
- gezielt nachfragen
- **situative Fragen stellen**
- **auf eigene Voreinstellungen achten**
- **Fragen zulassen**
- **qualifizierte Antworten geben**

Sie gehen nach dem knappen (!) Einstieg zu einer kurzen Erläuterung des weiteren Ablaufs über. So machen Sie auch deutlich, dass detaillierte Informationen später folgen werden und dass der Bewerber die Gelegenheit zu Fragen erhält. Geben Sie einen Hinweis auf die geplante Dauer des Gesprächs.

Als ersten Schritt in den Hauptteil des Interviews werden Sie den Bewerber üblicherweise bitten, einen kurzen Abriss über seine berufliche Entwicklung zu geben. Diese Darstellung sollte circa drei Minuten dauern und sich auf das Wesentliche konzentrieren. Unterbrechen Sie den Bewerber nach Möglichkeit nicht, Sie erfahren so mehr über seine Art, Inhalte zu strukturieren und zu schildern. Fragen zu einzelnen Stationen der beruflichen Entwicklung können Sie besser im Anschluss stellen.

Bei Ihren Fragen sollte es sich vorwiegend um offene Fragen handeln. So motivieren Sie den Bewerber zum Sprechen und erfahren mehr über ihn, als aus der Antwort auf geschlossene oder Suggestivfragen. Wenn Sie keine erschöpfenden Antworten erhalten, so fassen Sie nach. Wiederholen Sie Ihre Frage, lassen Sie sich Details schildern oder Beispiele geben.

Grundsätzlich werden sich Ihre Fragen in mehrere Blöcke einordnen lassen:

Zur Biografie des Bewerbers: Wie gut ist er wirklich? Welche Erfahrungen hat er gesammelt? Ist er wirklich qualifiziert für die ausgeschriebene Position? Hat er sich konsequent fachlich und persönlich entwickelt?

Zur aktuellen Position: Was genau tut er dort? Wie tut er es? Mit welchem Erfolg? Wie arbeitet der Bewerber mit anderen zusammen?

Zum Arbeitsverhalten: Wie arbeitet der Kandidat? Welche Techniken/Methoden beherrscht er? Wie geht er bei Aufgabenstellungen vor? Wie löst er Probleme?

Zur Motivation: Warum arbeitet er in diesem Job? Was will er erreichen? Welche Ziele und Pläne hat er? Wie viel und wie lange arbeitet er? Ist er *Mit*arbeiter oder *Führung*skraft?

Zur Vorbereitung/zum Unternehmen: Was weiß der Bewerber bereits, wie gut hat er sich informiert, wie beurteilt er das Unternehmen, die Produkte oder Dienstleistungen als Außenstehender?

Zur Person: Wie ist das Selbstbild? Stärken und Schwächen? Was tut er für die eigene Entwicklung?

Muster für Fragen zu verschiedenen Themen
Sozialkompetenz **Überzeugungskraft/Durchsetzung**<ul><li>Wie überzeugen Sie Gesprächspartner von Ihrer Meinung?</li><li>Was tun Sie, um Veränderungen zu unterstützen/durchzusetzen?</li><li>Mit welchen Strategien gewinnen Sie andere für neue Ideen?</li><li>In welchen Situationen setzen Sie auf Überzeugungsarbeit, in welchen vertrauen Sie auf Anordnungen?</li><li>Wie sichern Sie die Umsetzung getroffener Vereinbarungen?</li></ul>

Gesprächsführung
- Wie bereiten Sie sich auf wichtige Gespräche vor?
- Was macht für Sie ein erfolgreiches Gespräch aus?
- Wie lenken Sie Gespräche?
- Wie erreichen Sie es, Ihre Gesprächspartner einzubinden?
- Wie gehen Sie mit Meinungsverschiedenheiten im Gespräch um?

Kooperation
- Welche positiven und welche negativen Erfahrungen haben Sie mit Teamarbeit gemacht?
- Welche Aufgaben bearbeiten Sie lieber im Team, welche bevorzugt alleine?
- Was kennzeichnet nach Ihrer Erfahrung kooperative Kollegen?
- Welche Erfahrungen haben Sie mit der Arbeit im Team/in Projekten gesammelt?

Information
- Wie stellen Sie den Informationsaustausch mit anderen Personen sicher?
- Wie erreichen Sie einen guten Informationsfluss zwischen Organisationseinheiten?
- Wie stellen Sie sicher, dass Sie immer umfassend informiert sind?
- Welche Systeme zum Informationsmanagement setzen Sie ein?

Führung

Delegation
- Nach welchen Kriterien delegieren Sie?
- Welche Aufgaben haben Sie delegiert?
- In welchen Bereichen behalten Sie sich die Verantwortung vor?
- Wo sehen Sie Vorteile der Delegation, wo sehen Sie Probleme?

Motivation
- Wie erhöhen Sie die Bindung Ihrer Mitarbeiter an das Unternehmen?
- Wie motivieren Sie Ihre Mitarbeiter für anstehende Aufgaben?
- Welche Motivationstechniken halten Sie für besonders geeignet?

- Wie lösen Sie Zielkonflikte zwischen beruflichen und privaten Belangen?
- Was motiviert Sie zu Ihren Aufgaben?

Steuerung
- Vereinbaren Sie mit Ihren Mitarbeitern Ziele?
- Wie gestalten Sie diesen Prozess?
- Wie bereiten Sie sich auf Mitarbeitergespräche vor?
- Wie erhalten Sie einen Überblick über die Leistungen Ihrer Mitarbeiter?
- Wie ist das Verhältnis zu Ihren Mitarbeitern?

Entwicklung
- Wie fördern Sie Ihre Mitarbeiter?
- Welche Maßnahmen der Personalentwicklung halten Sie für besonders erfolgreich?
- Wie unterstützen Sie den Praxistransfer von Lerninhalten?
- Was unternehmen Sie zur Entwicklung Ihres Arbeitsteams?

Motive und Einstellungen

Unternehmerisches Denken
- In welchen Bereichen haben Sie erfolgreich eigene Ideen umgesetzt?
- Was bedeutet für Sie ertrags- und kostenbewusstes Handeln in Ihrem Verantwortungsbereich?
- Welche Veränderungen haben Sie in letzter Zeit in Ihrem Arbeitsbereich initiiert? Mit welchem Erfolg?

Selbstmotivation
- Welchen Stellenwert hat beruflicher Erfolg für Sie?
- Welche Aufgaben bearbeiten Sie am liebsten, welche mögen Sie nicht?
- In welchen Phasen eines Projekts gibt es die größten Motivationsprobleme?
- Was möchten Sie noch lernen?
- Macht Ihnen Ihr Beruf/Ihre Aufgabe Spaß?

Leistungsmotivation
- Was befriedigt Sie in Ihrer Arbeit?
- Was unterscheidet Sie im Leistungsverhalten von anderen?

- Wie wichtig ist für Sie sichtbarer Erfolg?
- Welche beruflichen Probleme reizen Sie ganz besonders?
- Welche Ziele haben Sie?

Kundenorientierung
- Wer sind Ihre Kunden?
- Welchen Stellenwert haben Ihre Kunden für Sie?
- Wie gehen Sie mit Kundenproblemen um?
- Wie setzen Sie Kundenorientierung in Ihrer täglichen Arbeit um?
- Was haben Sie getan, um in Ihrem Verantwortungsbereich bessere Serviceleistungen durchzusetzen?

Verantwortungsbewusstsein
- Wie definieren Sie Ihre Rolle und Ihre Aufgaben?
- Wie sieht Ihr Verantwortungsbereich aus?
- Wo möchten Sie weitere Verantwortung übernehmen?
- Wie gehen Sie mit Entscheidungen um, die sie nicht befürworten, aber umsetzen müssen?
- Wie balancieren Sie Unternehmensinteressen und persönliche Interessen aus?

Problemlösung

Analyse
- Wie beurteilen Sie die strategische Position Ihres Unternehmens/Ihrer Produkte/ ... ?
- Welche Stärken und Schwächen Ihres Unternehmens/Ihrer Produkte/ ... sehen Sie?
- Welche Ansatzpunkte sehen Sie für Verbesserungen/Synergien/ ... ?
- Wie verschaffen Sie sich in komplexen Situationen einen Überblick?
- Welche Analyseinstrumente nutzen Sie?

Entscheidung
- Wie treffen Sie Entscheidungen? Anhand welcher Kriterien/Vorgehensweisen?
- Welche Entscheidungen treffen Sie alleine, wo beziehen Sie andere mit ein?
- Sind Sie entscheidungsfreudig? Warum?
- Wie gehen Sie mit falschen Entscheidungen um?

Typische Situationen ...

> **Kreativität**
> - Wie erreichen Sie kreatives Denken und Handeln?
> - Welche Techniken setzen Sie ein?
> - Was waren Ihre innovativsten Aktionen im letzten Jahr?
> - Wie fördern Sie kreatives Handeln bei anderen?
> - Welches sind die größten Hemmfaktoren für Kreativität in Ihrem Arbeitsbereich?
>
> **Organisation und Planung**
> - Welche Techniken kennen Sie? Welche setzen Sie ein?
> - Wie strukturieren Sie Ihre Arbeit?
> - Wie gehen Sie bei der Projektarbeit vor?
> - Wie planen Sie für Ihren Verantwortungsbereich?

Fragen Sie bei wichtigen Themen immer nach konkreten Beispielen aus der Praxis des Bewerbers!

Sie haben sich nun ein umfassendes Bild des Kandidaten gemacht. Anhand eines Beobachtungsbogens können Sie während des Interviews oder nach dem Gespräch Ihre Wahrnehmungen protokollieren. Der Vergleich zwischen den Kandidaten wird dadurch erleichtert, auch die Notizen der Interviewer lassen sich besser abstimmen. Erarbeiten können Sie die Checkliste anhand der ausgewählten Fragen und relevanter Verhaltensmerkmale wie Gesprächsführung oder Körpersprache.

Vorsicht! Wie beim Mitarbeitergespräch gelten auch hier die Regeln für eine faire Gesprächsführung und es gibt dieselben Fallen hinsichtlich möglicher Beurteilungstendenzen und -fehler.

Ein Bewerberinterview besteht nicht nur aus Fragen und Antworten. Sie schaffen in einem solchen Gespräch eine Reihe differenzierter Situationen. An der Reaktion des Bewerbers können Sie Tendenzen erkennen, die über das Offensichtliche hinausgehen. In der Begrüßung sehen Sie die Sicherheit und das Selbstvertrauen des Bewerbers, seine Art der Kontaktaufnahme, die Offenheit für neue und vielleicht angespannte Situationen. Wenn Sie Platz nehmen, Getränke anbieten ... können Sie feststellen, ob die wichtigsten Benimmregeln bekannt sind und wie sich Ihr Kandidat beim Smalltalk schlägt. Kann er sich in solchen Situationen entspannen? Die Darstellung der eigenen Entwicklung ist eine unstrukturierte Situation – wie verhält sich der

Bewerber? Findet er den roten Faden und liefert er eine verständliche Darstellung? Wie reagiert er, wenn Sie kritische Aspekte ansprechen? Reflektiert, offen und diskussionsbereit oder nervös und abwehrend, neigt er bei leicht bedrohlichen Inhalten zu pauschalen Urteilen („Mit Tests kann man Menschen sowieso nicht durchschauen!"), wird der Stress in seiner Sprache erkennbar? Wenn Sie Herausforderungen der neuen Position diskutieren, wird der Kandidat dann zögerlich, unsicher oder aggressiv? Wie reagiert er auf Nachfragen? Liefert er die gewünschten Details, umfangreich und plastisch? Oder weicht er aus und verliert sich in Allgemeinsätzen? Diese Beobachtungen tragen dazu bei, ein klar konturiertes Bild des Bewerbers zu gewinnen.

Checkliste Bewerberinterview - Auszug

Gesprächsführung

hört aufmerksam zu, unterbricht nicht ○ ○ ○ ○ ○
formuliert knapp und verständlich ○ ○ ○ ○ ○
beantwortet Fragen kurz und vollständig ○ ○ ○ ○ ○
... ○ ○ ○ ○ ○

Notizen ....
....

Körpersprache

aufrechte offene Haltung ○ ○ ○ ○ ○
Blickkontakt ○ ○ ○ ○ ○
modulierte Stimme ○ ○ ○ ○ ○
... ○ ○ ○ ○ ○

Notizen ....
....

Jetzt ist die Reihe an Ihnen: Informieren Sie über das Unternehmen und die zu besetzende Position. Der Bewerber muss die Möglichkeit haben, sich ein konkretes Bild zu machen und gezielt zu entscheiden, ob er für die Position geeignet ist und ob Sie ihn so stark interessiert, dass die Annahme eines eventuellen Angebots für ihn reizvoll ist. Beschreiben Sie Ihr Unternehmen mit allen wichtigen Aspekten und die ausgeschriebene Position, die organisatorische Einordnung, den Verantwortungsbereich, die Chancen aber auch die Grenzen der Aufgabe. Erörtern Sie gegebenenfalls wichtige Fragen des Vertrags und der Vergütung. Lassen Sie Fragen des Bewerbers zu und beantworten Sie diese sorgfältig und vollständig.

Am Ende des Gesprächs fassen Sie die wesentlichen Aspekte noch einmal zusammen, geben dem Bewerber einen Ausblick auf die nächsten Schritte und bis wann er Nachricht von Ihnen erhält. Bedanken Sie sich für das Gespräch und verabschieden Sie sich!

... mit der Presse

Öffentlichkeitsarbeit

Niemand ist eine Insel und Ihr Unternehmen existiert nicht im luftleeren Raum. Sie brauchen Kunden für Ihre Produkte und Dienstleistungen, Sie wollen interessante Bewerber als Mitarbeiter für Ihr Unternehmen gewinnen. Wir leben in einer Informations- und Mediengesellschaft – das Bild in der Öffentlichkeit ist entscheidend für die Akzeptanz Ihres Unternehmens und Ihrer Projekte.

Wissen Sie, was der Chef-Volkswirt der Deutschen Bank zum Euro meint? Wissen Sie, wo Gerhard Schröder seinen letzten Urlaub verbracht hat? Erinnern Sie sich noch an den Versuch von Mercedes-Benz und Swatch, gemeinsam ein Fahrzeug zu entwickeln (letztendlich wurde der Smart daraus, ohne Swatch-Beteiligung)? In allen genannten Fällen gab und gibt es einen erheblichen Medienrummel.

Öffentlichkeitsarbeit dient unterschiedlichen Zwecken:

- Sie kann ein Unternehmen in das Interesse der Öffentlichkeit rücken und so den Bekanntheitsgrad erhöhen oder das Image verbessern.
- Konsequente Informationspolitik sichert Ihnen die Meinungshoheit zu den bearbeiteten Themen. Informationen können so – zumindest in begrenztem Umfang – gesteuert werden.
- Der Wettbewerb kann dadurch gezielt beeinflusst werden – in Maßen. Die Medien werden nur selten bereit sein, direkt für ein Produkt oder ein Unternehmen zu werben.
- Und – ‚last, but not least' – kann es natürlich auch Ihnen persönlich nicht schaden, wenn Sie in der Öffentlichkeit auftreten und einen guten Eindruck hinterlassen.

... mit der Presse

Ein wenig können Sie Ihre Auftritte auch steuern. Schließlich sind die Medien für Inhalte stets dankbar und es gibt vieles, worüber man aus und über Unternehmen berichten kann:

- Tradition und Unternehmensgeschichte
    - Jubiläen
    - Stellenbesetzung
    - Beteiligungen
- Umsatz und Markt
    - Statistiken und Prognosen
    - Zuwachsraten
    - neue Produkte
- Rohstoffe und Materialien
    - Recycling
    - ökologische Produktion
    - Energiemanagement
- Export – Import
    - Handelsbeziehungen
    - neue Absatzwege
    - internationales Engagement
- Soziale Themen
    - Arbeitszeitmodelle
    - Vergütung
    - soziale Einrichtungen

Zu vielen dieser Themen wird Ihre Abteilung für Öffentlichkeitsarbeit die Medien bedienen. Gleichwohl können Sie als exponierter Vertreter des Unternehmens, als Fachmann oder rein zufällig in einem öffentlichen Auftritt gefordert sein. Dieser Auftritt ist in unterschiedlichen Szenarien denkbar: im Rahmen einer Podiumsdiskussion, in einem Interview oder für ein Statement.

Podiumsdiskussion:

Finden Sie Antworten auf folgende Fragen:

- Welches Ziel hat die Veranstaltung?
- Wer wird anwesend sein? Diskutanten, Moderatoren, Publikum?
- Mit welchen Interessen der Beteiligten muss ich rechnen?
- Welche Vorkenntnisse haben die anderen Teilnehmer?
- Welche Informationen hat das Publikum?
- Wie lautet meine Kernbotschaft?

Orientieren Sie sich an den wichtigen Grundprinzipien jeder Kommunikation mit größeren Gruppen oder mit der Öffentlichkeit:

Gestaltung der Botschaft

- KISS – keep it straight and simple
- Maximal drei Botschaften
- Positive Formulierungen
- Wiederholung
- Visualisierung/Analogien
- Sprechen Sie Gefühle an
- Zeigen Sie Begeisterung für ‚Ihr' Thema

Beachten Sie, dass alle Zuhörer bereits nach weniger als einer Stunde 95 Prozent des Gesagten vergessen haben – in Erinnerung bleiben Ihre Kernaussagen und Besonderheiten Ihres Auftritts.

Interview

Professionelle Interviews sind kurz – knackig – konkret. Genau so müssen Ihre Aussagen sein. Die durchschnittliche Redezeit ist sehr kurz und Sie haben die Aufgabe, in circa 20 Sekunden die wesentliche Aussage zu formulieren.

Checkliste zur Vorbereitung eines Interviews

- Wer ist der Journalist?
- Welchen Standpunkt hat er zum Thema? Zu Ihrem Unternehmen?
- Wie macht er Interviews – freundlich oder aggressiv?
- Formulieren Sie Ihre Kernbotschaften!
- Bereiten Sie plastische Beispiele vor.
- Versuchen Sie über Menschen im Unternehmen oder im Markt zu sprechen.
- Erkundigen Sie sich nach einem Fragenkatalog.
- Sind kritische Fragen zu erwarten? Wie lautet Ihre Antwort?

Statement

Ein Statement ist eine Darstellung oder Erklärung, die sich direkt an ein interessiertes Publikum wendet. Ihr Ziel muss sein, dieses Statement in kurzer Zeit umfassend, klar und gut verständlich zu liefern. Hier ist die optimale Vorbereitung von noch größerer Bedeutung. Formulieren Sie Ihr Statement vor und üben Sie es ein, bis Sie es entspannt und spontan aussprechen können.

Checkliste Statement
- Wie viel Zeit habe ich?
- Wer sind die Zuhörer, Leser, Zuschauer?
- In welchem Kontext wird mein Statement verwendet?
- Wird die Aussage nachträglich bearbeitet?
- Welche Frage steht mir als Ausgangsposition zur Verfügung?
- Schauen Sie nicht den Journalisten an, schauen Sie in die Kamera – dort ist Ihr Publikum!
- Achten Sie auf den Hintergrund, vor dem Sie aufgenommen werden.
- Vermeiden Sie Fachvokabular.

Bei Auftritten in den Medien sind einige grundsätzliche Spielregeln zu beachten:

- Ausladendes Gestikulieren wirkt vor der Kamera negativ.
- Kontrollieren Sie Ihre ‚Handarbeit'.
- Leichtes Neigen des Kopfes zur Seite wirkt sympathisch – ein starr erhobener Kopf signalisiert Arroganz (S. Frey weist in seinem Buch „Die Macht des Bildes" diesen ‚Lafontaine-Effekt' kulturübergreifend nach).
- Blickkontakt – aber bitte wohl dosiert. Ihre Ansprechpartner sitzen hinter dem Bildschirm.
- Keine wild gemusterte oder zu bunte Kleidung. Positiv wirken grau, blau und gedeckte Farben. Farbkontraste erscheinen hart.
- Wenn Sie am Tisch sitzen: Die Kamera schaut auch unter den Tisch.
- Ansteckmikrofone sind vorzuziehen – einmal angebracht orientiert es sich an der Person. Sie behalten Ihre Hände frei.
- Machen Sie im Vorfeld Sprachproben.
- Lassen Sie sich schminken – auch als Mann.

Kontakt in Krisen

Ein an Kunden ausgeliefertes Produkt ist fehlerhaft. Sie haben in einer Rede vor Publikum eine unglückliche Formulierung gewählt (Denken Sie nur an die legendären ‚Peanuts' von Hilmar Kopper!). Ein LKW Ihres Unternehmens mit sensibler Fracht ist verunglückt und das Grundwasser ist durch auslaufende Chemikalien gefährdet. „Hoffentlich erfährt niemand davon!" – „Das darf auf keinen Fall an die Öffentlichkeit!" – „Was machen wir bloß, wenn die Presse davon Wind bekommt?" Über kurz oder lang werden in jedem Unternehmen Störfälle oder Peinlichkeiten vorkommen. Und im Zweifelsfall sollten Sie immer davon ausgehen, dass eine interessierte Öffentlichkeit davon erfährt.

Risikokommunikation ist eine besondere Disziplin – sie verlangt besonnenes, aber aktives Handeln. Seien Sie darauf vorbereitet, denn schon Murphy lehrt uns „Was schief gehen kann, das geht auch irgendwann schief!" und die englische Sprache stellt dazu lakonisch fest: *„Shit happens!"*.

In Ihrer Risikokommunikation müssen Sie drei Felder beachten: Information – Verständnis für die Betroffenen – Problembegrenzung/Kontrolle der Folgen/Helfen und Heilen.

Verstecken Sie sich nicht! Die Öffentlichkeit macht sich sonst ihren eigenen Reim und im Zweifel wird die Auslegung zu Ihren Ungunsten erfolgen. Verstärken Sie vielmehr durch Ihre Kommunikation den Eindruck, dass Sie die Situation im Griff haben. Unterstreichen Sie Ihre Kompetenz zur Problemlösung.

Für den sachlichen Teil der Kommunikation gilt: ‚Facts and Figures' – Zahlen/Daten/Fakten! Ausreichend, um die Situation verständlich darzustellen, kurz genug, um nicht zusätzliche Verwirrung zu stiften. Überwinden Sie durch Ihre Art der Darstellung die Sprachbarrieren zwischen Experten und Laien, zwischen Technokraten und der Öffentlichkeit. Leiten Sie klare Schlussfolgerungen ab und formulieren Sie diese zu Kernbotschaften.

Sagen Sie, was Sie zu tun gedenken, um die Schwierigkeiten zu meistern. Vermeiden Sie das Denken und Reden in Wahrscheinlichkeiten – in Krisensituationen wollen Menschen Sicherheit.

... mit der Presse

Vergessen Sie über allen Fakten nicht die menschliche Komponente: Es gibt immer den Einzelfall, individuell Betroffene. Stellen Sie Ihre persönliche Betroffenheit den Fakten zur Seite – Sie dürfen und sollen Ihr Mitgefühl äußern.

Wenn Sie rein sachorientiert kommunizieren, überlassen Sie die emotionale Dimension Ihren Widersachern, Kritikern und Neidern. Und damit nehmen Sie einen – vermeidbaren – Nachteil in Kauf.

Und denken Sie auch immer an die Medien: Zeitungen füllen sich nicht von selber. ‚Bad news are good news' – Berichte über Katastrophen, Probleme und Zwischenfälle füllen die Nachrichten – selbst wenn es nur die Regionalausgabe ist. Franz Beckenbauers ‚Fehltritt' kam durch eine Lokalzeitung an die Öffentlichkeit, nicht durch die ‚großen' Blätter. Die Medienvertreter wollen informiert werden und sie suchen nach Interpretationsmöglichkeiten, Lücken in Ihrer Argumentation, ‚Human Interest Stories' und ‚guten' Bildern („Der Würfel ist gefallen." war die Schlagzeile zum Unfall eines LKWs der gleichnamigen Spedition) ... Medien produzieren ihre eigene Welt.

Bereiten Sie sich grundsätzlich auf den Kontakt mit den Medien vor. Sie treffen auf Profis – nicht aus Ihrer Branche, aber Profis im Umgang mit Nachrichten und mit der Öffentlichkeit. Machen Sie sich so mit Ihrem Thema vertraut, dass Sie immer kurze und knappe Statements abgeben können. Sie sollten Ihre Kernaussagen in präzisen, sprachlich guten Sätzen formulieren können. Lernen Sie im Zweifelsfall Anfang und Ende Ihrer Darstellung auswendig. Denken Sie immer an die Wirkung auf das Publikum – bereiten Sie Beispiele vor, prägnantes Zahlenmaterial und vergessen Sie nicht die emotionale Ansprache des Publikums. Informieren Sie sich im Vorfeld über die Zeitung, den Sender für den der Journalist arbeitet, und auch über den Journalisten selbst. Fast immer sind Beiträge zugänglich, an denen Sie den Stil und die Orientierung Ihres Gesprächspartners erkennen können.

Nur schnelle und umfassende Information, Ansatzpunkte für Berichte und Vorzugsbehandlung geben Ihnen die Chance, geneigte Ohren bei den Medienvertretern zu finden.

Regeln zur Krisenkommunikation

- *Sachaussagen.* Informieren Sie umfassend und verständlich: Wer – Wie – Was – Warum? Alles, was Sie verschweigen oder falsch darstellen, bietet Raum für Interpretationen.
- *Sprache.* Formulieren Sie zielgruppengerecht – verständlich und trotzdem korrekt.
- *Substanz.* Geben Sie Hinweise zum richtigen Verhalten der Betroffenen und kündigen Sie an, welche Schritte Sie unternehmen werden.
- *Verständnis.* Beachten Sie die emotionale Komponente und formulieren Sie Ihr Verständnis für die Lage der Betroffenen.
- *Perspektive.* Erklären Sie, welche Maßnahmen Sie ergreifen werden, um Wiederholungen auszuschließen.

Repertoire
für Fortgeschrittene

Als guter Kommunikator haben Sie viele Fertigkeiten – Sie agieren souverän in den unterschiedlichsten Situationen. Zwischenrufer bringen Sie nicht mehr aus dem Konzept, und auch mit schwierigen Gruppen erarbeiten Sie spielerisch ein Konzept, das von neuen kreativen Einfällen nur so strotzt? Dann wird es Zeit für die Verfeinerung Ihrer Fähigkeiten.

Rhetorische Figuren

„Was meint er damit?" – „Wann kommt sie denn endlich zum Punkt?" – „Ich habe nicht verstanden, was der Redner uns damit sagen will." – Sie kennen das: aneinander gereihte Argumente, versteckte Aussagen, kaum nachvollziehbare Schlussfolgerungen. In den früheren Kapiteln haben wir die Notwendigkeit betont, für die Zuhörer einen roten Faden zu entwerfen. Der Ablauf Ihrer Argumentation muss den Zuhörern klar werden, das Publikum will Ihren Gedanken folgen können. Zugleich sind die Kernbotschaften herauszustellen – für jeden leicht erkennbar. Neben den schon dargestellten Abläufen gibt es rhetorischen Figuren. Diese Formen bauen die Argumentation entlang einer Gedankenkette auf, die sich an unseren logisch linearen Denkgewohnheiten orientiert.

Vom Allgemeinen zum Besonderen:

Dieses Muster beschreibt eine allgemein akzeptierte Annahme oder Tatsache und stellt dieser die Ausnahme gegenüber. Diese Ausnahme wird begründet und das führt zur Schlussfolgerung. „Gewöhnlich stellt sich die Übernahme eines Unternehmens vom Senior als schwierig dar. In meinem Fall aber sind die Chancen wesentlich besser. Ich habe Erfahrungen in anderen Firmen sammeln können und mein Vater zieht sich mit der Übergabe der Verantwortung aus dem Geschäft zurück. Darum wird es uns gemeinsam gelingen, die Zukunft des Unternehmens zu sichern!"

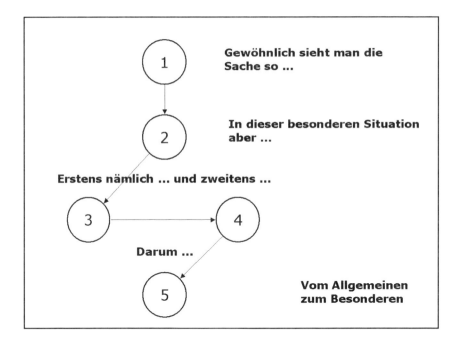

Kette:

Die Kette stellt den zeitlichen oder logischen Ablauf dar und entwickelt daraus zwingend die Kernaussage: „Im Weiterbildungsmarkt ist E-Learning auf dem Vormarsch. Das führt zu erheblichen Veränderungen im Verhalten der Lernenden. Wenn das so ist, müssen wir auch für unser Unternehmen mit Umbrüchen rechnen. Daraus folgt, dass wir unser Angebot um webbasierte Trainings ergänzen müssen. Das wird uns gute Aufträge auch in

Rhetorische Figuren

den nächsten Jahren sichern." (logische Kette) „Um in unserem Unternehmen erfolgreich E-Learning einzuführen, sind folgende Schritte notwendig: Wir entwickeln zunächst einen geeigneten Prozess, dann müssen wir uns zwischen den Optionen einer eigenen Lernplattform oder einer ASP-Lösung entscheiden und schließlich wählen wir den passenden Content aus. Nach Abschluss dieser Schritte binden wir geeignete Zielgruppen ein und erreichen damit schließlich, dass wir erhebliche Schulungskosten einsparen." (zeitliche Kette)

	logische Kette	zeitliche Kette
1	Der Sachverhalt ist wie folgt ...	Ich kann mir als Ablauf vorstellen ...
2	Das aber führt zu ...	Zunächst ...
3	Und wenn es so ist, dass ...	Dann ...
4	Dann folgt daraus ...	Nach Abschluss ...
5	Deshalb müssen wir ...	Damit ist schließlich ...

Aufsatzplan:

Dieses Muster – der Name legt es nahe – orientiert sich im Ablauf an den uns allen noch aus der Schule bekannten Elementen eines guten Aufsatzes: Einleitung – Hauptteil mit den Argumenten – Schluss. „Wir brauchen einen neuen Vorstandsvorsitzenden. Für die Zusammenarbeit mit einem Berater sprechen die größere Erfahrung mit der Suche, die bessere Akzeptanz durch die Bewerber und die objektivere Haltung den Bewerbern gegenüber. Daraus folgt, dass wir heute einen entsprechenden Beschluss fällen müssen."

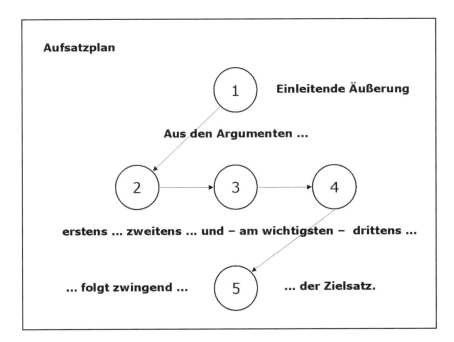

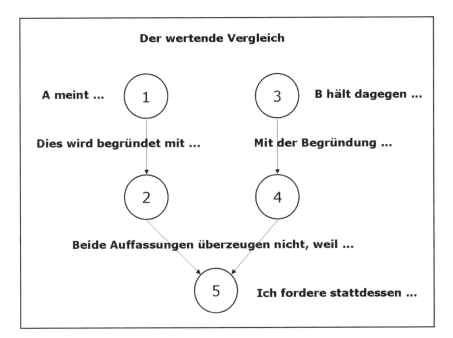

Wertender Vergleich:

Gegensätzliche Positionen werden präsentiert und daraus die eigene Schlussfolgerung abgeleitet. „Experten halten UMTS für *die* Innovation des nächsten Jahrzehnts. Dies wird mit den großen Möglichkeiten der Technik begründet. Andere halten alle Unternehmen für gefährdet, die hohe Investitionen durch den Erwerb der Lizenzen getätigt haben. Beides überzeugt so nicht. Vielmehr wird der Erfolg der Technik von der schnellen Akzeptanz durch den Markt abhängen. Diejenigen Unternehmen, die dann eine Lizenz besitzen, können überdurchschnittlich erfolgreich werden."

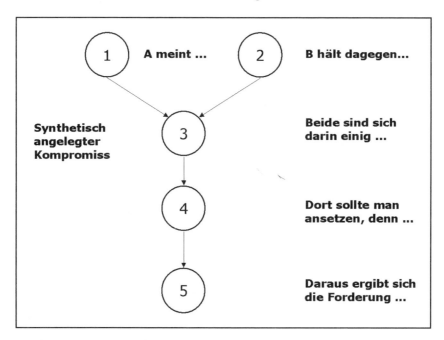

Synthetisch angelegter Kompromiss:

Auch bei diesem Muster werden unterschiedliche Positionen einander gegenübergestellt. Hier aber wird der Kompromiss zwischen beiden gesucht: „Die EDV plädiert für die Entwicklung einer eigenen Lösung. Das Controlling bevorzugt Outsourcing als kostengünstige Alternative. Beide sind sich darin einige, dass wir ein neues System brauchen. Dort können wir ansetzen, um einen Kompromiss zu finden: eine unternehmenseigene Lösung, die sich aber auf die Kernkompetenzen beschränkt – die übrigen Funktionen werden an externe Provider vergeben."

Gegenpositionen schaffende Ausklammerung:

Eine etablierte Position wird als nicht richtig oder nicht wichtig bewertet. Auf dieser Basis entwickeln Sie Ihre Botschaft: „Wir diskutieren seit langem intensiv über ein neues Beurteilungssystem. Es geht dabei um das Ziel, Mitarbeiter fair zu bewerten. Bei den Beschäftigten steht das aber gar nicht im Mittelpunkt. Vielmehr geht es Ihnen um eine leistungsgerechte Bezahlung. Daher sollten wir uns für ein Modell entscheiden, bei dem das zielorientierte Führen im Mittelpunkt steht."

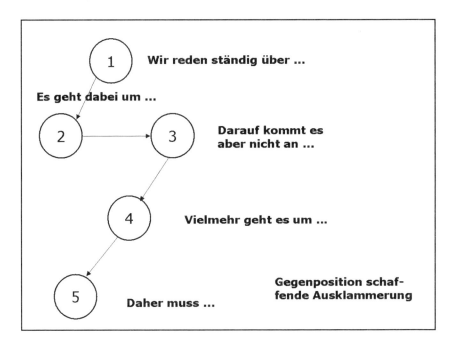

Argumentationstechniken

Gute Argumentationen folgen einer Logik. Dieses Grundmuster gilt es gezielt auszuwählen und einzusetzen. Oder eben in der Argumentation des Gesprächspartners zu entdecken und entsprechend zu kontern. Die Basis der Technik besteht in einer Behauptung und ihrer Begründung. Diese Behauptung wird auch als ‚These' bezeichnet. Die Thesen haben grundsätzlich die Form einer Feststellung oder einer Aufforderung zum Handeln. Jeder dieser Thesen folgt eine Begründung oder sie geht ihr voraus.

Feststellungen wiederum können eine Tatsache darlegen, eine Vorschrift oder eine Prognose formulieren oder eine Verallgemeinerung beinhalten.

Handlungsaufforderung: „Wir müssen in Zukunft strategischer handeln. Die Basis dazu legt unser Projekt ‚Activity Based Management'. *Geben Sie also grünes Licht für das Vorhaben!*" oder: „Da Ihr Auftreten in der Öffentlichkeit von entscheidender Bedeutung für unser Unternehmen ist, *sollten Sie an einem guten Rhetoriktraining teilnehmen!*"

Feststellungen – Tatsache: „Klara Maier ist die beste Leiterin für das Projekt. Sie verfügt als Einzige über die notwendige Erfahrung!" oder *„Sie sind zu schnell gefahren! Wir haben Ihre Geschwindigkeit gemessen."*

Verallgemeinerung: *„Männer können einfach nicht kommunizieren. Das merkt man schon daran, dass sie immer Recht behalten wollen."* Oder *„Mit Russen kann man nicht normal verhandeln. Die legen einfach zu viel Wert auf Gefühle."*

Vorschrift: *„Sie dürfen Ihr Fahrzeug hier nicht abstellen!* Sehen Sie das Verbotsschild etwa nicht." oder „Das Orga-Handbuch legt fest, wie mit Kundenbeschwerden umzugehen ist. *Sie müssen die Reklamation dem Vorstand zur Kenntnis bringen.*"

Prognose: *„Diese Aufgabe wird Herr Schulze sehr gut bewältigen.* Er hat auch das letzte Projekt erfolgreich gemeistert." oder: *„Mit dieser Strategie werden wir erfolgreich sein.* Sie hat auch bei der Meyer Schmidt GmbH & Co. KG positive Ergebnisse gebracht."

Begründen lassen sich Argumentationen durch eine Reihe unterschiedlicher Muster. Die Rhetorik kennt als wichtigste Punkte:

- bewiesene Behauptungen – ‚Activity Based Costing' ist eine erfolgreiche Vorgehensweise. Das kann man an den Beispielen von General Electric und ABB erkennen;

- logische Gründe – ‚Da das Telefonieren beim Autofahren vom sicheren Führen des Fahrzeugs ablenkt und damit die Unfallgefahr drastisch steigt, muss der Gebrauch eines Handys während der Fahrt verboten werden.';
- Berufung auf Autoritäten – ‚Die Untersuchung durch Prof. Dr. ... hat zweifelsfrei ergeben, dass ...';
- Erfahrung – ‚Zwanzig zufriedene Anwender können nicht irren!';
- Tradiertes – ‚Schon immer war die gute Behandlung wichtiger Kunden Basis für nachhaltig erfolgreiche Geschäftsbeziehungen.';
- Plausibilität – ‚Schauen Sie sich doch nur den Markt an, dann wissen Sie, wohin sich die Logistikbranche entwickelt.'

Dadurch, dass diese Sätze formuliert werden, haben sie natürlich noch keinen Stellenwert als Wahrheit. Denken Sie kritisch über das Gehörte nach – und erlauben Sie sich, bei Zweifeln nachzufragen. „Woher wissen Sie das? So ist das doch eine bloße Behauptung. Welche Beweise gibt es dafür? Können Sie das belegen?" Auch Regeln, Gesetze und Verordnungen haben ihren Sinn, sind aber nicht immer gültig. Fragen Sie nach dem konkreten Grund der Anwendung, bezweifeln Sie, dass die Regelung in diesem Fall zutrifft.

Informative Aussagen hinterfragen Sie mit der Bitte um Belege: „Stimmt das?" – „Können Sie das belegen?", normative Aussagen überprüfe ich mit der Frage „Soll das wirklich so sein?" – „Welche Vorteile und welche Nachteile ergeben sich daraus?"

Wenn Sie diese Argumentationsstrukturen anwenden wollen, sorgen Sie dafür, dass Ihr Begründungssatz stark und werthaltig ist. Sie sollten im Zweifelsfall in der Lage sein, den Beweis für Ihre Behauptung anzutreten.

Zwei grundsätzliche Techniken zur Begründung von Aussagen sind die induktive und die deduktive Methode.

Induktive Methode bedeutet, dass Sie sich anhand von Beispielen Schritt für Schritt die Teilaussagen erarbeiten und diese schließlich zur Gesamtaussage bündeln.

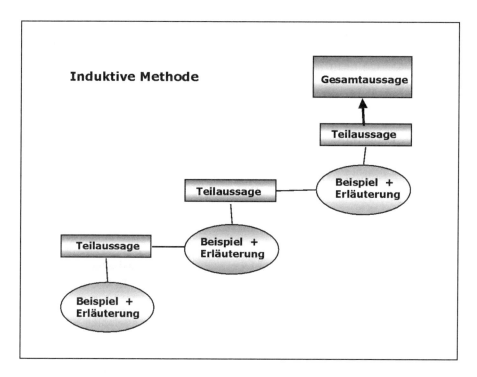

Die induktive Methode macht Ihren Vortrag spannend. Zuhörer können am gedanklichen Prozess teilnehmen, mit dem das Thema und die Aussage entwickelt werden. Am Ende steht das spannende Aha!-Erlebnis. Die induktive Methode zwingt zur konkreten, anschaulichen Darstellung. Bilder und Beispiele lassen sich hervorragend einsetzen. Dieser Punkt birgt jedoch auch einige Nachteile. Konkrete Beispiele enthalten nie alle Aspekte, die Ihnen wichtig sind. Sie müssen also hin und wieder zu Verallgemeinerungen greifen – oder weitere ergänzende Beispiele anführen. Zu viele Beispiele jedoch führen schnell zur Verwirrung Ihres Publikums.

Die **deduktive Methode** beschreitet den entgegengesetzten Weg. Die Gesamtaussage wird in Teilaussagen untergliedert und diese werden schrittweise durch Beispiele und Argumente begründet.

Der deduktive Weg wirkt seriöser, weil Ihre Zuhörer von Beginn an über das Ziel und Ihre Gesamtaussage informiert sind. Den meisten Rednern fällt die deduktive Methode leichter. Sie erlaubt es eher, den roten Faden beizubehalten. Deduktive Vorträge sind in der Zeitgestaltung unproblematischer. Bei Zeitnot können Sie auf einige Beispiele verzichten. Nachteilig kann sich an der deduktiven Methode auswirken, dass Sie leicht zur Überfrachtung mit Details führt. Jede Begründung kann Sie zu weiteren Argumenten oder Belegen verlocken. Auch besteht die Gefahr der Abstraktion. Da Ihre Aussage nicht auf konkreten Beispielen basiert, kann es zu einer abgehobenen Darstellung kommen.

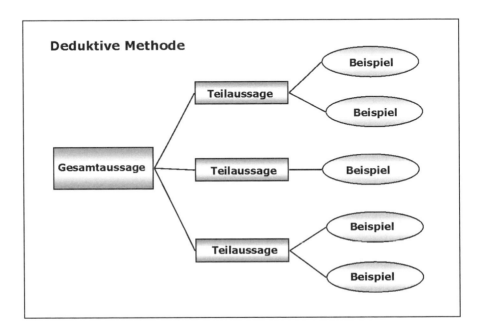

Betonung

„Frage nicht, was Dein Land für Dich tun kann. Frage lieber, was Du für Dein Land tun kannst!" (John F. Kennedy) – Die Wiederholung der Formulierung und die sprachliche Umkehrung des Satzes verschafft Ihrer Aussage eine besondere Betonung.

„Viele Gründe sprechen für unser Produkt: 1. .., 2. ... und 3. ...!" Die kraftvolle Einleitung, die pointierte Aufzählung und die präzise Beschränkung auf drei Eigenschaften vermitteln Sicherheit und überzeugen. Knackig und kurz auf den Punkt gebracht!

„Unser Ziel ist klar. Wie wollen wir es erreichen? Welche Investition ist dafür nötig? Wie profitieren wir davon?" Auch hier gilt: prägnant und präzise. Die Fragen allerdings schaffen eine zusätzliche Qualität – sie binden Ihre Zuhörer ein. Denn genau diese Fragen wird sich Ihr Publikum auch bereits gestellt haben. Und Sie senden damit das Signal: ‚Ich habe Euch verstanden!'

„Für unseren Erfolg spricht ... und ... Dagegen sprechen die Risiken ... und ... Darum werden wir ...!" Höhen und Tiefen, These und Antithese vermitteln den Eindruck einer reflektierten Position, einer gründlichen Analyse der Bedingungen. Die Gegenüberstellung von Plus und Minus emotionalisiert gleichzeitig und schafft damit eine klare Identifikation.

„Genau so wie vor 90 Jahren die Titanic – so wird auch dieses Projekt untergehen. Es reicht nicht aus ..." – „So wie es Microsoft gelungen ist, als Garagenfirma eine Weltmacht wie IBM zu überholen, so wird es auch uns gelingen ..." Gelungene Analogien und Beispiele haben immer etwas Theatralisches, keine Scheu vor dem Vergleich mit großen Dimensionen und starken Aussagen. Sie bieten damit emotional fesselnde Bilder an und schaffen eine Aussicht auf Erfolg!

Ignoranz

Ignoranz ist das Missachten von Umgangsformen, Spielregeln und Vereinbarungen. Beliebt ist, anderen die eigene Wichtigkeit zu demonstrieren. Ihnen wird kein Stuhl angeboten, Sie bleiben also hilflos im Raum stehen. Obwohl Sie ein ‚wichtiges' Gespräch führen, kommt es immer wieder zu Unterbrechungen durch Telefonate, andere Personen, die ‚nur mal eine Frage' haben, wichtige Notizen, die sich ihr Gesprächspartner unbedingt machen muss. Behalten Sie die Nerven! Bleiben Sie ruhig. Die Wirkung verpufft, wenn Sie zeigen, dass Sie sich so nicht ärgern lassen!

Wenn Sie derartige Situationen mit einer Person das erste Mal erleben, ist es immer richtig, anzusprechen, dass Sie dieses Verhalten stört und ein gutes Gespräch verhindert. Im Wiederholungsfall sind drastischere Techniken notwendig: Stehen Sie auf und verlassen Sie den Raum! Holen Sie Ihr Telefon heraus und beginnen Sie ein eigenes Gespräch! Nehmen Sie sich Zettel, Stift und Unterlagen (oder Palm, Notebook und Rechner) und beginnen Sie mit eigenen Ausarbeitungen. Das Spiegeln des Verhaltens Ihres Partners ist in der Regel die beste Methode um eindeutig und klar Stellung zu nehmen. Wenn Sie sich darauf einlassen, haben Sie schon verloren. Wenn es zu einem Gespräch darüber kommt, formulieren Sie klar und deutlich (ruhig bleiben!) Ihren Standpunkt und machen Sie klar, dass dieses Verhalten für Sie nicht akzeptabel ist.

Angriffe

Angriffe finden sich in vielfältiger Form und sind immer gegen die Person gerichtet. Beispiele sind häufiges Unterbrechen, impertinente Zwischenrufe oder sogar persönliche Beleidigungen. Angriffe dürfen Sie sich nicht gefallen lassen, Unrat schwimmt selten vorbei ohne auch Ihnen zu schaden.

Reagieren Sie auf die Angriffe, die Sie irritieren. Sprechen Sie den Sachverhalt klar und deutlich an und stellen Sie ihn richtig. Sie müssen diesen Menschen auch nicht aussprechen lassen. Unterbrechen Sie – direkt und konsequent! Stellen Sie Ihre Aussage kurz und prägnant dar und beenden Sie damit die Diskussion. Keine Reaktion Ihrerseits wird leicht als Zustimmung gewertet. Die Techniken der Schlagfertigkeit werden Ihnen hier besonders zustatten kommen.

Versteckte Angriffe werden Sie auch immer wieder auf nonverbaler Ebene erleben. Häufig ist es der Versuch, Sie zu verwirren oder vom roten Faden abzubringen. Beispiele sind Kopfschütteln, ironisches Lächeln oder lautes Auflachen, Reden mit Sitznachbarn, Blättern in den Unterlagen oder mitgebrachten Akten. Sollen Sie sich darum kümmern? Ja, immer dann, wenn es Einfluss auf die anderen Teilnehmer der Veranstaltung hat. Die Zuhörer drohen Ihnen sonst zu entgleiten. Nein, wenn es nur den Einzelnen betrifft. Schenken Sie ihm nicht die Aufmerksamkeit, die er sich erhofft.

Sie können auch hier den Sachverhalt ansprechen: „Ja, das klingt beim ersten Hören verblüffend, Herr ... Ich erläutere Ihnen, warum es trotzdem ..." (als Antwort auf das Lachen oder Kopfschütteln) – „Sie finden die gesuchten Angaben auf Seite neunundzwanzig des Manuskripts, Herr ..." (als Reaktion auf Blättern in den Unterlagen oder Akten). Die Nennung des Namens wirkt Wunder, gerade in kritischen Situationen. Wahrscheinlich möchte sich der Teilnehmer doch nicht so sehr exponieren, wie Sie es ihm dadurch anbieten.

Andere Formen des Angriffs bestehen darin, das Thema zu wechseln: „Was Sie gerade sagen, kann man doch auch auf ... beziehen. Lassen Sie mich kurz erklären, wie ich das meine ..." – und schon ist Ihnen die Gesprächsführung aus der Hand genommen. Sie müssen schnell intervenieren und konsequent erklären, was zum Thema gehört und Sie jetzt bearbeiten werden, was nicht dazugehört und deswegen auch nicht Gegenstand der Debatte sein kann. Unterbrechen Sie, stellen Sie klar, bieten Sie die Pause zum Gespräch an oder das Ende der Debatte.

Imponieren

Imponieren findet sich in der Körpersprache, indem andere versuchen, sich größer zu machen als Sie. Das kann ein Stuhl oder erhöhter Sessel sein, während Sie auf dem niedrigen Sofa sitzen. Das kann durch Aufstehen und Herunterstarren geschehen – viele Chefs treten gern vor den Schreibtisch des Mitarbeiters und geben dann von ‚oben herab' ihre Anweisungen.

Gegen das ‚niedrigere Sitzen' lässt sich wenig unternehmen, außer wenn andere Sitzgelegenheiten zur Verfügung stehen – wählen Sie im Zweifel den vorteilhaften Platz, das heißt höher, fester, vor und nicht gegenüber dem Fenster oder einer anderen starken Lichtquellen. Das ‚Stehen' konterkarieren Sie leicht, indem Sie ebenfalls aufstehen.

Symbolisches Imponiergehabe formuliert Status durch Objekte – teure Uhren, Autos, Füller, Anzüge, das neueste Notebook, ein großes Büro – oder durch sprachliche Elemente wie Fremdwörter, unverständliche Fachausdrücke oder penetrantes ‚name dropping'.

Die beste Strategie ist, sich von all dem Glanz und Glitter nicht beeindrucken zu lassen – zu schaffen macht es Ihnen doch nur, wenn Sie selber oberflächlich oder neidisch sind. Vielleicht sieht es hinter der Fassade weniger toll aus. Kleine Gedankenspielchen sind erlaubt: Stellen Sie sich vor, wie Ihr Gesprächspartner nackt, mit roten Federn am Po mitten auf dem Besprechungstisch stehen muss (Sie haben sicher ein eigenes Lieblingsbild) – schon verschwindet viel von der Magie der blendenden Umhüllung.

Wenn Sie die teure Ausstattung Ihres Gegenübers dennoch in Bedrängnis bringt, gibt es auch die Strategie des ‚Overkills': Halten Sie dagegen – vielleicht sogar noch besser (das kann allerdings teuer werden) oder setzen Sie konsequent auf das Gegenteil: Billigfeuerzeuge, Plastikkuli, Klamotten von der Stange.

Sprachliches Imponieren sollten Sie entweder ignorieren oder ironisch begleiten: Setzen Sie auf viele Fremdwörter ganze Zitate oder antworten Sie in der passenden Fremdsprache („Perhaps it is more appropriate to continue in English?"). Gegen „name dropping" oder viele Fachausdrücke hilft auch Ignoranz („Wer ist das denn?" – „Was soll das Wort bedeuten?" – „Ist das wichtig für unser Gespräch?") oder das Benennen der Störung.

Manche Mitmenschen versuchen auch, Ihnen durch Wissen oder Bildung zu imponieren. Lassen Sie sich nicht ins Bockshorn jagen. Natürlich darf man erwarten, dass Sie grundsätzlich über Ihr Thema Bescheid wissen und auch gut über aktuelle Entwicklungen informiert sind. Aber: Bei der Menge an Informationen und Publikationen kann niemand alles kennen. Gestehen Sie sich den Mut zur Lücke zu. Niemand kann Sie ‚fertig machen', wenn Sie zu Ihrem Nicht-Wissen stehen. Hinterfragen Sie Behauptungen, lassen Sie sich Zitate belegen, Publikationen mit Quelle benennen oder gleich zur Verfügung stellen.

Auch dann, wenn Ihr Gegenüber versucht, Sie durch langjährige Erfahrung zu beeindrucken, bleibt die Frage nach der Relevanz. Fünfundzwanzig Jahre Erfahrung können auch bedeuten, dass jemand fünfundzwanzig Jahre lang Entscheidendes verkehrt gemacht hat. Erfahrung bedeutet noch nicht, dass man sich auf der Höhe der Zeit befindet und alle aktuellen Entwicklungen integrieren konnte. Bei allem gebotenen Respekt vor gesammelter Erfahrung kann sie doch bedeuten, dass es an Flexibilität mangelt oder an der Bereitschaft, neue Wege zu gehen. Stellen Sie also immer die Frage: ‚Was trägt das zur Lösung in der aktuellen Situation bei?'

Grenzverletzungen

Grenzüberschreitungen sind die Verletzung Ihres Territoriums oder der Ihnen wichtigen Regeln. Diese Zeitgenossen unterschreiten gern den Mindestabstand – klassisch ist hier der Chef, der Mitarbeiter unablässig berührt oder Mitarbeiterinnen gern in den Arm nimmt. Klassisch sind auch die Typen, die sich gern von hinten nähern, um uns über die Schulter zu schauen – manchmal geben Sie von hinten oben dann auch gern Anweisungen oder stellen dumme Fragen. Sie setzen sich auf Ihren Schreibtischstuhl, kramen in den Schubladen (oder in Dateien), nehmen Ihre persönlichen Gegenstände in die Hand oder in Anspruch und benutzen wie selbstverständlich Ihre Unterlagen.

Auch hier gilt: Wehret den Anfängen! Nach mehreren erfolgreichen Versuchen hat der andere gewonnen, das Verhalten hat sich als Regel etabliert und Ihnen bleibt, sich unwohl und missachtet zu fühlen. Sprechen Sie eine klare und präzise Sprache und sagen Sie, was Sie wollen. „Legen Sie bitte meinen Füller hin!" – „Ich mag es nicht, wenn Sie mich umarmen. Lassen Sie das bitte!" Unterstreichen Sie Ihre Worte durch deutliches Handeln: Schieben Sie den anderen weg, nehmen Sie sich Ihren Füller oder Ihre Unterlagen zurück oder schalten Sie Ihren Computer aus.

Wenn Sie offensiv sein wollen, konterkarieren Sie das Verhalten, indem Sie es zurückgeben oder übersteigern. Holen Sie eine Menge persönlicher Gegenstände aus der Tasche und häufen Sie diese vor dem anderen auf: „Hier bitte, Sie scheinen ja sehr stark an meinen persönlichen Dingen interessiert zu sein." Nehmen Sie Ihren Partner auch in den Arm und tun Sie etwas mehr – fester drücken, heftig am Ohr ziehen, die Brille verschieben – besonders beim zweiten unerwünschten Versuch darf es ruhig etwas weh tun. Oder greifen Sie zu persönlichen Dingen des anderen: Kramen Sie in seiner Jackentasche oder in seinen Unterlagen – mit ein bisschen Fantasie fällt Ihnen das Passende ein. Keine Angst vor Peinlichkeiten – Sie zeigen damit ja nur auf, wie unmöglich sich der andere benimmt. Nehmen Sie die Situation dann bitte aber als Einstieg in ein ernsthaftes Gespräch über akzeptiertes und unerwünschtes Verhalten.

Manipulation durch Werte und Regeln

„Deutsche Leitkultur" – „Bei uns im Unternehmen gibt es das nicht!" – „Wir klären Probleme immer durch ein offenes Gespräch!" – „Erst die Arbeit, dann das Vergnügen!"

Werte sind Tendenzen, bestimmte Zustände vorzuziehen. Werte reflektieren unsere Moral, sie sind Glaubenssätze, die sich auf umfassende Aspekte unseres Umfelds beziehen: Nation, Kultur, Arbeitsmoral, Familie oder Umwelt. Werte beschreiben, wie man sich verhalten soll. Werte gehören zu den ersten Inhalten, die Kinder lernen – sie sind die Grundlage für die vielen Regeln unseres Zusammenlebens: „Du darfst – Du sollst – Du darfst nicht !" Viele dieser Werte übernehmen wir und wenden Sie an, ohne uns der zugrunde liegenden Haltungen bewusst zu sein.

Auch Unternehmen haben eine Kultur und verfügen über eine Reihe – oft nicht formulierter – Regeln. Diese Werte werden gerne herangezogen, um adäquates und unerwünschtes Verhalten zu definieren. Sei es als unausgesprochene Voraussetzung des Handelns und der Bewertung, sei es in entsprechenden Formulierungen (Betriebsordnung, Leitbild, Corporate Image, Führungsrichtlinien).

Der Manipulation durch – falsche – Werte können Sie nur entgehen, indem Sie sich zum einen Ihre Werte bewusst machen – „Was wollen Sie tun?" „Wie wollen Sie es tun?" „Fühlen Sie sich gut dabei?" und indem Sie zum anderen die Werte anderer und des Unternehmens deutlich herausarbeiten. Stellen Sie Regeln immer dann infrage, wenn sie erfolgreicher Arbeit im Wege stehen.

Arbeitsregeln für selbstständig Denkende

- Komme täglich zur Arbeit mit der Bereitschaft, Dich feuern zu lassen.
- Umgehe konsequent alle Anweisungen, die Dich daran hindern, Dein Ziel zu erreichen.
- Unternimm alles, um Dein Projekt zu Ende zu führen, ganz gleich, was in Deiner Stellenbeschreibung steht.
- Suche Dir Mitarbeiter und Kollegen, die Dich unterstützen, mache Deine Ziele zu ihren.
- Frage nie, wie man Mitarbeiter motiviert. Motiviere Menschen.
- Folge Deiner Intuition, mit wem Du arbeitest – aber arbeite nur mit den Besten.
- Arbeite im Untergrund so lange wie Du irgend kannst: Publicity aktiviert die Immunmechanismen im Unternehmen.
- Setze nie auf ein Rennen, an dem Du nicht beteiligt bist.
- Denke daran, dass es einfacher ist, um Vergebung als um Erlaubnis zubitten.
- Bleibe Deinen Zielen treu, aber realistisch in Hinblick auf die Wege zu Ihrer Erreichung.
- Erkenne Deine Sponsoren an.
- Frage nicht nach Regeln. Wenn es keine gibt, mach Dir selber welche.

Akzeptieren Sie keine unreflektiert übernommenen Werte, sprechen Sie diese aus und fragen Sie „Warum ist das so?" – „Hilft es uns, erfolgreich zu sein?" – Oder „Nützen diese Werte nur meinem Partner?" Reklamieren Sie in jedem Fall die Gültigkeit solcher Werte für alle Beteiligten, nicht nur für Chefs, Mitarbeiter der EDV oder vielleicht den Betriebsrat. Nur wenn Sie diese Inhalte klar machen und deutlich aussprechen, haben Sie eine Chance, der Manipulation zu entgehen.

Implizite Voraussetzungen

Eine Kollegin hat mir einmal von ihrem Einstellungstest bei einer der ‚großen' Unternehmensberatungen erzählt. Die Anweisung zu einer der Rollenübungen lautete in etwa wie folgt: „Stellen Sie sich vor, dass Sie als Projektleiterin ein Gespräch mit einem Mitarbeiter haben. Das Kind dieses Mitarbeiters ist verunglückt (allerdings nicht schwer) und er möchte nun am nächsten Tag frei haben. Ziel des Gesprächs ist, dass der Mitarbeiter darauf verzichtet, denn seine Anwesenheit im Projekt ist unbedingt erforderlich, um einen wichtigen Meilenstein zu erreichen!"

In dieser Situation haben Sie kaum eine Chance, sich richtig zu verhalten. Wenn Sie die – kritische – Voraussetzung akzeptieren, werden Sie sich an einer Person abarbeiten, die in der Regel über die besseren Argumente verfügt. Prüfen Sie also immer von anderen formulierte Voraussetzungen und stellen Sie diese gegebenenfalls zur Debatte! Hier hilft keine Schlagfertigkeit oder besonders ausgefeilte Rhetorik. Hier brauchen Sie Ihren gesunden Menschenverstand und den Mut, die angebotene Konstellation infrage zu stellen. Durchbrechen Sie das erwartete Muster der – braven – Reaktion!

Suggestion

„Jeder weiß doch, dass Politiker nie die Wahrheit sagen." – „Die Erde ist eine Scheibe. Sonst würde wir herunterfallen." – „BSE-Fälle können in Deutschland nicht vorkommen. Die Regierung hat alles Notwendige getan."

Als Suggestion bezeichnet man die Darstellung einer Meinung so, dass sie begründet wirkt, obwohl dies nur scheinbar der Fall ist. Meinungen oder

Überzeugungen werden als Tatsachen ausgegeben. Als ‚Beleg' wird die eigene Person in die Waagschale geworfen, Allgemeinsätze oder Sprüche zur Begründung herangezogen oder nur vage Andeutungen gemacht.

Beliebte Techniken der Suggestion sind die scheinbare Plausibilität („Jeder weiß doch ..."), die moralische Argumentation („Wir wollen nur Ihr Bestes ..."), scheinbare Kausalität oder logische Zirkelschlüsse („Die Impfung ist nutzlos. Ich lasse mich auch nicht impfen, und ich habe noch nie Grippe bekommen."). Beliebt sind auch Beispiele (die sich so aber nicht übertragen lassen oder das Zitieren von Autoritäten (am liebsten zu Bereichen, auf die sich Ihre fachliche Kompetenz nicht erstreckt. Was kann uns schließlich Franz Beckenbauer Qualifiziertes zur Wahl des richtigen Mobilfunkbetreibers mitteilen?).

Auch in diesen Fällen gilt: Weisen Sie nachdrücklich auf den Charakter der Suggestion hin. Dann: Hinterfragen, um Belege nachsuchen, präzisieren und begründen lassen. Machen Sie die bloße persönliche Überzeugung des Redners klar, arbeiten Sie heraus, das Sprichwörter oft Unsinn sind. Gerade bei Sprichwörtern können Sie sehr gut durch das Gegenteil kontern. Schließlich gibt es für jede Alternative eine passende Version: „Gleich und gleich gesellt sich gern" wird passend durch ‚Gegensätze ziehen sich an!'" ergänzt.

Ironie

Wie bewundern wir doch unsere Mitmenschen, die in entscheidenden Situationen durch gezielte Ironie Distanz schaffen können. Alle beharren hartnäckig auf ihrem Standpunkt, halten ihre Meinung für die einzig richtige. Die Bemerkungen werden vielleicht schon sehr persönlich – doch ein ironisch platzierter Kommentar rückt alles wieder zurecht. Kritik verliert ihre Schärfe, Probleme werden relativiert. Wunderbar! Nicht zu verbissen, nicht zu ernst – immer schön locker bleiben!

Schwierig werden diese Mitmenschen dann, wenn sie allen Situationen im Leben mit dieser Ironie und Distanz gegenübertreten. Wenn Sie sich dadurch der Solidarität mit uns verweigern oder deutlich machen, dass sie gar nicht gewillt sind, Farbe zu bekennen. Die Mehrdeutigkeit der Ironie macht es unserem Gegenüber leicht, sich jeder verbindlichen Stellungnahme zu entziehen. Die Botschaft ist klar: „Ich will Distanz halten." – „Ich will mich nicht engagieren." – „Ich will Gefühle vermeiden." Die Ironie verunsichert uns in solchen Fällen, der wohl platzierte Scherz wirkt überheblich und arrogant. Ironie verletzt andere, ohne dass der Urheber dafür die Verantwortung übernehmen muss.

Gegen übermäßig eingesetzte Ironie hilft nur, den anderen zu stellen und eine klare Position zu beziehen. Lassen Sie eine weitere Distanzierung nicht zu oder beenden Sie das Gespräch.

Zahlen, Daten, Fakten

„90 Prozent unserer Kunden sind mit unserem Service zufrieden." – „Die Untersuchung belegt, dass unsere Methode eine 30%ige Ertragssteigerung garantiert." – „Es ist uns gelungen, die Fehlerquote auf unter 1% zu drücken."

Diese Erfolge machen Sie sprachlos? Schauen Sie etwas genauer hin: Wie viele Kunden stehen hinter 90%? – Mit welcher Technik wurde die Untersuchung durchgeführt? – Wie viel Ausschuss steht quantitativ hinter 1%? Oder ist gar die Prüfmethode ‚aufgeweicht' worden? Ist die Methode der Auswertung bei dem erhobenen Datenmaterial überhaupt zulässig?

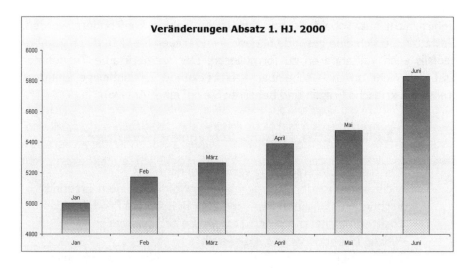

Die gleiche Skepsis ist bei bildhaften Darstellungen – auf den allseits so beliebten Folien – angebracht. Eine Steigerung des Index von 5000 auf 5600

sieht sehr beeindruckend aus, wenn ich die Grundlinie bei 5000 ansetze – und recht bescheiden, wenn die Grundlinie bei 0 beginnt.

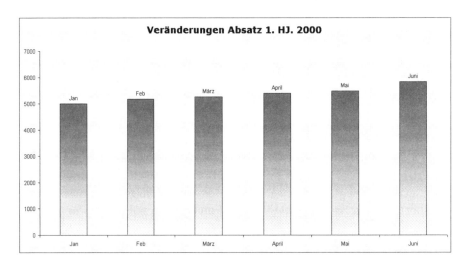

Zahlen sind oft Schall und Rauch und mit Statistiken, Untersuchungen, Zertifikaten lässt sich beinahe jede Veränderung belegen. Beweise finde ich bei genügend intensiver Suche für viele Thesen – oder auch dagegen.

Vorsicht also bei Zahlen – stellen Sie kritische Fragen und schalten Sie Ihr Gehirn nicht aus, sobald Sie mit schlüssigen Zahlen konfrontiert werden. Gestatten Sie sich eine gesunde Skepsis – und trauen Sie sich, diese gegebenenfalls auch vor anderen zu formulieren. Der aufmerksame Teilnehmer lässt sich nicht durch – scheinbar – erdrückende Zahlenbelege einlullen. Stellen Sie kritische Fragen und beharren Sie auf einer Antwort:

Zahlen, Daten, Fakten – konsequent hinterfragt

- ▼ Wer hat die Untersuchung veranlasst/finanziert?
  Nicht selten ist der Auftraggeber der Studie mit dem Ergebnis ‚verbunden'. Unschön ist, wenn zum Beispiel die Produkte des Tochterunternehmens den Test als ‚Beste' absolvieren.
- ▼ Welche Methode wurde angewandt?
  Die Befragung einer Zielgruppe kann sehr unterschiedlich ausfallen, wenn ich anhand eines strukturierten Fragebogens Interviews durchführe oder wenn ich von den selben Personen die zugesandten Fragebögen ausfüllen lasse.

- Wer hat die Untersuchung durchgeführt?
  Ein erfahrener Interviewer wird andere Ergebnisse erzielen als ein nach Zeit oder Anzahl der Befragten bezahlter Anfänger.
- Welche Zielgruppe wurde untersucht?
  Kunden einer Institution urteilen anders als eine bunt zusammengewürfelte Zielgruppe.
- Wie groß war die Stichprobe?
  Zehn befragte Personen ergeben eine andere Datenqualität als einhundert oder tausend Probanden.
- Wo wurde die Untersuchung durchgeführt?
  Ergebnisse aus den Vereinigten Staaten oder Thailand lassen sich nicht direkt auf die Verhältnisse in Deutschland übertragen.
- Wann wurde untersucht?
  Eine Untersuchung aus den achtziger Jahren werde ich anders bewerten als eine aktuelle Umfrage. Kunden kann man zu einem günstigen Zeitpunkt oder in einem schwierigen Moment befragen.
- Mit welcher Methode wurden die Daten analysiert?
  Nicht alle statistischen Verfahren sind für alle Daten geeignet. Nicht jede Analysemethode ist zulässig.
- Wie werden die Daten abgebildet?
  Eine Skala, die bei 8000 beginnt, lässt eine Steigerung um 200 Punkte von 8100 auf 8300 erheblich spannender aussehen als eine Skala, die bei Null beginnt.
- Sind die Daten zugänglich?
  In Ergebnisse, die sich überprüfen lassen, setze ich mehr Vertrauen als in Daten, die unter Verschluss gehalten werden.
- Werden die Schlussfolgerungen durch die Daten gestützt?
  Zahlen belegen nicht jede gewünschte Aussage oder Schlussfolgerung. So ist der – statistisch nachweisbare – Zusammenhang zwischen dem Rückgang der Storchenpopulation und dem Sinken der Geburtenquote eben kein Beweis dafür, dass der Storch die Kinder bringt.

Wenn Sie selbst Zahlen – Daten – Fakten als Beleg heranziehen, so prüfen Sie genau, ob das Material Ihren Anforderungen entspricht. Nichts ist peinlicher, als vor Zuhörern zugeben zu müssen, dass Ihr ‚Beweis' nicht stichhaltig ist. Wenn Ihnen das trotz aller Sorgfalt passiert, so geben Sie am besten

Ihren Irrtum zu, entschuldigen sich für die mangelnde Sorgfalt und fahren fort.

Wie stellen Sie Ihre Zahlen am besten dar? Die ausgewählte Form der Charts sollte für das Auditorium leicht verständlich sein und die Interpretation der Daten vereinfachen. Ihre Auswahl ist gut, wenn den Zuhörern Ihre Botschaft ‚auf einen Blick‘ klar wird. Idealerweise sollte das Bild für sich sprechen und keine umfangreichen Erklärungen erfordern. Jeder Chart muss mit einem – knappen – Titel versehen sein. Alle Teile der Darstellung sind zu bezeichnen. Unterschiedliche Farben, Symbole oder Schattierungen erleichtern die Wahrnehmung und die Interpretation. Benutzen Sie immer dieselben Symbole für denselben Sachverhalt: Die identische Gestaltung der Elemente auf unterschiedlichen Folien im selben Kontext ist selbstverständlich.

Die folgende Checkliste wird Ihnen die Auswahl einer geeigneten Darstellungsform erleichtern:

Aussage und Darstellungsform

	Liniendiagramm	Balkendiagramm	Kurvendiagramm	Verteilungsdiagramm	Kreisdiagramm
Mengen/Trend per Zeit	✓	✓		✓	
Mengen/Trend per Kategorie		✓			
Prozente		✓	✓		
Spannweite		✓			
Korrelationen					✓
Häufigkeiten	✓	✓			✓
Signifikanz	✓	✓		✓	✓

Wenn Sie Entwicklungen über einen längeren Zeitraum darstellen wollen, sind Liniendiagramme hervorragend geeignet. Liniendiagramme können Sie auch wählen, wenn Sie Häufigkeiten miteinander vergleichen wollen.

Zahlen, Daten, Fakten

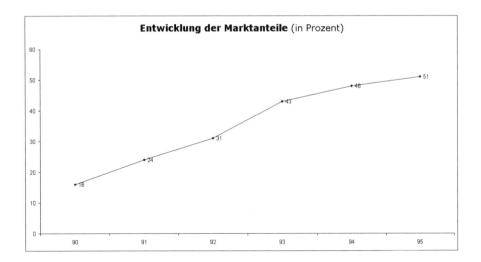

Balkendiagramme eignen sich zum Vergleich von Mengen oder Kategorien. Alternative Darstellungsformen sind Kegel- oder Pyramidendiagramme.

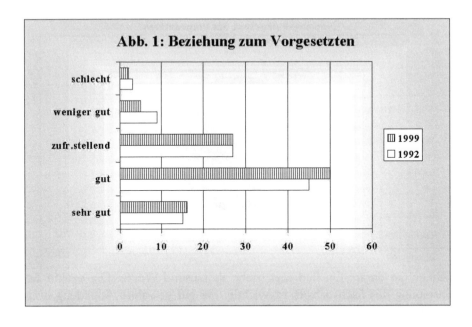

225

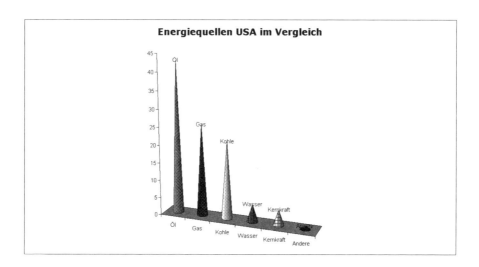

Um prozentuale Anteile einer Grundgesamtheit miteinander zu vergleichen, wählen Sie bevorzugt Kreisdiagramme.

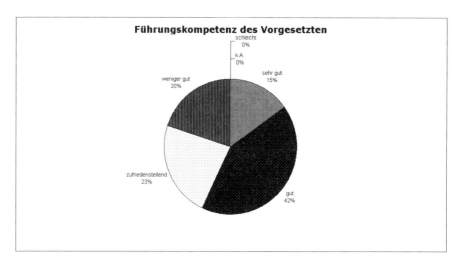

Denken Sie daran: Ein Bild sagt mehr als tausend Worte. Die exakte Beschreibung des Sachverhalts ist wichtig, die gut gewählte Abbildung prägt sich dem Publikum ein.

Auch Aussagen von Experten und Kapazitäten sind nicht immer wahr – Fachleute können irren. Und sie irren besonders dann, wenn es sich um Grenzgebiete ihrer Expertise handelt oder um besonders fest etablierte Glaubenssätze, die niemand mehr hinterfragt. Irrtümern ist auch dann Tür und Tor geöffnet, wenn es sich um die Projektion vergangener Entwicklungen in die Zukunft handelt, um Vorhersagen also. Die anschließende Tabelle zeigt ein paar Beispiele für Expertenurteile vergangener Jahre. Wir sind gegenwärtig in der komfortablen Position zu wissen, was dann wirklich geschah.

Expertenurteile
▼ „Der Weltmarkt für Computer wird vielleicht fünfzehn Exemplare verkraften können."
▼ „Niemand braucht mehr als 640K RAM."
▼ „In der Erde nach Öl bohren? Was für ein Blödsinn!"
▼ „Niemand wird einen Computer in seinem Haushalt haben wollen."
▼ „Telefone weisen so viele Fehler auf, dass sie niemals wirklich zur Kommunikation taugen werden."
▼ „Flugmaschinen mit einem höheren Gewicht als Luft sind undenkbar."
▼ „Die Aktienkurse haben jetzt ein permanent hohes Niveau erreicht."
▼ „In zwanzig Jahren wird der Mensch den Mond besiedelt haben."

Wie gehen Sie mit ‚Experten' um? Der gebotene Respekt vor dem Fachwissen und den erworbenen Verdiensten ist sicher gerechtfertigt. Ehrfurcht und blinder Glaube sind jedoch ebenso sicher fehl am Platz.

Hinterfragen Sie den Hintergrund. Überprüfen Sie die qualitativen Voraussetzungen. Suchen Sie den kritischen Dialog – trauen Sie sich, nach Belegen und Beweisen zu fragen. Überprüfen Sie, ob die Schlussfolgerungen berechtigt sind. Fragen Sie „Warum ist das so?" und „Worauf stützen Sie Ihre Behauptungen?" Geben Sie sich mit der Aussage „Das ist gesichertes Fachwissen." nicht zufrieden. Lassen Sie sich den Gedankengang und die zugrunde liegenden Annahmen erläutern. Und – trauen Sie sich – prüfen Sie die ‚Expertise' des Experten und stellen Sie diese gegebenenfalls zur Debatte.

Blackouts

Trotz aller Erfahrung, guter Vorbereitung und Fachkompetenz kann es uns passieren, dass wir mitten in der Präsentation den Faden verlieren oder das uns im Gespräch partout bestimmte Wörter und Namen nicht einfallen wollen. Bleiben Sie in jedem Fall ruhig – Panik verschlimmert die Blockade nur noch. Eine erprobte Technik besteht darin, die Situation zu ‚verlangsamen': Machen Sie eine Sprechpause, sprechen Sie langsamer, wiederholen Sie den letzten Satz oder fassen Sie das vorher Gesagte zusammen. Sie können die Situation ‚verschieben', indem Sie eine Frage stellen oder eine konkrete Aktion anschieben. Möglich sind auch Pausen – trinken Sie einen Schluck Wasser oder bitten Sie um eine kürzere Unterbrechung: „Wir haben uns jetzt alle eine kurze Atempause verdient, in fünf Minuten geht es weiter." Wenn all das nicht möglich ist oder nicht weiterhilft, kann Offenheit Sie weiter bringen: „Es tut mit Leid, aber ich habe den Faden verloren."

In der Vorbereitung einer Situation sind einige Techniken zur grundsätzlichen Verhinderung eines Blackouts wichtig: Gute Vorbereitung macht Sie sicher, ein gutes Manuskript (nur Stichwörter, ausreichend große Schrift) ist eine enorme Hilfe. Atmen Sie in paar Mal tief durch, bevor Sie beginnen – schließlich wollen Sie kein Rennen gewinnen, sondern einen fundierten Beitrag liefern. Wenn Sie vor ein Auditorium treten, wird es ein Glas Wasser geben – nehmen Sie einen Schluck davon. Lassen Sie Ihren Blick über die Zuhörer schweifen und starten Sie erst dann.

In vielen Fällen hilft auch konsequente Entspannung – kurze wirkungsvolle Übungen zur Beruhigung und Konzentration.

Übung:
Richtig Atmen
▼ Stellen Sie sich aufrecht hin. ▼ Lassen Sie Ihre Schultern entspannt hängen und legen Sie die Hände auf Ihren Bauch. ▼ Atmen Sie bei geschlossenem Mund langsam durch die Nase ein – tief in Ihren Bauch hinein. ▼ Atmen Sie weiter, bis der Brustraum bis an die Schultern gefüllt zu sein scheint.

- ▼ Halten Sie kurz die Luft an und lassen Sie sie dann langsam durch die Nase ausströmen.
- ▼ Zählen Sie beim Einatmen bis sechs und beim Ausatmen bis zehn.

Brechen Sie die Regeln!

Sie können alles richtig machen – und trotzdem klappt es nicht! In einigen Situationen müssen Sie bewusst gegen Regeln verstoßen. Vorgegebene Muster einzuhalten ist meistens nützlich und erfolgversprechend – aber eben nur meistens. In besonderen Fällen – wenn es eng wird oder wenn besondere Chancen warten – lohnt es sich, Kontrapunkte zu setzen.

- ▼ Andere zu unterbrechen gilt als unhöflich und unfreundlich – Vielrednern aber *müssen* Sie sogar das Wort abschneiden.
- ▼ Höflichkeit ist eine Zier – in manchen Situationen jedoch ist das klare Wort und vielleicht sogar die wohl platzierte Grobheit besser geeignet, die Lage zu klären.
- ▼ Druck aufs Tempo, Zeitmangel – lassen Sie sich nicht hetzen! Nehmen Sie sich bewusst die Zeit, die Sie brauchen. Bremsen Sie die aus, die Sie hetzen wollen.
- ▼ Unfreundlicher Empfang, rüde Sprache – verkneifen Sie sich das Revanchefoul, seien Sie betont freundlich, ruhig und damit unberührbar. Alle sitzen herum und reden im Kreis, keiner will dem anderen zu nahe treten – durchbrechen Sie das Muster, übernehmen Sie die Initiative und bringen Sie die Dinge auf den Punkt.
- ▼ Ihr Gegenüber stellt Ihnen viele Fragen und langsam gehen Ihnen die Antworten aus – stellen Sie Gegenfragen, geben Sie die Frage zurück, brechen Sie das Frage-Antwort-Muster.
- ▼ Sie werden in die Enge getrieben durch Vorwürfe, Konfrontation – gehen Sie nicht auf den Inhalt ein, verteidigen Sie sich nicht. Stellen Sie die Art der Kommunikation heraus, machen Sie das implizite Ziel dieses Verhaltens zum Thema des Gesprächs.
- ▼ Als Notwehr: Bringen Sie Ihren – unfreundlichen – Gesprächspartner aus dem Gleichgewicht: Verdrehen Sie seinen Namen, setzen Sie Ihre Schlagfertigkeit ein, arbeiten Sie mit Ironie, verringern Sie die Distanz, berühren Sie ihn, benutzen Sie sein Handwerkszeug. Überraschen Sie durch Themenwechsel.

Repertoire für Fortgeschrittene

▼ Unterstreichen Sie in diesen Situationen Ihr Verhalten durch geeignete Körpersprache: Bleiben Sie nicht sitzen, stehen Sie auf, formulieren Sie Ihr Statement. Gehen Sie auf Personen zu, mit denen Sie sprechen. Heben Sie die Stimme oder sprechen Sie bewusst leise.

Beweisen Sie Mut! Stehen Sie zu Ihrer Person und Ihrer Persönlichkeit – je besser Sie lernen, sich selbst zu akzeptieren, desto besser wird Ihre Wirkung nach außen sein. Je überzeugter Sie von Ihrer Sache sind, umso besser wird es Ihnen gelingen, sie zu vertreten. Bereiten Sie sich konkret auf konfliktgeladene Situationen vor. Sie werden immer wieder mit Gesprächspartnern zu tun bekommen, die ausgebuffte Profis sind – Sachkenner und rhetorisch kompetent. Vielleicht gelingt es Ihnen nicht, sie zu überzeugen, Sie wollen aber eine gute Figur machen, Sie wollen bei den anderen Gesprächsteilnehmern einen kompetenten Eindruck hinterlassen. Anhand der folgenden Übungen können Sie sich auf einen solchen ‚Event' vorbereiten:

Übung:
Wichtig ist zwar, was Sie sagen, wichtiger aber ist, wie Sie es sagen!
Ihr Gesprächspartner zermürbt Sie durch laufende Unterbrechungen: „Woher haben Sie diese Zahlen." – „Sie reden doch nur um den heißen Brei herum?" – „Was wollen Sie uns damit erzählen?" Ihre Reaktion: .... Ihr Gesprächspartner stellt sich dumm: „Das kann ich nicht nachvollziehen!" – „Erklären Sie doch bitte noch einmal ausführlich." – „Ihre Argumentation ist so nicht schlüssig!" Ihre Reaktion: ....

Ihr Gesprächspartner stellt Widersprüchlichkeiten heraus oder zitiert sogar absichtlich falsch: „Aber vor zwei Monaten sagte Ihr Vorstand doch noch auf einer Pressekonferenz ..." – „Ihr Chef hat mir vor einem halben Jahr telefonisch zugesichert ..." – „In der WirtschaftsWoche stand aber ..."

Ihre Reaktion: ....
....
....

Ihr Gesprächspartner verunsichert Sie durch lautes Lachen, Kopfschütteln, negative Körpersprache, abwinkende Armbewegungen.

Ihre Reaktion: ....
....
....

Ihr Gesprächspartner bezeichnet Sie als Theoretiker, in der Praxis unerfahren: „Typisch Berater, kennt 49 Liebespositionen aber kein einziges Mädchen!" – „Sie können da gar nicht mitreden, bevor Sie nicht mehrere Jahre lang ein Werk geführt haben!" – „Wer kann, der tut es; wer nicht kann, redet darüber – genau wie Sie!"

Ihre Reaktion: ....
....
....

Ihr Gesprächspartner greift auf die – bewusst falsch eingesetzte – Deduktions- oder Induktionstechnik zurück. Das heißt, er bringt Beispiele, welche die Ausnahme von Regeln beweisen sollen („Ich kenne ein Werk, auf das trifft Ihre Aussage überhaupt nicht zu!" – „Herr Breuer ist da aber ganz anders! Also können Ihre Äußerungen über Topmanager gar nicht stimmen!"), oder er verallgemeinert, wenn Sie Beispiele darstellen („Aha, das gilt dann Ihrer Meinung nach für alle Banken!" – „Es gibt doch Tausende von Vorständen, die können Sie doch nicht alle mit diesen Maßstäben messen!").

Ihre Reaktion: ....
....
....

Ihr Gesprächspartner versucht, Sie damit zu zermürben, dass er Nebensächlichkeiten Ihrer Aussagen aufgreift und zum Schwerpunkt der Diskussion machen will.

Ihre Reaktion: ....
....
....

Ihr Gesprächspartner versucht ständig, das Thema zu wechseln, damit Sie den roten Faden verlieren, oder er will Sie damit auf ein Gebiet locken, auf dem Sie sich nicht auskennen.

Ihre Reaktion: ....
....
....

Ihr Gesprächspartner drischt Phrasen („Aus nahe liegenden Gründen können wir auf Subventionen für die Landwirtschaft auch in Zukunft nicht verzichten!" – „Der Bundeskanzler respektiert Recht und Gesetz, keine Frage, schließlich hat er einen Eid auf die Verfassung geschworen!")

Ihre Reaktion: ....
....
....

– oder er versucht, durch viele Fremdwörter Kompetenz zu suggerieren („Wenn man den Traum als vital perzeptives und als emotional direktionales Phänomen versteht, ist klar, dass ..." – „Mit der Methodologie der Grounded Theory lassen sich differenzierte qualitative Attributionen ...")

Ihre Reaktion: ....

....

....

Ihr Gesprächspartner wird polemisch und attackiert Sie als Person („Grauer Anzug – graues Denken!" – „Leisten Sie sich doch erst einmal einen anständigen Friseur, bevor Sie hier den Mund aufmachen!" – „Wer nicht mal seine Ehe intakt halten kann, ist auch nicht imstande ein Unternehmen zu führen!")

Ihre Reaktion: ....

....

....

Ihre Chance ist souveränes Handeln – das Wissen darum, wie es geht, macht Sie frei, bei Bedarf bewusst gegen die Regeln zu verstoßen. Sie durchbrechen die erwarteten Muster und der Erfolg ist Ihnen sicher!

Zu guter Letzt

Sie haben keine Chance – *alles* richtig zu machen!

Sie haben die Chance – *vieles* besser zu machen! Sie gehen gelöst und sicher an die Situation heran. Sie kennen die richtige Technik, Sie haben geübt und sich konsequent vorbereitet – was soll Ihnen noch passieren? Und wenn Sie doch den einen oder anderen kleinen Fehler machen? Der gute Gesamteindruck überwiegt und niemand erwartet Vollkommenheit.

Hoffen Sie nicht auf Wunder! Veränderungen geschehen selten über Nacht. Aber kontinuierliches und konsequentes Arbeiten kann wunderbare Entwicklungen bewirken. Sie spüren es – Sie werden von Mal zu Mal besser – und sicherer – und plötzlich gelingt fast alles wie von selbst.

Lassen Sie sich Feedback geben, feilen Sie an Kleinigkeiten, bereiten Sie sich sorgfältig vor. Stellen Sie sich schwierigen Situationen. Üben Sie in guten Trainings Kommunikation, Rhetorik und Dialektik. Und der Erfolg lässt nicht mehr lange auf sich warten: Sie werden Gespräche erfolgreich führen und auf kritische Fragen souverän antworten können. Vor Publikum treten Sie sicher auf und reagieren schlagfertig auf Zwischenrufe.

Spüren Sie Ihre neu gewonnene Sicherheit und genießen Sie den erfolgreichen Auftritt!

Viel Erfolg!   Reiner Neumann

Bibliographie

Alt, J. A.: Richtig argumentieren. München: 2000.

Arbeitskreis Assessment Center (Hrsg.): Assessment Center als Instrument der Personalentwicklung. Hamburg: 1996.

Argyle, M.: Körpersprache und Kommunikation. Paderborn: 1989

Aubuchon, N.: The Anatomy of Persuasion. New York: 1999.

Baron, R. A. & Byrne, D.: Social Psychology. Boston: 1977.

Bate, P.: Cultural Change. München: 1997.

Bateson, G.: Ökologie des Geistes. Frankfurt: 1981.

Bennis, W. & Nanus, B.: Führungskräfte. Frankfurt: 1992.

Bentner, A. & Beck, C. (Hrsg.): Frankfurt:1997.

Blanchard, K. & Johnson, S.: Der Minuten Manager. Reinbek: 1987.

Blanchard, K., Zigarmi, P. & Zigarmi, D.: Der Minuten-Manager: Führungsstile. Reinbek: 1986.

Blanchard, K., Oncken jr., W. & Burrows, H.: Der Minuten-Manager und der Klammer-Affe. Reinbek: 1990.

Bleicher, K.: Das Konzept Integriertes Management. Frankfurt: 1992.

Bono, E. de: Six Thinking Hats. London: 1990.

Bredemeier, K.: Provokative Rhetorik? Zürich: 1996.

Bredemeier, K. & Neumann, R.: Kreaktiv PR. Zürich: 1997.

Bredemeier, K. & Neumann, R.: Nie wieder sprachlos. Zürich: 1999.

Brown, S. C. & Enos, T. (Hrsg.): Defining the New Rhetorics. Newbury Park: 1993.

Butler, S.: Erewhon. Frankfurt: 1981.

Carroll, L.: Alice im Wunderland. 1963

Cerwinka, G. & Schranz, G.: Die Macht des ersten Eindrucks. Frankfurt: 1998.

Cerwinka, G. & Schranz, G.: Die Macht der versteckten Signale. Frankfurt: 1999.

Daft, R. L.: Organization Theory and Design. St. Paul: 1989.

Doppler, K.: Dialektik der Führung. München: 1999.

Doppler, K. & Lauterburg, C.: Change Management. Frankfurt: 1994.

Eibl-Eibesfeldt, I.: Grundriß der vergleichenden Verhaltensforschung. Zürich: 1978.

Ekman, P. & Friesen, W. V.: Unmasking the face. Englewood Cliffs, N. J.: 1975.

Ekman, P., Friesen, W. V. & Ellsworth, P.: Emotion in the human face: Guidelines for research and an integration of findings. New York: 1972.

Fischer, P.: Neu auf dem Chefsessel. Landsberg/Lech: 1997

Frey, S.: Die Macht des Bildes. Bern: 1999.

Friedrichs, J.: Methoden empirischer Sozialforschung. Opladen: 1980.

Glasl, F.: Konfliktmanagement. Bern: 1990.

Gloor, A.: Die AC-Methode. Zürich: 1993.

Gross, A.: The Rhetoric of Science. Cambridge: 1990.

Greif, S.: Konzepte der Organisationspsychologie. Bern: 1983.

Guirdham, M.: Interpersonal Skills at Work. London: 1995

Günther, U. & Sperber, W.: Handbuch für Kommunikations- und Verhaltenstrainer. München: 1993.

Hesse, J. & Schrader, H. C.: Das erfolgreiche Vorstellungsgespräch. Frankfurt/M.: 1995.

Hofmann, L.M., Linneweh, K. & Streich, R. S.: Erfolgsfaktor Persönlichkeit. München: 1997

Institut Mensch und Arbeit (Hrsg.): Besser führen. München: 1986.

Jeary, T.: Inspire any audience. Tulsa: 1997.

Jost, H. R.: Komplexitäts-Fitness. Zürich: 2000.

Kellner, H.: Reden, zeigen, überzeugen. München: 1998.

Kriz, J.: Statistik in den Sozialwissenschaften. Reinbek: 1978.

Lorenz, M.: Erfolgreiche Personalauswahl. Planegg: 1998.

Luckiesh, M.: Visual Illusions. New York: 1965.

Luczak, H.: Signale aus dem Reich der Mitte. Geo, 11/2000, S. 136 - 162

Lyle, J.: Body Language. London: 1990.

Maywald, F.: Der Narr und das Management. München: 2000.

Mohl, A.: Der Zauberlehrling. Paderborn: 1993.

Morem, S.: Gain the professional edge. Plymouth: 1997.

Nagel, K.: 200 Strategien, Prinzipien und Systeme für den persönlichen und unternehmerischen Erfolg. Landsberg: 1991.

Neumann, R.: Gespräche mit Mitarbeitern. Raabe Personal Potential, Stuttgart: 1995

Neumann, R.: Target Talking – das erfolgreiche Mitarbeitergespräch. Zürich: Rio Economy, 1997

Neumann, R.: Firma (ge)sucht – Das Bewerbungsgespräch als Herausforderung. Audiolehrgang. A & O, Zürich: 1999

Neumann, R. & Baum, K. H.: Führungskräftetrainings. In: Mölder, H. (Hrsg.) Innovationen umsetzen. Deutscher Sparkassenverlag, Stuttgart, 1996 + Stuttgart, 1999 (2. Aufl.)

Neumann, R. & Bredemeier, K.: Projektmanagement von A-Z. Frankfurt: 1996

Obermeier, O.-P.: Die Kunst der Risikokommunikation. München: 1999

Osborn, A. F.: Applied Imagination: The Principles and Procedures of Creative Thinking. New York: 1953.

Ottmers, C.: Rhetorik. Stuttgart: 1996.

Perelman, C. & Olbrects-Tyteca, L.: The New Rhetoric. Norte Dame: 1969.

Peter, B. & Gerl, W.: Entspannungstraining. München: 1991.

Plett, H. F.: Die Aktualität der Rhetorik. München: 1996.

Rationalisierungskuratorium der deutschen Wirtschaft (Hrsg.): Projektmanagement Fachmann. Bd. 1 und 2. Düsseldorf: 1994.

Recardo, R. J. et al: Teams. Houston: 1996.

Renner, P. F. & Voss, R.: Werkzeugbox für Trainer und Vorgesetzte. Darmstadt: 1991.

Richardson, J.: Erfolgreich kommunizieren. München: 1992.

Rieckmann, H.: Führungs-Kraft und Management Development. München: 2000.

Schulz von Thun, F.: Miteinander reden: Störungen und Klärungen – Psychologie der zwischenmenschlichen Kommunikation. Hamburg: 1981.

Seeman, H.-J. & Meier, R.: Das Prinzip Bosheit. Weinheim: 1988.

Shortland, M. & Gregory, J.: Communicating Science. New York: 1991.

Steinber, C.: Projektmanagement in der Praxis. Düsseldorf: 1990.

Steiner, R. (Hrsg.): Assessment Center Training. St. Gallen: 1993.

Stowasser, F. & Thumm, H.-G.: Coaching – das Flösserprinzip. Zürich: 1999.

Streich, R. K.: Managerleben. München: 1994.

Streich, R. K.: Marquardt, M. & Sanden, H.: Stuttgart: 1996.

Thomas, A. M.: Coaching in der Personalentwicklung. Bern: 1998.

Ulrich, D.; Zenger, J. & Smallwood, N.: Results-Based Leadership. Boston: 1999.

Watzlawick, P.: Vom Schlechten des Guten. München, Zürich: 1986

Watzlawick, P.: Wie wirklich ist die Wirklichkeit? München, Zürich: 1978.

Watzlawick, P., Beavin, J. H. & Jackson, D. D.: Menschliche Kommunikation. Bern: 1982.

Weiss, L.: Erfolg trotz Ehrlichkeit. Landsberg/Lech: 2000.

Wermter, M.: Strategisches Projektmanagement. Zürich: 1992.

Stichwortverzeichnis

A

ABC-Analyse 140f.
Aktives Zuhören 20
Alternativfragen 50
Analogietechnik 134
Anforderungsprofil 179
Anschreiben(s) 162ff.
  - Analyse des 183
A-Prioritäten 139
Arbeitsregeln 218
Assertiveness 47
Atmen, richtig 228
Atmung 38
Aufgaben, zusätzliche 87
Aufsatzplan 205f.
Ausklammerung 208

B

Balkendiagramme 225
Berührungen 38
Bewegungen, kongruente 34
Bewerber(-)
  - Beurteilung von 186
  -auswahl 189
  -vorauswahl 186
Bewerbung(s-)
  - schriftliche 160
  -gespräch 178
Beziehung(s-)
  -aspekt der Kommunikation 25
  -aussage 14, 26, 28
  -ebene 20
Blickkontakt 31, 33, 49
Botschaft
  - Gestaltung der 198
  - Klarheit der 14
  - eindeutige 43
B-Prioritäten 140
Brainstorming(-) 127
  -Technik 130

C

Checkliste
  - Anschreiben 162
  - Bewerbungsgespräch 178

- Gesprächsführung 29
- Gesprächsvorbereitung 84
- Konfliktsymptome 72
- Lebenslauf 165, 184
- Präsentationen 105
- Telefonqualität 146
- Vorstellungsgespräche 187
- Zeugnisse 167, 185
- zur Körpersprache 42

C-Prioritäten 140

D

Darstellungsform von Daten und Zahlen 224
De Bono, Edward 121
Deduktive Methode 211
Definitionsfragen 50
Denkhüte, die sechs 121
Distanz 38

E

Einstieg, Beispiele für den 111
Einwände(n) 53, 152
  - Behandlung von 54, 153
  - begegnen 53
Entscheidungsfindung, Techniken zur 135
Entschuldigungen 64
Entspannung 36, 68
Entwicklungsphase 93
Erfolgsfaktoren für Projekte 116
Expertenurteile 227

F

Faktor „Mensch" 113
Fallen 22
Feedback 41, 120
Fehlreaktionen 73
Fischgräten-Diagramm 132
Floskeln 14
Formulierungen
  - bessere 65, 69
  - passive 65
Fragen
  - falsche 55
  - geschlossene 50
  - offene 50
  - psychologisierende 50
  - rhetorische 51
Führungsregelkreis 83

G

Gegenfragen 51
Gespräch(e)
  - gutes 26
  - schwierige 91
Gesprächsfluss 49
Gesprächsführung, Checkliste 29
Gesprächsvorbereitung 84
Gestik 30
  - Aussagen der 35
Gruppenarbeit 97
Gruppenidentität 94

H

Handeln, souveränes 233
Handlungsaufforderung 209

I

Ideenfindung 138
Individualabstände 37
Induktive Methode 210
Ingham, Harry 40
Interpretationsfragen 51
Interview(-) 189, 198
  - Vorbereitung des 198
  -leitfaden 188
Ishikawa-Diagramm 132

J

Johari-Fenster 40

K

Kalibrieren 44
Kegeldiagramme 225
Kernaussage 16
Kette 204
Kick-off-Workshop 114f.
Killerphrasen 57, 60
  - abwehren 61
Klärungen, rechtliche 73
Kognitiver Kanal 45
Kommentar 57
Kompromiss, synthetisch angelegter 207
Konfliktsymptome 72
Konjunktive 65
Kontakt, indirekter 43
Konzentration des Partners 16
Körper-
  -haltung 30
  -sprache 20
  -- Checkliste zur 42

Kreativität(s-)
  - Aktivierung von 126
  -techniken 126
Kreisdiagramme 226
Krisenkommunikation 202
Kritik 89
  - ungerechtfertigte 68
Kundengespräch
  - Verhalten im 151
  - Nachbereitung 158
Kürze 17

L

Lächeln 34f.
Lampenfieber 107
Lebenslauf 165ff., 184
Leerlaufenlassen 58
Leistungsphase 94
Liniendiagramme 224
Lob 89
Lockerungsübungen 134
Luft, Joe 40

M

Manipulation 69
Marotten 64
Methode 635, 128
  - SALZ 84, 90
Mikroemotionen 32
Mimik 30, 34
Mind Mapping 128
Motivationsfragen 51

N

Nutzen des Partners 24
Nutzwertanalyse 137

O

Öffentlichkeitsarbeit, Zwecke der 196
Orientierungsphase 93
Osborn, Alex F. 130

P

Pacing 44
Pantomimische Übungen 37
Paradoxien 58
Plakate 109
Plattformfragen 51
Podiumsdiskussion 197
Portfolioanalyse 136
Prägnanz 17
Präsentation(s-)
   -durchführung 105
   -vorbereitung 102
Preisargumentation 155
Prioritäten 139
Produkteigenschaften als Nutzen 149
Prognose 209
Pyramidendiagramme 225

R

Rapport 44
Reaktionen
   - passende 27
   - spontane 67
Reizwortanalyse 131
Reklamationen, Verhalten bei 157
Relativierungen 65
Risikokommunikation 200

S

Sachaussage 15
SALZ, Methode 84, 90
Schrift 108
Selbst-
   -aussage 21
   -bewusstsein 36, 67
   -bild 39
   -offenbarung 22, 26, 28
Signale, körpersprachliche 32
Sitzen, entspanntes 68
Spannungsfeld 81
Sprache, bildhafte 18
Sprechtechnik 39
Stabilisierungsphase 94
Standards, moralische 78
Statement 199
Stifte, Einsatz der 108
Stimme, Modulation der 31
Stimmeinsatz 38
Subjektivität 13
Suggestivfragen 50
SWOT-Analyse 138

T

Team(-)
   - produktives 93
   -diagnose 99
   -entwicklung, Handlungsprogramm für 101

- gut funktionierendes 100
Telefonieren, erfolgreiches 147
Telefonqualität 146
Timing 32
Touch – Turn – Talk 57
Typen
 - auditive 45
 - kinästhetische 45
 - visuelle 45

U

Ursache-Wirkungs-Diagramm 132

V

Verallgemeinerung 209
Vergleich, wertender 207
Verhalten(s-)
 - gehorsames 48
 - submissives 48
 - wirkungsvolles 47
 -muster, Brüche im 32
Verhandlungen 74

- erfolgreiche 75
Verkaufsgespräch 149
Verständigung, zwischenmenschliche 12
Verständnisfragen 51
Vorschrift 209
Vorstellungsgespräche 187

W

Wahrnehmungs-
 -muster 33
 -typen 46
Werterhaltungen 23
Wortwahl 69

Z

Zeugnisse 167, 185
Zuhören, aktives 20
Zurückschlagen 58
Zwischenrufs, Wiederholung des 57
Zwischenrufer 56, 63

Die besten Strategien, Taktiken und Tipps für Ihren beruflichen Erfolg

Erfolgsrezepte speziell für Frauen!

Mit den sieben Schlüsselfaktoren erfolgreicher Frauen machen Sie unaufhaltsam Ihren Weg nach oben! Sie erhalten konkrete Anleitungen, wie Sie die Strategien in die Praxis umsetzen und wie Sie dabei auftretende Probleme meistern, ohne die Fehler Ihrer männlichen Kollegen zu imitieren. Mit Aktionsplan zur sofortigen erfolgreichen Anwendung.

Donna Brooks / Lynn Brooks
Die 7 Geheimnisse erfolgreicher Frauen
Wie Sie als Frau auch ohne männliche Strategien mehr erreichen

287 Seiten, 49,00 DM
(ISBN 3-478-38260-2)

Innovative Führungsstrategien für Ihren Erfolg!

Dieses Buch liefert Ihnen handfeste Tipps und zahlreiche Beispiele für einen innovativen Führungsstil. Sie erfahren, wie Sie durch die eigene Flexibilität und die Ihrer Mitarbeiter dem ständigen Wandel in der Arbeitswelt gerecht werden, alte Arbeitsgewohnheiten ablegen und Mitarbeiter durch den Wandel führen.

George Fuller
Win-Win-Management – Führen mit Gewinn
Jeden Mitarbeiter aktivieren,
Dynamische Teams bilden,
Beste Ergebnisse erzielen.

251 Seiten, 49,00 DM
(ISBN 3-478-38390-0)

So halten Sie Ihre besten Mitarbeiter!

Ihre Spitzenkräfte sind Ihr wertvollstes Kapital und Sie können es sich nicht leisten, sie zu verlieren. Dieses Buch bietet Ihnen 26 Strategien, wie Sie sich durch einfache Regeln die dauerhafte Loyalität und das Engagement Ihrer besten Mitarbeiter sichern.

Sharon Jordan-Evans / Beverly Kaye
Spitzenkräfte sind selten! – Oder warum es sich lohnt, sich das Engagement seiner Mitarbeiter zu sichern

267 Seiten, 49,00 DM
(ISBN 3-478-38460-5)

Ihr Buchhändler berät Sie gerne.

www.mi-verlag.de